교육방법 및 교육공학

기초부터 AI 활용까지

신나민·박종향·안화실·하오선

박영story

머리말

독자들이 본서의 특징을 한 문장으로 알려 달라고 하신다면, "이 책의 부제를 보십시오."라고 말하겠다. '기초부터 AI 활용까지'라는 부제는 오랜 고심 끝에 정해졌는데 이 책의 성격을 꽤 잘 담고 있다. 즉, 본서는 교육공학 분야의 초석이 되어온 이론들과 최신 에듀테크 동향을 현시점의 교육 실천과의 관련성을 기준으로 선별하여 담아내었다. 이 과정에서 저자들이 염두에 둔 독자는 주로 대학에서 교육학이나 교육공학을 전공하는 학생들 혹은 교직 과정에서 '교육방법 및 교육공학'을 수강하는 학생들이다. 본서는 이 학생들에게 유익한 책이 되는 것을 최우선의 목표로 삼고, 다음과 같은 밑 작업을 하였다.

첫째, 용어는 되도록 교원 임용고시의 기출 문제에 사용되는 용어를 사용하였다. 이 작업은 2015년부터 2023년까지 공개된 초·중등 교원 임용고시에서 출제가 반복되는 문제들과 경향성을 분석하여 이루어졌다. 본서를 차분히 학습하고 나면 임용고시에 나오는 문제들이 그리 낯설지 않을 것이다.

둘째, 학교가 아니라 학원, 기업, 평생교육 기관 등 다양한 교육현장에서 가르치거나 교수설계를 해보고 싶은 학생들에게도 도움이 되도록 교육공학 기초 이론과 실천 방법을 소개하였다. 나아가 본서가 실제 교육현장에서 유용하게 활용될 수 있도록 체크리스트와 예시를 제공하려고 노력하였다.

셋째, 책에서 저자의 목소리가 들리도록 '챗하듯이 질문하기'를 각 장의 마지막에 수록하였다. '챗하듯이 질문하기'에 있는 질문들은 대부분 저자가 수업하면서 학생들로부터 받은 것들이다. 답변은 저자가 직접 작성하였다. 인간의 답변이 생성형 AI의 답변보다 더 도움이 될지는 모르겠지만, 최소한 여러분은 이 책에서 '휴먼 터치'를 경험할 수 있을 것이다.

위와 같이 여러 측면에서 학생들에게 유익한 책을 만들기 위해 노력하였으나 부족한 점도 있을 것이다. 일단 한 학기 동안 배울 12개의 장이라는 제한된 지면에 이론적 기초와 실천적 가이드가 될 내용을 충분히 싣기에는 무리였다. 여기서 누락되거나 부족한 부분은 다른 책과 자료들을 참고하기를 바란다. 정보가 부족하기보다는 너무 많아 선택이 곤란한 시대이다. 이 책이 하나의 마중물이 되고 독자들이 그다음을 채워 나가는 것도 멋진 일이 될 것이다.

　마지막으로, 본서가 세상에 나오기까지 애써 주신 박영스토리의 이혜미, 허승훈 과장님과 배근하 차장님, 노현 상무님께 감사의 인사를 전하고 싶다. 책을 내면서 매번 느끼는 것이지만 박영스토리의 양서 발간을 위한 노력은 저자들의 노력 그 이상이었다. 촉박한 시간으로 인해 많은 것을 희생하면서 이 작업에 참여해 준 공동 저자들에게도 감사의 마음을 전한다. 이제 독자의 선택과 피드백을 기다린다. 항상 독자의 피드백이 가장 정확하고 엄했다는 것을 기억한다.

2025년 2월
저자들을 대표하여
신나민

차 례

CHAPTER
01

교육공학 및
교육방법의 이해

CHAPTER 01

교육공학 및
교육방법의 이해

학습목표
1. 교육공학의 정의를 설명할 수 있다.
2. 교육공학의 하위 영역 다섯 가지를 설명할 수 있다.

일단 해보자
'교육공학' 하면 떠오르는 단어들을 적어보고, 내가 생각하는 교육공학의 이미지를 옆 사람과 이야기해 봅시다.

1절. 교육공학의 이해

교육공학의 정의

교육공학(Educational Technology)은 '교육'과 '테크놀로지'라는 두 단어가 결합된 복합어로, 어원적 의미로는 인간의 잠재력(지성, 감성, 사회성 등)을 효과적으로 계발해 내기 위해 과학적이고 조직적인 지식을 체계적으로 활용하는 학문이다(이화여자대학교 교육공학과, 2023). 교육공학은 매체를 통한 학습과 관리 체제를 포함한 교수 지원 체제를 포괄하며, 학습의 다양한 측면에서 발생하는 문제를 해결하는 교육 분야로 정립되었다. 교육공학은 교육학, 심리학, 교수-학습 이론, 사회학, 정보과학 등 다양한 분야의 이론을 통합하는 학문으로, 간학문적이고 다학문적인 접근을 통해 학문의 영역을 확장하며 그 정체성을 확립해 나가고 있다.

2023년 미국교육공학회(Association for Educational Communications and Technology: AECT)에서 발표한 교육공학의 최신 정의는 다음과 같다.

> "교육공학이란 적절한 과정과 자원을 활용하여 학습 경험과 환경의 전략적 설계, 관리, 실행 그리고 평가를 통하여 지식을 발전시키고 학습과 수행을 향상시키며, 학습자 참여를 강화시키기 위한 윤리적 탐구와 이론, 연구 및 실천의 적용이다(AECT, 2023)."

이 정의의 특징을 살펴보면 다음과 같다. 첫째, 교육공학은 연구 영역으로서 전통적인 양적 및 질적 연구 방법론을 활용하여 이론적 지식을 창출하는 학문과 연관된다. 교육공학은 학문적 탐구를 통해 새로운 지식을 생성하고 이를 실제 교육 현장에 적용하는 데 초점을 둔다.

둘째, 교육공학은 이론, 연구, 그리고 실천을 바탕으로 윤리적인 연구와 적용을 하는 학문이다. 단순히 이론과 연구에 국한되지 않고 실천적 영역에서의 적용이 강조된다.

셋째, 교육공학에서는 윤리의 중요성이 강조된다. 교육공학에서 윤리는 윤리강령을 준수하는 연구와 실천을 의미하며, 이는 전문직 종사자들이 지켜야 할 윤리적 코드(ethics code)를 포함한다. 이러한 윤리는 단순히 규범을 넘어, 도덕적 문제에 대한 관심과 책임으로 확장된다. 최근에는 인공지능과 자동화 도구, 디지털 자료의 소유권, 데이터의 보안, 학습자의 개인정보 등이 주요 윤리적 문제로 부각되고 있다.

넷째, 교육공학은 학습자의 지식 발전, 학습 및 성과, 역량 성취를 목표로 한다. 학습자의 학습을 촉진하는 것뿐만 아니라, 학습된 지식을 실제 상황에서 활용할 수 있는 능력, 즉 수행성과(performance)가 중시된다. 최근 2023년에 발표된 교육공학의 정의에서는 학습자의 능동적 참여와 주체적인 역할을 할 수 있도록 지원하는 의미(empower learner)가 포함되었다.

다섯째, 학습경험과 학습환경을 전략적으로 설계, 관리, 실행, 평가하는 과정을 강조하였다. 단순히 매체의 개발과 활용을 넘어 체계적인 수업 설계를 통해 학습을 촉진하는 데 중점을 둔다고 볼 수 있다.

교육공학의 발전

세계도회

교육공학의 사상적 기원은 『세계도회(Orbis Sensualium Pictus: The Visible World Pictured)』를 쓴 코메니쿠스(Comenius)(1658)로 보는 견해가 있다(권성호, 2002). 세계도회는 그림과 언어가 함께 제공된 책으로 언어를 가르치기 위해 시각자료를 사용한 최초의 도서라고 할 수 있다. 즉, 언어 습득을 위해 시각적 감각 경험을 함께 제공하였다는 점에서 교육공학적 아이디어가 있다고 본 것이다.

시각교육

언어 중심의 교육 방법에서 벗어나 구체적인 경험을 중시하는 시각교육운동(Visual Education)은 1923년 미국교육협회(NEA) 산하에 시각교육국(Visual Instruction Department)이 발족되면서 더욱 발전하였다. 시각교육운동은 추상적인 개념을 구체화하여 전달할 수 있도록 그림, 모형, 사물 등 시각 자료를 보조 도구로 사용하는 데 기반을 두고 있다.

시청각 교육

이후 음향녹음기, 축음기, 유성 영화와 같은 기술이 발전하면서 시각교육에 청각적 요소를 더하며 시청각 교육 매체(audiovisual media)가 등장하였다. 특히, OHP(Overhead Projector)는 제2차 세계대전 동안 단기간에 대규모 군인을 훈련시키기 위해 군사 교육 현장에서 사용되었고 이후에도 교사교육, 기업교육에서 지속적으로 사용되면서 시청각 교육 매체는 그 발전을 거듭하였다. 그 결과, 시각교육국은 1947년에 시청각교육국(Department of Audiovisual Instruction: DAVI)으로 명칭이 변경되고 확대되었다. 이 과정에서 시청각 교육은 시청각 매체 사용만이 아니라 이를 활용한 교수-학습 방법으로 이해되어야 함이 강조되었다.

시청각 커뮤니케이션

교육공학에서 시청각 자료에 대한 관심은 시각교육과 시청각 교육 이론을 거쳐, 의사소통(커뮤니케이션) 과정의 요소들과 결합되면서 시청각 커뮤니케이션으로 발전하였다. 시청각 자료 자체에만 초점을 두는 것을 넘어 교수자인 송신자와 학습자인 수신자 사이에서 학습 정보가 전달되는 과정에 대한 관심으로 확대된 것이다. 이러한 전환은 교수-학습 과정을 일련의 구성 요소로 이루어진다고 보는 초기 체제 개념과 결합되어 시청각 커뮤니케이션 모형으로 발전하였다. 대표적으로 벌로(Belro)(1960)의 커뮤니케이션 모형과 핀(Finn)(1964)의 교수체제 검은 상자 개념, 그리고 엘리(Ely)(1963)의 시청각과 교육 커뮤니케이션 모형에서 커뮤니케이션과 체제 이론이 결합되는 과정을 확인할 수 있다. 이러한 흐름 속에서 1963년 시청각교육국은 시청각 커뮤니케이션(Audiovisual Communications)으로 명칭을 변경하였고 교육공학은 교수-학습 과정을 종합적으로 분석하고 연구하는 학문으로 발전하게 되었다.

교수공학

시청각 커뮤니케이션 개념은 행동과학 이론, 체제이론, 교수개발이론 등의 도입을 통해 교수공학(Instructional Technology)으로 발전되었다. 시청각교육국은 1970년 명칭을 미국교육공학협회(AECT)로 바꾸고 교수공학을 다음과 같이 정의하였다.

"교수공학은 어떤 특정한 매체나 고안물 이상을 뜻하고 있다. 이러한 의미에서 교수공학이란 모든 요소들의 합 이상의 것이다. 그것은 인간학습과 통신이론에 기반을 두고 특정한 학습목표에 따라 교수-학습의 전과정을 설계하고 실행하고 평가하는 체계적 방법이며, 더 효과적인 교수를 이끌어내기 위하여 인적 자원과 비인적 자원을 적절히 결합하여 사용하는 체계적 방법이다(AECT, 1970)."

교육공학

이후 교수공학은 통제되고 계획된 교육상황에서 전반적인 교육상황으로 확대되면서 교육공학으로 발전하였다. 미국교육공학회(AECT)가 공식적으로 교육공학의 정의를 발표한 것은 1973년이며, 1977년 정의에서 교육공학은 시스템, 즉 체제에 초점을 두었다. 체제이론에서는 교육문제를 설계, 제작, 관리 등으로 구분하여 각각의 문제에 대한 특정 기술을 모색하는 것이 아니라 관련 문제를 총체적인 맥락에서 접근하여 사람, 절차, 기기, 아이디어, 조직 등을 체계적으로 통합하여 문제분석과 해결방안을 도출해야 한다고 보았다. 아래의 정의에서 나타나듯이 교육공학을 목적적이고 통제적인 학습상황이 아니라 인간학습의 모든 국면을 포함한 문제를 다루는 영역으로 규정하고자 하였다.

> "교육공학은 인간 학습의 모든 측면에 관련된 문제를 분석하고 그 문제의 해결안을 고안하고 실행하며 평가하고 관리하기 위한 사람, 절차, 아이디어, 장치 및 조직의 복잡하고 통합된 과정이다(AECT Task Force on Definition and Technology, 1977; 1)."

2절. 교육공학의 영역

전통적으로 교육공학의 연구와 실천 영역은 다섯 가지로 나누어 볼 수 있다(Seels & Richey, 1994; 백영균 외, 2024; 신나민 외, 2019). [그림 1−1]에서 보듯이 각 영역은 다른 영역들과 서로 관련되어 있으며 상호보완적인 성격을 갖는다.

가. 설계

설계란 학습의 조건들을 분석하면서 구체적인 교수목적을 달성하기 위한 다양한 전략과 방법을 기획하는 이론과 실제를 의미한다(권성호, 2002). 설계의 하위 영역으로는 교수체제설계, 메시지 디자인, 교수전략, 그리고 학습자 특성이 포함된다.

- 교수체제설계: 교수체제설계(Instructional Systems Design: ISD)는 분석, 설계, 개발, 실행, 평가의 단계를 포함하는 조직화된 과정으로, 교육공학의 설계 영역에서는 교수체제설계에 대한 연구와 실제가 다루어진다.

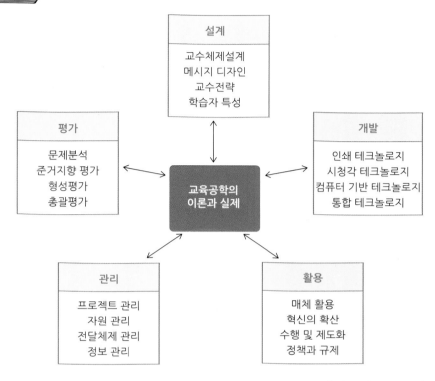

그림 1-1 교육공학의 영역

설계
교수체제설계
메시지 디자인
교수전략
학습자 특성

평가
문제분석
준거지향 평가
형성평가
총괄평가

교육공학의 이론과 실제

개발
인쇄 테크놀로지
시청각 테크놀로지
컴퓨터 기반 테크놀로지
통합 테크놀로지

관리
프로젝트 관리
자원 관리
전달체제 관리
정보 관리

활용
매체 활용
혁신의 확산
수행 및 제도화
정책과 규제

출처: Seels & Richey(1994)

- 메시지 디자인: 의사소통과 관련하여 메시지의 물리적 형태를 구체적으로 서술하는 방법으로, 학습내용을 효과적으로 전달하기 위해 그 물리적 형태를 결정하는 작업을 포함한다.

- 교수전략: 학습목표를 효과적으로 달성하기 위해, 교수자가 학습환경에서 어떤 내용을 어떠한 방식으로 활용할 것인가에 대한 전반적인 계획을 의미한다.

- 학습자 특성: 학습 상황에서 수업을 설계하기 전 우선적으로 고려해야 하는 부분으로, 학습자의 나이, 성별, 문화적 다양성, 신체적 학습장애 등 학습자와 관련된 정보가 포함된다.

나. 개발

설계과정을 통해 나온 내용을 물리적으로 완성하는 것을 의미한다. 개발의 원리에는 인쇄 테크놀로지, 시청각 테크놀로지, 컴퓨터 기반 테크놀로지, 통합 테크놀로지등이 포함된다.

- 인쇄 테크놀로지: 사진 인화 절차를 사용한 인쇄 자료 또는 책을 의미한다.

- 시청각 테크놀로지: 음성과 시각 메시지를 제시하기 위한 제작 및 전달 방법으로, 필름, 영화, 텔레비전, 비디오, 슬라이드 등이 포함된다.

- 컴퓨터 기반 테크놀로지: 컴퓨터를 중심으로 디지털화된 자료를 제작 및 전달하는 방법으로, 초기에는 주로 컴퓨터 보조수업(Computer-Assisted Instruction: CAI)을 의미하였다. 하지만 테크놀로지의 발달에 따라 e-러닝 플랫폼, VR/AR 학습자료 등도 컴퓨터 기반 테크놀로지에 포함되게 되었다.

- 통합 테크놀로지: 다양한 디지털 테크놀로지가 제작, 활용되는 방법으로, 과거에는 비디오, 슬라이드 등이 통합되어 교수자료로 사용되었다. 최근에는 학습관리시스템(LMS), 마이크로소프트 팀즈(Teams), 패들렛(Padlet)과 같은 학습 도구를 활용한 자료들이 해당된다.

다. 활용

학습을 위해 과정과 자원을 사용하는 행위로, 설계와 개발을 통해 만들어진 프로그램이나 매체를 효과적으로 사용하는 데 중점을 둔 영역이다. 교육매체를 단순히 사용하는 개념을 넘어 하나의 혁신으로 인식하고 보급하는 데 관심을 갖기도 한다. 활용 영역에서는 매체의 활용과 보급, 실행 및 제도화, 정책과 규제 등을 다룬다.

- 매체 활용: 교수-학습을 위한 다양한 매체를 다루는 영역이다.

- 혁신의 확산: 새로운 교육매체, 교수-학습 방법 및 방법론이 널리 퍼져 나가는 과정에 대해 다룬다.

- 실행 및 제도화: 교수설계에서 개발된 프로그램이나 기술을 실제 교육 현장에 적용하고 지속 가능하도록 제도화(정착)시키는 과정을 다룬다.

- 정책과 규제: 교육공학의 보급과 사용에 영향을 미치는 사회의 규칙과 행위로, 법적, 행정적 정책 수립과 규제에 대한 영역이다. 교육현장에서의 기술도입과 관련된 데이터 보호, 윤리적 문제 등이 포함될 수 있다.

라. 관리

관리는 개발된 프로그램 및 매체가 지속적으로 활용되기 위해 시스템, 프로젝트, 인력, 자원 등을 효율적으로 조직하고 운영하는 것을 의미한다. 관리 영역에는 프로젝트 관리, 자원 관리, 전달체제 관리, 정보 관리가 있다.

- 프로젝트 관리: 교수설계 프로젝트나 프로그램이 계획대로 진행될 수 있도록 전체적인 일정을 기획하고 조정하는 과정이다.

- 자원 관리: 프로젝트나 프로그램 진행에 필요한 인력, 기술, 시설 등 자원을 효율적으로 조정하고 지원하는 과정이다.

- 전달체제 관리: 프로그램 및 교수학습 자료를 학습자에게 효과적으로 전달할 수 있도록 시스템을 관리하는 과정이다.

- 정보 관리: 학습자원을 공급하기 위해 정보를 기획, 저장, 전달 및 처리하는 과정으로, 학습자의 활동, 참여기록 등을 저장하고 관리하는 과정이 포함된다.

마. 평가

교수와 학습의 적절성을 결정하는 과정으로, 교육 연구 방법과 함께 발전해 온 영역이다. 이 영역은 개발 과정 및 절차, 개발된 프로그램과 자료의 적절성과 타당성을 평가하는 것을 포함하며, 문제분석, 준거지향 평가, 형성평가, 총괄평가가 이에 해당한다. 이러한 평가는 프로젝트, 프로그램, 제품의 개선, 확장, 중단 등 의사결정을 위한 자료를 얻는 것을 목적으로 한다(백영균 외, 2024).

- 문제분석: 프로그램 설계 전에 문제나 요구를 파악하고 분석하는 과정이다.

- 준거지향 평가: 학습자가 프로그램 또는 프로젝트에 설정한 기준, 준거에 얼마나 도달했는지를 평가하는 과정이다. 평가방법으로는 준거지향 평가와 규준지향 평가가 있으나, 교육공학에서는 교수설계의 피드백 제공, 학습자의 성취, 교수학습의 목표 및 효과를 판단하기 위한 영역으로 규준지향 평가보다는 준거지향 평가가 강조된다.

- 형성평가: 프로그램이 적절하게 진행되고 있는지 확인하고, 문제를 발견하고 수정하기 위한 평가 과정으로, 프로그램이 진행되는 동안 이루어진다.

- 총괄평가: 프로그램이 완료된 이후, 전체적인 효과성과 목표달성 정도를 평가하는 과정이다.

3절. 교육공학의 기저이론

테크놀로지의 발전에 따른 교수매체의 진화와 함께 교육공학이 학문적 영역으로 정립하는 데 기반이 된 이론으로는 커뮤니케이션 이론과 체제이론을 들 수 있다.

커뮤니케이션 이론

가. 쉐넌과 위버(Shannon & Weaver)의 커뮤니케이션 모형

쉐넌과 위버(Shannon & Weaver)(1949)의 모형은 초기 커뮤니케이션 모형 중 가장 영향력이 크며, 이후 등장하는 쉐넌과 슈람(Shannon & Schramm)이나 벌로(Berlo)의 모형에도 많은 영향을 미쳤다(백영균 외, 2024). 이 모형은 [그림 1-2]와 같이 커뮤니케이션의 다섯 가지 요소로 정보원(informaion source), 송신기(transmitter), 채널(channel), 수신기(recevier), 목적지(destination)를 제시하였다. 이 모형은 유선전화를 통한 메시지 전송 과정뿐만 아니라, 일반적인 상황에서의 커뮤니케이션 과정을 설명하는 데 유용하다. 그러나 이 모형은 실제 커뮤니케이션 과정이 역동적으로 이루어지는 측면은 반영하지 못한다는 비판을 받았다. 또한 메시지 전달 과정에서 학습자의 경험과 반성적 사고에 따라 메시지 내용이 변화할 수 있다는 점을 고려하지 못한 한계도 지적되었다.

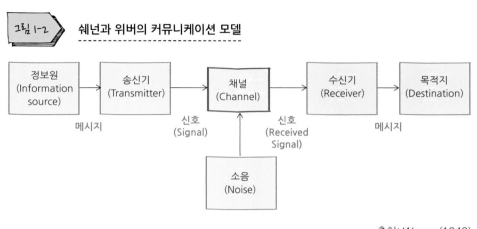

그림 1-2 쉐넌과 위버의 커뮤니케이션 모델

출처: Weaver(1949)

나. 쉐넌과 슈람(Shannon & Schramm)의 커뮤니케이션 모형

쉐넌과 슈람(Shannon & Schramm)(1964)의 모형은 메시지가 송신자로부터 수신자에게 전달되는 과정을 설명하기 위해 피드백과 경험을 추가하였다. 이 모형에서는 송신자와 수신자의 경험의 장이 커뮤니케이션 과정에서 중요한 역할을 한다. 경험의 장은 개인이 지각하고 인식하며 전달하는 모든 사건을 포함하며 여기에는 언어, 문화적 배경, 교육 등이 반영된다(김신자 외, 2003). 송신자는 자신의 경험의 장을 바탕으로 메시지를 인코딩(부호화)하여 신호로 변환해 전달하고, 수신자는 수신한 신호를 자신의 경험의 장에 기반하여 디코딩(해독)하여 메시지를 이해한다. 송신자와 수신자가 공통으로 공유하는 경험의 장이 많을수록 메시지가 성공적으로 전달될 가능성이 높다. 그리고 송신자와 수신자 사이에는 외부 요인으로 잡음이 커뮤니케이션에 영향을 미칠 수 있으므로 이를 통제하기 위해 피드백이 작동한다.

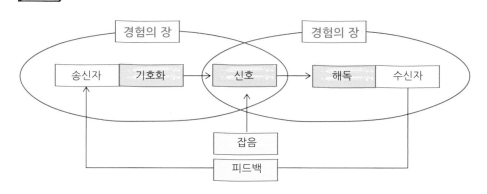

그림 1-3 | 쉐년과 슈람의 커뮤니케이션 모델

출처: 김신자 외(2003)

다. 벌로(Berlo)의 S−M−C−R 모형

벌로(Berlo)(1960)의 'S−M−C−R 모형'은 교육공학의 개념을 이해하는 데 가장 단순하면서도 유용한 모형이다(권성호, 2002). 송신자(Sender), 전달내용(Message), 통신방법(Channel), 수신자(Receiver)의 첫 글자를 따서 S−M−C−R 모형이라 불린다. 이 모형은 송신자로부터 수신자에게로 메시지가 전달되는 커뮤니케이션 과정과 그 요소들 간의 관계를 [그림 1−4]와 같이 보여준다. 이 모형의 각 요소는 하위요인들로 구성되어 있다. 송신자와 수신자는 커뮤니케이션에서 필수불가결한 요인으로, 이 요인에는 통신기술, 태도, 지식수준, 사회체계, 문화양식이 포함된다. 이 요인들이 유사할수록 원만한 커뮤니케이션이 이루어질 가능성이 높다. 전달내용으로는 메시지의 요소, 내용, 구조, 코드, 처리가 포함된다. 통신방법으로는 시각, 청각, 촉각, 후각, 미각이 있다.

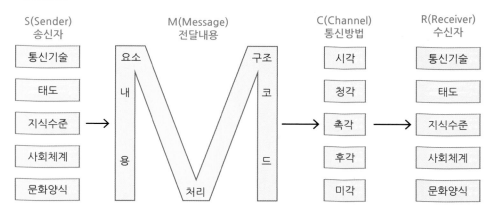

그림 1-4 벌로의 S-M-C-R 모형

S(Sender) 송신자	M(Message) 전달내용	C(Channel) 통신방법	R(Receiver) 수신자
통신기술		시각	통신기술
태도		청각	태도
지식수준		촉각	지식수준
사회체계		후각	사회체계
문화양식		미각	문화양식

출처: 신나민 외(2019)

라. 엘리(Ely)의 시청각과 교육 커뮤니케이션의 관계

엘리(Ely)(1963)는 커뮤니케이션과 체제 개념을 결합시켜 '시청각과 교육 커뮤니케이션의 관계'를 나타내는 모형을 개발하였다. 이 모형은 [그림 1-5]와 같이 메시지, 매체-기기, 에이전트, 방법, 환경시설의 요소가 계획 단계에서 고려되어야 함을 나타내고 있다. 메시지는 전달되는 학습 내용을 의미하며, 매체-기기는 메시지를 전달하는 수단으로 교재나 교구를 의미한다. 에이전트는 메시지의 제시, 매체 기기의 활용 등을 보조하는 전문 인력이다. 방법은 효과적인 교수-학습이 실시되는 데 필요한 구체적인 절차를 의미하며, 환경은 교수-학습이 효율적으로 이루어질 수 있도록 돕는 시설 및 물리적 요인을 포함한 다양한 상황을 가리킨다(권성호, 2002; 김신자 외, 2003).

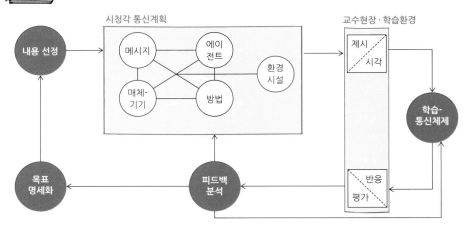

그림 1-5   엘리의 시청각과 교육 커뮤니케이션과의 관계

출처: Ely(1963)

체제이론

가. 체제이론의 특징과 체제적 접근

체제(system)는 그리스어 'systema'에서 유래한 용어로, '특정 목적을 성취하기 위한 계획에 따라서 관련된 상호작용적인 구성 요소들의 조직적인 통합체'로 정의된다(권성호, 2002). 체제는 구성 요소의 개별성과 상호작용, 전체성, 그리고 구조라는 네가지 특성을 갖는다. 각 구성 요소는 독립적이며 고유한 기능과 개성을 발휘하지만동시에 체제 내에서 상호작용하고 상호보완적인 관계를 형성한다. 이러한 상호작용으로 인해 하나의 요소에 변화가 생기면 다른 요소나 전체 체제에 영향을 미치게 된다.또한 체제는 목표 달성을 위해 각 요소가 질서 정연하게 통합되고 결합되어, 구성 요소가 아무리 복잡하고 다양하더라도 하나의 전체성을 이룬다. 마지막으로 체제는 특정 목표를 이루기 위해 각 요소가 수행하는 기능이 결합되어 독특한 구조적 틀을 형성한다. 이러한 특성들은 체제를 하나의 통합된 존재로 만들어주며, 체제가 효율적으로 작동하도록 돕는다.

교육에서 체제이론은 체제적 접근(system approach)의 발달을 통해 실용화되었다(김신자 외, 2003). 체제적 접근은 특정 문제를 해결하는 데 있어 단계적인 절차를 활용하는 방식이다. 이 접근법은 문제를 분석하고, 관련된 해결 방안이나 대안을 탐색·결정하며, 각 방안에서 파생될 수 있는 영향을 고려하는 과정이 포함된다. 이러한 고려 사항들은 최종 문제 해결 방안에 도달하기 위해서 서로 적절하게 연관되고 분석된다. 즉, 체제적 접근이란 '일련의 절차나 과정 속에서 체제의 구성 요소들이 상호 기능적이고 구조적으로 통합되어 당면한 문제를 해결하기 위해 설계, 실행, 평가되어야 하는 방식을 명확히 제시하는 전체적이고 통합적이며 과학적인 접근'이라고 정의할 수 있다(권성호, 2002). 이러한 입장에서 체제적 접근은 설명적이라기보다는 처방적인 경향을 지닌다. 그리고 교수자가 교수 설계 및 개발 과정에서 따라야 할 합리적이고 구체적인 절차를 제시하는 데 중점을 둔다.

나. 핀(Finn)의 교수체제-검은 상자 개념

1960년대 초반부터 '체제개발', '체제적 수업', '수업체제'라는 용어들이 사용하기 시작하면서, 수업에 '체제'라는 개념이 도입되었다(권성호, 2002). 초기 체제 개념을 전통적인 교수 방식과 결합한 이론으로는 핀(Finn)(1964)의 '교수체제-검은 상자 개념(black box concept)'을 들 수 있다. 입력과 출력은 관찰할 수 있지만, 교수-학습 과정에서 구체적으로 어떤 방법과 절차로 학습자의 성취가 이루어지는지는 알 수 없다는 점에서 검은 상자로 비유하였다. 즉, 교사는 입력을 조정하고 결과의 출력을 통해, 그 효과를 확인하며 이를 개선하는 식으로 교수-학습 과정을 설계할 수 있다는 것이다. 이때 수업 매체는 교수 보조물이 아니라 수업 상황에서 체계적으로 사용되어야 할 중요한 요소로 제시된다.

4절. 교육공학 관련 용어들

교육공학과 관련하여 교육방법, 교수방법, 수업방법, 교수기술, 교수전략 등 다양한 유사 용어들이 사용되고 있다. 이러한 용어들은 문맥에 따라 서로 호환되어 사용되기도 한다.

가. 수업(授業), 교수(敎授)

수업(授業)은 교사가 교실에서 특정 시간에 가르치는 것(변영계 외, 2007)으로 특정 주제를 가르치기 위해 계획된 활동이나 시간을 의미한다(박성익 외, 2021). 수업은 교실에서 이루어지는 단위 활동으로 주로 교사와 학생 간의 상호작용에 초점이 있다. 교수(敎授)는 수업과 같은 용어로 사용되기도 하지만 넓은 의미로는 목적 지향적인 학습과정을 향상시키는 관점에서 학생을 지원하도록 설계된 상황을 의미한다. 가네(Gagné)(1998)는 '교수는 내적인 과정을 지원하기 위해 설계된 외적인 사건의 정교한 배열'이라고 하였고, 라이겔루스(Reigeluth)와 켈먼(Carr-Chellman)(2009)은 '학습을 촉진하기 위해 의도적으로 수행되는 모든 것'이라고 보았다.

나. 교육공학(Educational Technology), 교수공학(Instructional Technology)

교수공학은 1977년 미국교육공학회(AECT)에서 교육공학으로 명칭을 재정립하기 이전에 사용하던 명칭이다. 교수공학이 통제적인 학습상황에서의 교수-학습 과정을 바라보았다면, 교육공학은 인간 학습의 모든 국면에 포함한 문제를 다루는 포괄적인 관점에서 접근한다. 즉, 교수가 특정 맥락 속에서의 가르침과 배움을 상정한다면, 교육은 사회 전체에서 이루어지는 가르침과 배움, 전체를 포괄하는 의미이다.

다. 교육방법, 교수방법

교육방법은 넓은 의미에서 교육의 과정(process of education)을 의미한다. 즉, 학습지도, 생활지도, 교육의 평가, 교육과정 등 모든 영역에서의 지도방법이 포함된다(이홍우, 2018; 이화여자대학교 교육공학과, 2023). 반면, 교수방법(instructional method)은 교육내용을 제시하는 형태(presentation form)로서 교육방법에 비해 다소 좁은 의미를 가진다. 따라서 교수방법이란 교수자가 교육 목표를 달성하기 위해 학습자에게 학습 과제를 효과적으로 전달하는 학습 지도방법이나 수업방식을 의미하며, 이는 의도적이고 계획된 활동을 포함한다(Rita, 2020).

라. 교수전략, 학습전략

교수전략(instructional strategy)은 학습목표를 효과적으로 달성하기 위해 교수자가 학습환경에서 어떤 내용을 어떠한 과정으로 사용할 것인가에 대한 전반적인 계획이다. 교수전략은 때로 교수방법과 호환적으로 사용되기도 한다. 반면, 학습전략(learning strategy)이란 학습자 입장에서 요구되는 전략이다. 학습자 스스로가 학습목표를 이해하고 그에 따라 과제를 수행하는 데 필요한 구체적인 전략을 의미한다.

마. 교수매체, 교육매체

교수매체(instructional media)는 교수 내용을 전달하는 기기로, 교수자가 학습목표의 달성을 위해 사용하는 모든 형태의 도구와 자료이다. 즉, 교수-학습 상황에서 교수자와 학습자를 연결하고 교육 구성 요소 간의 의사소통을 도와주는 다양한 형태의 매개 수단이라고 볼 수 있다. 반면 교육매체는 1920년대의 시각교육, 1940년대의 시청각교육이 확대된 개념이라고 볼 수 있다(Rita, 2020). 교육매체와 교수매체는 서로 호환적으로 사용될 수 있는 용어이지만 교육매체가 교수매체보다 더 일반적으로 사용된다.

참고문헌

- 권성호(2002). **교육공학의 탐구**. 양서원.
- 김신자, 이인숙, 양영선(2003). **교육공학의 이론과 실제**. 문음사.
- 박성익, 임철일, 이재경, 최정임, 조영환(2021). **교육공학과 수업**. 교육과학사.
- 변영계, 김영환, 손미(2007). **교육방법 및 교육공학 제3판**. 서울: 학지사.
- 백영균, 김정겸, 변호승, 왕경수, 윤미현, 최명숙(2024). **인공지능 시대의 교육방법 및 교육공학**. 서울: 학지사.
- 신나민, 하오선, 장연주, 박종향(2019). **이판사판 교육방법 및 교육공학 제2판**. 박영스토리.
- 이화여자대학교 교육공학과(2023). **미래사회를 위한 교육의 방법과 테크놀로지**. 교육과학사.
- 이홍우(2018). **미국교육학의 정체**. 교육과학사.
- Association for Educational Communications and Technology (2023). Definition of educational technology. AECT. http://www.aect.org/
- Ely, D.P. (1963). *The changing role of the audiovisual process in education: A definition and a glossary of related terms*. U.S. Department of Health, Education and Welfare, office of Education. ERIC.
- Rita, C. R. (2020). *Encyclopedia of Terminology for Educational Communications and Technology*. 이현우, 임규연, 정재삼, 허희옥(역). **교육공학 용어해설**, 학지사.
- Seels, B. B., & Richey, R. C. (1994). *Instructional Technology: The definition and domains of the field*. Washington, DC: Association for Educational Communications and Technology.

교육방법 및 교육공학: 기초부터 AI 활용까지

Q. 방법보다 내용이 중요한 거 아닌가요?

A. 오우, 이거 참 큰 질문인데요. 저도 그렇게 생각했었어요. 특히 대학생 때까지는 철저히 방법은 형식, 내용은 본질, 이런 이분법에 사로잡혀 있었어요. 선물 포장지보다 내용물이 중요한 것처럼… 그런데 인터넷 등장 이후 1인 방송국이나 유튜브가 가능한 시대가 오면서 생각이 좀 바뀌었어요. 모든 정보는 어떤 형태로든 편집이 되고 미디어를 통해 전달되기 마련이죠. 따라서 미디어라는 형식이 내용의 편집 형태를 바꾸는데 결국 그 형식에 맞지 않는 내용보다는 맞는 내용이 제작되게 되는 거예요. 「지식의 편집」의 저자 마츠오카 세이고도 21세기는 편집의 시대이고 방법의 시대라고 했습니다. 모두 명분에는 동의하기 쉬운데 그것을 어떻게 달성할 것인가라는 방법의 문제에서는 이견이 있거든요. 같이 생각해 봤으면 좋겠네요.

CHAPTER

02

에듀테크

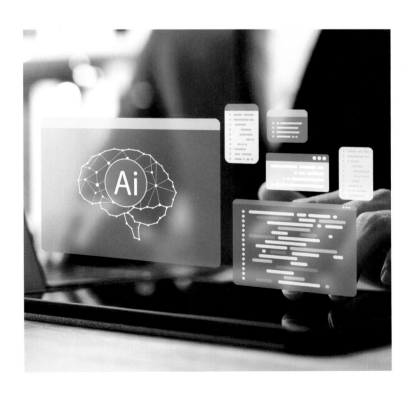

에듀테크

학습목표
1. 에듀테크의 개념 및 유형, 학습 효율에 미치는 영향을 설명할 수 있다.
2. 다양한 에듀테크의 장단점을 비교하고 분석할 수 있다.
3. 에듀테크를 사용해 학습 자료를 제작할 수 있다.

일단 해보자
아래 QR 코드로 앱에 접속하여 다양한 기능들을 체험해 보고, 이 기술들은 어떤 학습이나 활동에 사용하면 좋을지 생각해 봅시다.

1절. 에듀테크의 개념, 목적, 활용 조건

에듀테크의 개념 및 유형

에듀테크는 교육(education)과 기술(technology)의 조합어로 기술과의 결합을 통해 교육의 문제점을 해결하기 위한 모델로 등장한 단어이다(홍정민, 2017). 이는 빅데이터, 메타버스, 인공지능 등 최첨단 테크놀로지를 활용한 미래세대 교육을 가리키기도 한다. 에듀테크는 교육의 대중화, 교육 효과의 극대화, 연결을 통한 상호학습에 기여할 수 있다. 이밖에도 에듀테크는 교육 불평등 문제를 해결하고, 장기적이고 지속적으로 적용 가능한 우수사례를 신속하게 전파하고 확산하는 것을 돕는다. 또한 첨단테크놀로지를 활용하여 학습자의 학습활동 결과 및 정보의 실시간 확보, 교사의 단순 반복 업무의 경감을 통해 생산성을 향상시키는 효과를 기대할 수 있다(이화여자대학교 교육공학과, 2023).

에듀테크는 교육과정에서 수행하는 역할과 목적에 따라 그 유형을 구분할 수 있다. 첫째, 학습 자료의 제작 및 편집을 위한 콘텐츠 저작 도구가 있다. 이는 주로 교수자가 수업에서 활용할 콘텐츠를 개발하고 배포를 위한 저작 도구로 텍스트, 이미지, 영상 제작이 가능한 저작 도구가 해당된다. 둘째, 학습자 간 또는 교수자와의 상호작용 촉진과 학습자의 학습활동에의 참여 유도를 위한 수업활동 도구로써 수업시간 내에 협력학습, 퀴즈나 평가활동에 사용할 수 있는 도구이다. 셋째, 학급 운영을 체계적으로 관리할 수 있는 알림장과 학부모와의 원활한 소통을 목적으로 하는 학급관리 도구가 있다.

이밖에도 에듀테크의 유형을 소프트웨어와 하드웨어로 구분할 수 있다(이종선 외, 2023). 소프트웨어는 교수-학습 활동과 학습자의 자기주도 학습활동을 위한 자료로 개발된 학습콘텐츠, 교수자와 학습자 간 소통을 위해서 활용되는 영상과 텍스트, 학습자가 창작한 자료와 영상, 학급운영 및 평가를 위한 관리가 포함된다. 하드웨어는 교육을 위해 사용된 도구 및 ICT 기기로써, 컴퓨터, 물리적 구성품 또는 장비를 포함한다. 전자칠판, 빔프로젝트, 스마트 디바이스 등 수업내용 전달을 위해서 사용되거나 수업관리를 위해서 사용되는 하드웨어로 구성된다.

에듀테크는 텍스트 기반, 오디오 기반, 시각자료, 동영상, 조작물 등의 산출물을 인식하는 데 사용되는 감각에 따라서도 분류할 수 있다. 이는 학습자에게 정보를 전달하거나 학습 경험에서 사용하는 주요 감각에 따라 구분되는 것으로 교수자는 생성형 AI를 활용할 때 단일 감각이 아닌 복합적인 감각을 사용하여 학습자의 기호와 선호에 맞게 제작할 수도 있다. 예를 들면 작곡 앱을 활용하여 비트와 노래 등의 음악적 자료를 산출할 수 있는 오디오 기반이 있고, 녹화된 영상을 편집하여 배경음악을 넣거나 내레이션을 넣어 동영상을 제작할 수 있다. 인공지능과 같은 과학기술의 발달로 인해 단일 감각이 아닌 공감각적이고 다중감각적인 산출물이 교수학습 맥락에서 보편적으로 사용 가능하게 되었다.

에듀테크 활용의 목적

교수−학습에의 에듀테크 활용은 교육의 질을 향상시키고, 학생들이 자기주도적으로 학습할 수 있는 기회를 제공할 수 있다. 구체적으로 어떠한 측면에서 에듀테크 활용의 목적이 있는지 살펴보고자 한다.

가. 풍부한 학습 경험 제공

에듀테크의 활용은 학습자에게 다양하고 풍부한 경험을 제공하여 학습자가 의미 있는 학습 경험을 하게 하는 것이다. 예를 들면, 다양한 애플리케이션과 플랫폼, 소프트웨어, 가상현실(VR)과 증강현실(AR) 등의 에듀테크는 공감각적 학습경험을 가능하게 하여 교수−학습의 효과와 질을 높일 수 있다. 특히 고비용과 고위험의 교수−학습 영역에서 효과적, 효율적이면서도 안전하게 모의 훈련이 가능하다. AR(증강현실), VR(가상현실) 그리고 XR(확장현실)을 활용하여 위험요소 없이 화학 실험을 할 수 있고, 의학 계열에서는 원활한 실습을 위해 인체기관의 구조, 응급처치 방법 배우기, 수술 행위 등의 시뮬레이션을 할 수 있다. AR은 국립중앙박물관을 비롯한 국내외 박물관에서 대표적으로 많이 사용되고 있으며 실제 환경과 결합시켜 다양한 문화 체험, 문화재의 내부 구조와 세부 사항의 이해를 돕기 위한 지식을 제공하고 있다(우가택, 김철수, 2023). 관람자는 실제 전시품을 기반으로 게임화, 가상의 요소를 탐색할 수 있어 추상적인 개념을 더욱 용이하게 이해할 수 있을 뿐만 아니라 문화재와의 상호작용에 참여할 수 있다. 이러한 상호작용 과정에서 학습자는 일상적이지 않은 새로운 경험을 함으로써 몰입과 높은 동기유발을 경험하게 된다.

나. 주의집중과 동기유발

에듀테크 활용의 주요 목적 중 하나는 주의집중과 동기유발에 있다. 예를 들면, 수업 도입부에 짧은 동영상 또는 퀴즈 앱을 활용하여 학습자의 흥미를 끌고 주의를 집중시켜, 학습 동기를 높일 수 있다. 학습자의 동기를 유발하기 위해 많이 활용되는 게임은 학생이 자신의 수준에 맞는 과제를 선택할 수 있을 때 가장 효과적이다. 이 경우 학생들은 학습에 대한 동기가 높아지고 수업 참여도 적극적으로 이루어지는 경향이 있다(Muhammad & Schneider, 2021). 이처럼 에듀테크를 활용한 수업은 학습자의 탐구 능력 증진, 지식과 학업 성취도 향상, 주의 집중과 몰입을 유도하는 데 유용하다. 게이미피케이션을 적용한 에듀테크 수업은 학습자의 지식과 기술 향상을 촉진하고, 학업적 역량을 강화하며, 학습 동기에 긍정적인 영향을 미친다는 결과를 보여주었다(Jaramillo-Mediavilla, et al., 2024). 최근 AI 기술이 적용된 다양한 유형의 에듀테크는 사용자의 인지적 스트레스를 줄이면서도 효율적인 시간관리가 가능하며, 사용자 친화적인 특성으로 수업 참여에 대한 학생들의 동기를 높일 수 있다(Jones, 2020).

다. 학습자 참여 촉진

에듀테크의 활용을 통해 학습자의 수업참여 수준과 학습활동 참여 시간을 지속할 수 있다. 학습 내용의 난이도가 학습자의 지식 수준에 적합하지 않거나 학습자의 관심이 저조한 학습 내용이라면 학습자의 수업 참여도는 낮아질 수밖에 없다. 이와 같은 경우에 증강현실 및 가상현실 또는 상호작용이 가능한 에듀테크를 활용하면 학습자의 적극적인 학습 참여를 유도할 수 있다. 예를 들어, 다른 학습자와의 협업 및 의사소통이 가능한 패들렛과 같은 상호작용 플랫폼을 활용하여 학습활동 결과물과 사례를 공유하여 학습자의 동기부여 및 참여를 증진할 수 있다. 특히 학생들은 다양한 유형의 테크놀로지를 통해 또래와 그룹 활동 등의 협업이 가능하고 흥미 있는 주제를 더 깊게 이해할 수 있다. 즉, 팟캐스트, 블로그, 비디오와 다양한 인포그래픽을 통해 학습 참여가 더 쉽고 적극적으로 수행되는 것이다(Gustad, 2014).

에듀테크의 교육적 활용을 위한 필수 조건

가. 기본 교육 기반 시설

에듀테크 활용 교육은 AI, VR, AR, 빅데이터, 클라우드 기술이 원활하게 작동하고 구현되기 위해 안정적이고 신뢰할 수 있는 기술적 기반 시설을 필요로 한다. 에듀테크 기반 스마트 학습 환경을 조성하려면 단말기를 포함한 교육 도구를 갖추어야 하며 교육 주체와 교육 내용의 다양화, 그리고 학습 공간의 확장이 이루어져야 한다(한국교육학술정보원, 2022). 에듀테크 활용 교육이 실현되기 위한 학교 환경과 교실환경을 구축하려면 디바이스, 네트워크, 디스플레이, 교육용 계정 클라우드와 데이터의 인프라를 고려해야 한다(조기성, 2023).

- 디바이스: PC, 태블릿 PC, 크롬북, 스마트폰 등의 물리적 구성물

- 네트워크: 동시접속 학생 수와 학습활동 유형에 따른 네트워크 속도 차이의 최소화

- 디스플레이: 대형 터치 기반 전자칠판, 프로젝트, 빔프로젝트 등 콘텐츠 제공 시 교실 크기에 적합한 사이즈

즉, 이러한 물리적인 도구와 디바이스 확보, 원활한 네트워크, 학생용 계정 생성, 교수-학습용 에듀테크 서비스 선택 및 가입 후 활용, 교실 디스플레이 등의 기타 환경 점검이 뒷받침되어야 한다(조기성, 2023).

그림 2-1 에듀테크 활용이 가능한 스마트 교수-학습 환경 요구

기본 인프라
- 어디서든 어떤 디바이스든 끊김 없는 무선 인터넷 연결
  - 교실 외 특수교실, 공용 공간, 쉼터 등 모든 장소
- 스마트 기기 간 Wireless 연결(미러링 등)
- 스마트 학습을 위한 콘텐츠 지원, 플랫폼 동일, 디바이스 관리/제어 프로그램 지원 필요

기반 정책
- 학교 필요에 따라 구매할 수 있는 스마트 기기 Pool 다양화
  - 조달청 나라장터 내 상품 Pool 제한
- BYOD 정책 기반의 1인 1태블릿 및 학급별 충전 보관함 보급
- 스마트 스쿨에 대한 예산을 일관 배정 및 집행하는 방식이 아닌 단계적 집행할 수 있도록 절차 마련

관리 인력
- 스마트 기기/설비 관리를 전담하는 테크 매니저 필요
  - 스마트 기기/설비 활용 교육(학교 교육 과정에 대한 이해 필요)
  - 스마트 기기/설비 관리 및 AS

사용자 마인드셋
- 스마트 스쿨 도입에 앞서 구성원들의 의견 수렴
- 스마트 학습의 철학/가치에 대해 교수자-학습자-학부모의 공감 확보 필요
- 스마트 기기를 관리의 대상이 아닌 학습 도구로서 활용도를 높일 수 있도록 문화 조성

출처: 한국교육개발원(2013)

나. 교수자의 에듀테크 활용 수업 역량

교사는 테크놀로지 활용 수업을 통해 학생들이 인간적 성장을 할 수 있도록 수업을 디자인할 수 있어야 한다. 즉, 교수자는 학습자들이 확장된 공간에서 자기주도성을 발휘하여 다양한 연결 자원을 활용할 수 있도록 교수-학습 환경에 대한 설계 역량이 필요하다. 이러한 설계 역량은 AI 기반 테크놀로지 환경에서 테크놀로지 교수 내용 지식(TPACK)을 포함한다고 볼 수 있다. 테크놀로지 교수 내용 지식은 교과지식과 테크놀로지 지식을 통합할 수 있는 교수자의 능력을 말한다. 과거에는 효과적이고 효율적으로 지식을 전달하는 교수자의 역량이 중요하였다. 그러나 미래교육에서 요구되는 교수자의 역량은 변화하는 시대에 적응할 수 있는 테크놀로지 활용 전략과 이를 수업 설계에 적용할 수 있는 능력인 것이다(진서연, 엄미리, 김수인, 김효정, 2021).

AI 기반 에듀테크를 효과적으로 교수-학습에 통합하기 위한 교사 역량군은 다음과 같다(이동국, 이봉규, 이은상, 2022). 첫째, AI에 대한 이해를 바탕으로 교수학습에 적절한 AI를 탐색하고 선정할 수 있어야 한다. 둘째, 각종 AI 디지털 기술의 이해와 활용성 및 사용가능성을 고려하여 맞춤형 수업과 융합적 문제해결 수업을 설계할 수 있어야 한다. 셋째, AI를 능숙하게 활용하여 학습을 촉진하기 위해 다양한 전략을 적용할 수 있어야 한다. 넷째, AI로부터 얻은 데이터를 이용하여 맞춤형 피드백을 제공할 수 있어야 한다. 다섯째, AI 활용 수업에 대해 성찰하고 지속적인 전문성 개발을 위해 노력해야 한다. 위 내용을 바탕으로 AI 기반 에듀테크 활용 교육에 필요한 5개의 교사 역량군은 <표 2-1>과 같다.

 AI 활용 교육을 위한 교사 역량과 내용

역량군	역량 내용
AI 활용 교육 준비	AI 이해, AI 탐색 및 선정, AI 윤리성 평가, AI 교육 환경 준비
AI 활용 교육 설계	AI 활용을 위한 교육과정 재구성, AI 활용 개별화 학습 설계, AI 활용 실제적 학습 설계, AI 활용 데이터 기반 평가 설계
AI 활용 교육 실행	AI 및 에듀테크 활용 역량, AI 활용 학습 촉진, AI 및 에듀테크 기술적 문제해결

AI 활용 교육 평가	AI 활용 데이터 해석, AI 활용 데이터 기반 피드백
AI 활용 전문성 개발	AI 활용 교육 전문성 개발, AI 활용 교육 연구

출처: 이동국 외(2022) 표로 재구성

다. 학습자의 디지털 리터러시와 사고 역량

AI 디지털 기술 도입이 현실화된 교육환경에서 AI 디지털 리터러시 역량은 교사와 학생 모두가 필수적으로 갖추어야 할 핵심역량이라고 볼 수 있다. 디지털 리터러시는 디지털 기기와 네트워크 기술을 통해 안전하고 적절하게 정보에 접근·관리·이해·통합·소통·평가·생성할 수 있는 능력이다(UNESCO, 2019). 또한 디지털 리터러시(Digital Literacy)는 디지털 기술을 올바로 활용하기 위한 디지털 기술의 응용, 노하우 이외에도 주어진 정보에 대한 비판적 사고와 식별할 수 있는 가치관, 태도 등을 포함한다(Chew & Soon, 2021).

학습자 수준에서 볼 때 아동 및 청소년 학습자의 디지털 리터러시 역량은 개인의 성별, 디지털 정보기기 사용과 접근성, 교육 및 학습경험, 사회경제적 수준 등 다양한 요인에 따라서 차이를 보일 수 있다. 연구에 따르면, 디지털 리터러시 역량은 남학생이 여학생보다 더 높고, 기술수용에 대한 태도가 긍정적이고 사회경제적 수준이 높을수록 더 높게 나타났다(정인관, 백경민, 이수빈, 2020). 이밖에도 부모의 교육수준이 낮을 때 자녀의 ICT 도구 이용행위에 관한 중재가 어렵고, 교사가 디지털 리터러시 수업을 적게 할수록 학생의 디지털 리터러시는 낮아지는 것으로 나타났다(김지민, 2024). 따라서 학습자의 디지털 리터러시 역량을 위한 교육은 부모나 교사교육과 함께 고려되어야 할 것이다.

그림 2-2 디지털 리터러시 역량 구성

IV. 디지털
의사소통과
문제해결

4-2. 디지털
문제해결

4-1. 디지털 의사소통

III. 디지털 정보의
활용과 생성

3-3. 디지털 콘텐츠 생성

3-1. 자료의 수집과 저장 3-2. 정보의 분석과 표현

II. 디지털 윤리와
정보 보호

2-2. 디지털 윤리

2-1. 디지털 정보 보호

1-3. 인공지능의 활용

I. 디지털 기기와
소프트웨어의 활용

1-2. 소프트웨어의 활용

1-1. 디지털 기기의 활용

출처: 김진숙 외(2023; 268) 일부 수정

학교 교육을 통해서도 디지털 리터러시 역량은 증진될 수 있는 것으로 보고되고 있다(계보경, 곽병일, 한나라, 2022; 김지민, 2024). 학교에서 진행되는 프로그래밍, 디지털 리터러시 관련 수업, 창의적 교육활동 등은 학생들의 디지털 리터러시 역량 증진에 긍정적인 역할을 한다. 또한 학생들은 교과과정 내 관련 과목에서도 디지털 리터러시 관련 학습요소를 경험할 수 있다(김진숙 외, 2023). 교과과정과의 연계 속에서 학습자는 디지털 기기와 소프트웨어 활용, 디지털 정보의 활용과 생성, 디지털 의사소통과 문제해결, 디지털 윤리와 정보 보호에 대한 학습경험을 통해 [그림 2-2]와 같은 디지털 리터러시 역량을 키울 수 있다.

한편 생성형 AI와 같은 에듀테크의 활용에 있어서는 학습자의 비판적이고 창의적인 사고 역량이 중요한 요소가 된다. 예를 들어, 생성형 AI로 인지 능력을 확장시키기 위해서는 목표 설정 능력, 질문하고 요청하는 프롬프트 작성 능력, 결과를 평가할 수 있는 능력, 질문 또는 목표를 수정할 수 있는 능력, 최종 결과물을 개선할 수 있는 능력의 인지기술이 필요하다(Kosslyn, 2023). 즉, 생성형 AI 활용 시 프롬프트의 입력, 결과(반응)를 평가하고 수정하기 위해서는 비판적 사고와 창의적 사고가 요구되는 것이다. 비판적 사고는 정보의 분석과 평가를, 창의적 사고는 새롭고 유용한 아이디어를 생성하는 과정이며, 이 두 가지 사고방식은 상호보완적인 측면이 있다.

2절. 콘텐츠 저작 도구

콘텐츠 저작 도구란 디지털 콘텐츠를 제작, 편집, 구성, 배포하는 데 사용되는 소프트웨어 또는 플랫폼을 의미한다. 저작도구의 주요 목적과 콘텐츠 제작 방식에 따른 대표적인 플랫폼 사례를 제시하고자 한다.

디지털 협업 및 콘텐츠 제작 도구

가. 패들렛(Padlet)

패들렛은 사용자가 가상 게시판에 콘텐츠를 업로드하고, 구성 및 공유할 수 있는 실시간 협업 웹 플랫폼이다(https://padlet.com/). 모든 게시판은 빈 슬레이트로 시작되고 여기에 텍스트, 이미지, 비디오, 오디오, 유튜브 비디오, 웹페이지 링크 등을 업로드 할 수 있다. 또한 링크와 큐알 코드만으로도 댓글 달기, 투표하기 등이 가능하고 자료의 추가와 삭제가 가능한 실시간 협업 도구이다.

나. 캔바(Canva)

캔바는 프레젠테이션, pdf 편집, 그래프 및 차트의 비주얼 문서, 사진과 동영상 편집, 초대장과 포스터 및 전단지 등을 생성할 수 있는 앱이다(https://www.canva.com/ko_kr/). 특히 교육용으로는 수업계획, 보고서, 인포그래픽, 포스터, 동영상, 애니메이션 등을 맞춤형으로 제작하여 수업에 활용할 수 있으며 현직 교사와 학생들은 인증을 거쳐 무료로 사용 가능하다. 다운로드받지 않고 링크 주소만으로도 앱에서 프레젠테이션을 사용할 수 있다. 캔바의 기능과 유사한 앱은 미리캔버스(https://www.miricanvas.com/ko)와 망고보드(https://www.mangoboard.net/)가 있다.

다. 위드플러스 라이브(withplus_live)

위드플러스 라이브는 실시간으로 교수－학습 활동에 사용 가능한 앱이다(https://www.withplus.live/). 참여자의 모바일 기기를 통해 실시간 투표기능을 제공하는 라이브 폴링(Live Polling)을 통해 참여자의 의견을 실시간으로 청취하고 공유하며 참여도와 집중도를 높일 수 있다. 또한 다양한 용도로 사용할 수 있는 실시간 퀴즈 생성 도구인 라이브 퀴즈(Live Quiz)와 협업 기능을 통해 의견을 한눈에 볼 수 있는 온라인 게시판 강의 도구인 라이브 보드(Live Board)가 있다. 라이브 보드는 간단한 절차를 통해 게시판을 생성하고, 학습자들이 자유롭게 게시물(의견)을 공유할 수 있어 활용도가 높다. 무엇보다도 간단한 절차를 통해 퀴즈를 생성하고 곧바로 학습자들에게 배포할 수 있어 활용도가 높다.

라. 클래스팅(classting)

클래스팅은 교사, 학생, 학부모를 연결하는 통합 교육 플랫폼으로, 학습 관리와 소통을 지원해 준다(https://www.classting.com/). 클래스팅의 주요 기능으로는 AI 기반 맞춤형 학습 지원, 학습 성과 분석 및 평가, 자기주도학습 습관 형성의 세 가지가 있다. 또한 학생이 자신의 실력을 직관적으로 파악할 수 있도록 시각적 요소들을 활용하여 학습 단계별 성취도 분석을 제공한다. 그리고 AI 튜터를 활용하여 교사가 개별적으로 학습 범위를 지정하지 않더라도 학생의 수준별로 가장 효과적인 학습 순서를 추천하며, 오답 보관함을 확인하여 틀린 문제를 다시 볼 수 있도록 지원하는 기능이 있다. 학습량에 따라 실시간으로 학습 랭킹이 반영되어 학교 내 랭킹과 전국 단위 학교 랭킹 확인이 가능하면서 학생 간 건강한 경쟁과 협동을 유도할 수 있다(https://www.askedtech.com/product/499774).

텍스트 중심 저작 도구

가. 클래스카드

클래스카드는 영어 학습에 효과적으로 특화된 앱(https://www.classcard.net/)이다. 문법 훈련과 단어, 읽기 자료를 제작할 수 있고 단어 암기, 원어민의 정확한 발음, 문장 및 구문 학습이 가능하다. 영어 발화 과제 활용 시 단어와 문장의 스피킹을 녹음하여 제출할 수 있고 학부모에게 녹음된 내용을 전송할 수도 있다. 자동채점과 오답만 다시 풀 수 있는 기능이 탑재되어 있어 영어 교수-학습 도구로 활용성이 높은 편이고 학습 결과 또한 리포트할 수 있다.

나. 퀴즈렛

퀴즈렛에서는 낱말카드 세트를 제작할 수 있고 수업 도중에도 라이브 게임을 통해 학생의 참여도를 높일 수 있다(https://quizlet.com/kr). 교사가 수업 자료 제작 시 시간을 절약할 수 있도록, 주제에 따라 예측 단어와 제안된 이미지 기능을 사용할 수 있어 학습 세트를 효율적으로 만들 수 있다. 낱말카드, 학습하기, 테스트, 카드 맞추기와 같은 다양한 학습 모드를 통해 학생들은 학습에 가장 적합한 것을 선택할 수 있다. 다양한 학습콘텐츠에 따른 단어카드를 제작하여 수업 중에 활용하고 수업 후에도 복습이 가능하며, 업데이트된 기능으로 학습 현황의 추적과 개별 학습자에게 초점을 둔 즉각적인 피드백을 제공할 수 있다. 수학 시험과 의학 시험, 영어 어휘 및 퀴즈까지 다양한 내용의 학습 자료를 생성하여 활용할 수 있다.

다. 생성형 AI(ChatGPT, Bing, Gemini, wrtn)

뤼튼(https://wrtn.ai/)과 오픈 AI의 챗지피티(https://chatgpt.com/)를 이용하여 영상이나 문서 요약과 ppt 초안 작성 및 이력서, 코딩과제 등을 생성할 수 있다. 마이크로소프트사의 코파일럿(copilot)은 행정과 통번역 등 텍스트 문서자료 작업 시 AI를 탑재하여 워드(Word), 엑셀(Excel), 파워포인트(PowerPoint), 아웃룩메일(Outlook)을 수행할 수 있다(https://www.microsoft.com). 빙(https://www.bing.com/)은 요약된 답변, 문서 초안 작성과 이미지, 새로운 자료를 만드는 것뿐만 아니라 다른 사이트와의 비교도 가능하다. 이와 같은 기능은 구글의 Gemini(https://gemini.google.com/)에서도 유사하게 작동되며 글의 작성, 계획 수립과 학습에 도움 주기 등에 활용할 수 있다. 위에 열거된 앱들은 공통적으로 이미지 생성에도 다양하게 이용할 수 있고 무료 버전과 유료 버전으로 선택 사용이 가능하다.

이외에도 구글포에듀케이션(Google for Education)은 제미나이 AI가 탑재되어 텍스트와 이미지 등 교육 콘텐츠를 생성하여 PPT로 가져오거나 학습 영상 제작에 활용할 수 있다. 크롬북 및 구글 클래스룸 등과 연동해 LMS에서도 사용이 가능하고, 보편적 설계(Universal Design) 요소가 포함되어 실시간 자막, 읽기 모드, 강조 커서 기능 등 청각 장애 학생들을 위한 기능도 제공된다. 인텔(Intel)에서 개발한 스킬 포 이노베이션(Skills for Innovation) 플랫폼은 교사들에게 140시간 분량의 수업 자료와 70가지 이상의 활동이 포함된 스타터 팩을 제공한다. 교사가 원하는 주제를 선택하면 학습 목표부터 활동 내용, 평가까지 포함된 교안을 자동으로 생성하여 PPT나 PDF 형식으로 제공한다(https://www.askedtech.com/weblink/143787).

이미지 중심 저작 도구

가. 미드저니(Midjourney)

이미지 생성 지피티 앱은 미드저니(Midjourney), 오픈 AI 플랫폼인 챗지피티에 탑재된 DALL-E3와 스테이블 디퓨전(Stable Diffusion)이 대표적이다. 미드저니는 디스코드(Discord) 프로그램 내에서 제공되는 부가서비스로 미성년자 보호를 위한 정책으로 최소 만 13세 이상의 사용자가 가입하여 이용할 수 있다. 최근에는 게임, 사진, 텍스트, 그래픽, 모델 등을 생성하기 위해 다양한 생성형 AI 앱(Gemini, Claude, Dall-E, FLUX, Leonardo Ai, Indeogram, Stable Diffusion, Midjourney)에 입력할 텍스트 문구를 유료로 거래할 수 있는 온라인 플랫폼 프롬프트베이스(PromptBase, https://promptbase.com/)가 오픈되었다.

나. 감마(Gamma)

감마(Gamma)는 프레젠테이션을 위한 자료와 웹사이트 생성 등의 작업에 별도의 디자인이나 코딩 기술 없이도 전문가 수준의 디자인 및 레이아웃을 적용하여 생성해 내는 서비스를 제공한다(https://gamma.app/ko). 인터랙티브 갤러리, 동영상 및 임베드로 참여할 수 있고, 차트, 다이어그램, 표로 데이터를 시각화하는 데 최적화되어 있다. 또한 문서와 프레젠테이션, PDF 및 PPT 파일을 쉽게 가져오고 무제한으로 즉시 내보내기를 할 수 있는 앱이다.

다. 드로우(Draw)

드로우(Draw.io)는 다이어그램을 만들고 편집할 수 있는 웹 기반의 다이어그램 툴로, 주로 플로차트, 유형 다이어그램, 조직도, 네트워크 다이어그램, 워크플로우 등과 같은 다양한 종류의 다이어그램 유형을 지원한다. 무료로 사용 가능하며 직관적인 인터페이스, 다이어그램 요소를 쉽게 추가, 이동, 수정할 수 있으며 작업 완료 후 PNG와 JPG 등의 형식으로 내보내기 및 실시간 협업이 가능한 플랫폼이다. Google Docs, Sheets, Slides 및 Office 365 앱에 통합하여 사용할 수 있다.

멀티모달(영상) 저작 도구

가. 클로바더빙(Clovadubbing)

네이버(NAVER)에서 개발한 클로바더빙은 사용자가 입력한 텍스트를 동영상, 음성, 음악 파일 등에 합성하여 다운로드할 수 있는 형태로 콘텐츠를 생성해주는 서비스를 제공한다(https://clovadubbing.naver.com/). 사용자가 클로바더빙 서비스에 업로드한 저작물, 예를 들면, 음성, 음향, 동영상, 사진, 그림, 만화 등 일체에 클로바더빙 서비스를 통해 다른 유형으로 또는 같은 유형의 기술을 합성하여 저작물을 생성할 수 있다. 음성은 다양한 연령대와 직업적 특색을 반영한 개그우먼, 아나운서 등의 음성으로 선택할 수 있을 뿐만 아니라, 언어적 선택에서도 한국어, 영어, 일본어, 중국어, 스페인어, 대만어 등 다양한 AI 보이스를 생성할 수 있다. 제작한 콘텐츠는 출처 표기와 함께 무료 채널에 게시할 경우, 누구나 무료로 사용이 가능하다.

나. 브루(Vrew)

브루는 인공지능 기술을 활용하여 음성을 텍스트로 자동 변환하는 영상 편집 프로그램이다(https://vrew.ai/ko/). 자동 자막 외에도 컷편집, 무음 구간 삭제 등의 기능이 지원되고, AI 기술을 활용하여 음성인식이 가능하여 자동 자막을 약간만 수정하면 긴 영상도 짧은 시간 내에 자막을 완성할 수 있다. 상업적인 영상에도 저작권에 구애받지 않고 사용이 가능하며 5개의 언어와 약 200여 종의 AI 목소리를 사용할 수 있다. 그 외 기능들에는 텍스트로 비디오 만들기, 다양한 쇼츠 템플릿, 무음 구간 감지 및 삭제, 원고 불러오기, PDF 내용을 인식하여 비디오 만들기와 자막의 번역 제공 등이 있다.

다. 수노(Suno)

수노는 보컬과 악기를 결합하거나 악기로 연주되는 노래를 생성하도록 설계된 생성형 인공지능 음악 제작 프로그램이다(https://namu.wiki/w/Suno). 수노에서 작사를 할 수도 있고 재즈, 힙합, 팝송, 랩 등의 음악 유형과 목소리 선택이 가능하다. 보컬을 매우 정확하게 생성해낼 수 있어 실제 사람이 직접 부르는 것처럼 들리며, 목소리만 바꾸는 것도 가능하다. 커스텀 모드를 끄면 노래에 대한 전체적인 설명 입력만으로도 창작이 가능하고, 모드를 켜면 직접 가사와 스타일, 제목을 지정할 수 있다. 수노는 디스코드(Discord)와 마이크로소프트의 코파일럿 프로그램 내에서 구동이 가능하다.

3절. 수업 활동 도구

협력학습을 위한 협업도구

가. 마인드마이스터(Mind meister)

마인드마이스터는 교육용으로 폭넓게 활용되고 있는 대표적인 앱이다(https://www.mindmeister.com/ko). 학습 과정의 시작에서, 시험 준비, 그룹 프로젝트와 과제 계획, 아이디어 정리, 시각적 요소인 아이콘과 그림 이모티콘을 추가하고, 중요한 포인트를 강조하고, 주제 연결이 가능하다. 교사는 수업 계획 시 마인드마이스터로 맵을 활용하여 학습자의 창의력과 학습 촉진을 할 수 있다. 학습자들은 마인드 맵핑 과정에서 실시간 또는 비실시간으로 프로젝트에 관한 내용 이해를 심층적으로 할 수 있다. 마인드 매핑을 통해서 대면, 비대면 수업방식과 무관하게 모든 수업의 주제에 대해 학습자의 심도 있는 이해를 도울 수 있다. 마인드맵을 활용한 수업 효과로는 기억력 향상, 창의적 사고와 학업 효능감의 증진 등을 기대할 수 있다(이미숙, 김수진, 한혜란, 권용경, 2019; 장해리, 정영란, 2009).

그림 2-3 마인드마이스터에서 제공하는 템플릿 유형

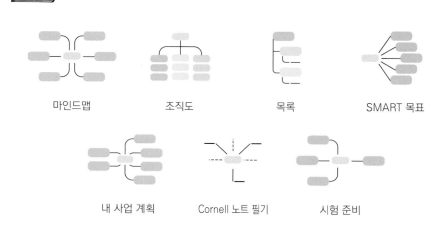

마인드맵   조직도   목록   SMART 목표

내 사업 계획   Cornell 노트 필기   시험 준비

출처: https://www.mindmeister.com/app/folders

나. 멘티미터

멘티미터(Mentimeter)는 실시간으로 청중의 의견을 수집하고 시각화할 수 있는 프레젠테이션 및 상호작용 도구이다(https://www.mentimeter.com/). 교사는 설문 조사, 퀴즈, 투표 등을 통해 학생 참여 유도와 실시간 결과를 시각적으로 즉시 확인할 수 있으며, 비대면 수업에서도 학생들의 참여를 촉진시키는 데 활용할 수 있다. 워드 클라우드(Word Cloud)는 청중의 답변을 시각적으로 표현하여 주제나 질문에 대한 의견

의 분포를 한눈에 파악할 수 있게 한다. 또한 수집된 데이터를 다양한 차트와 그래프로 즉시 시각화할 수 있어 교사와 학생 모두 명확하고 직관적으로 데이터를 이해하는 데 도움이 된다. 파워포인트(PowerPoint)와 구글 슬라이드(Google Slides)와 같은 프레젠테이션 도구와도 통합할 수 있다는 장점이 있다(https://www.askedtech.com/product/499782).

퀴즈, 평가도구

가. 경쟁기반 퀴즈: 퀴즈앤, 카훗

퀴즈앤(QuizN)은 퀴즈, 협업보드, 인터랙티브 비디오 기능을 한 곳에 모아 놓은 국내 대표 통합형 에듀테크 플랫폼이다(https://quizn.show/). 교수자는 스마트 기기를 이용해 언제 어디서나 다양한 유형의 퀴즈를 제작, 진행할 수 있고 학습자는 경쟁을 통해 학습의 즐거움을 경험할 수 있다. 퀴즈(Show)는 열 가지의 유형인, OX, 선택형, 설문형, 순서배열형, 초성퀴즈 등의 다양한 출제 방식으로 나뉘고 학습 내용 확인과 복습을 위한 활동으로 유용하게 활용될 수 있다. 퀴즈 학습 이후에는 본인의 득점과 오답을 확인할 수 있어 학생 스스로 자신의 학습 수준 및 활동도 체크가 가능하다. 또한 협업보드 기능을 통해 오프라인 공간에서 소통한 내용을 모두 공유하기 위해 게시할 수 있다. 무엇보다도 학습자의 주관식 응답과 워드클라우드 기능을 통해 본인의 답뿐만 아니라 동료 학습자의 답을 확인함으로써 상호피드백이 가능하여 학생 간 상호 피드백을 촉진할 수 있다(허시영, 2024). 카훗도 플래시카드 변환과 생성이 가능하고, 학습자료 검토 및 효과적인 평가, 학습진도 확인 등 수업에 활용 가능한 다양한 게임을 제공하고 있다(https://kahoot.com/).

나. 과정중심평가: 클립포, 소크라티브

클립포는 과정 중심 평가를 지원하는 서비스이다(https://clipo.ai/). 평가 설계, 채점 및 피드백까지 AI 지원이 가능하여 교사가 설계한 수행평가를 바탕으로 AI가 과제를 자동 채점하고, 채점 결과에 맞는 기록까지 생성이 가능하다. 생성된 기록을 바탕으로 종합기록과 학생 리포트도 제작이 가능하며 학교급별로 다양한 과목의 교육

과정 성취기준이 탑재되어 있다. AI 어시스턴트 기능을 활용하면 모든 학생에게 맞춤형 피드백이 가능하고, 성취한 내용 분석 결과를 기반으로 종합기록의 초안을 작성을 할 수 있다. 학습자의 학습속도에 맞춘 퀴즈 제공 및 점수 부여 등 실시간으로 평가를 할 수 있고, 평가 결과를 시각화할 수 있는 소크라티브도 활용도가 높은 앱이다 (https://www.socrative.com/).

다. 질의응답 및 설문조사: 심포니, 슬라이도

심포니(Symphony)는 '심(Sym)'과 '플로우(Flow)'의 합성어로 온라인 교육과 워크숍, 강연에서 해답을 주고, 실시간으로 참여자 간 질의응답 확인이 가능한 서비스를 제공하고 있다. 질문, 퀴즈와 설문 등을 실시간으로 출제하고 참여할 수 있어 별도의 앱을 설치하지 않고 인터넷 접속이 가능한 기기로 사용이 가능하다(https://www.symflow.com/). 슬라이도도 실시간 투표와 질의응답, 퀴즈, 단어 클라우드를 사용하여 학습자의 참여를 독려할 수 있는 앱이다(https://www.slido.com/). 특히 공개적으로 질문하기가 어려운 학습자도 질문할 수 있는 기회 제공이 가능하고 상호소통적인 방식으로 학습자의 지식 테스트를 할 수 있다. 파워포인트(powerpoint), 구글슬라이드(googleslide), 웹엑스(webex)와 팀즈(teams), 줌(zoom)에서 이루어진 활동 자료는 모두 저장하고 공유할 수 있다. 앱을 다운로드 하지 않으면서도 직관적이고 쉽게 로그인과 참여가 가능하다.

가상현실, 증강현실, 메타버스

가. 가상현실(Virtual Reality)

멀티미디어 정보와 네트워크 융합 기술을 활용한 가상현실과 증강현실은 생동감 있는 영상 정보와 함께 다양하고 고차원적인 지식을 얻을 수 있는 새로운 학습 환경을 제공하고 있다(박성익 외, 2021). 가상현실(VR)은 실제와 같은 3차원 형태로 제공되어 마치 현실처럼 느껴지도록 하므로 학습활동에의 촉진과 몰입을 도모한다(류지헌 외, 2023). 예를 들면, 현실에서는 공간적, 물리적 제약으로 인해 영상화하거나 조작하기 어려운 콘텐츠를 시뮬레이션으로 시각화할 수 있으며, 스토리를 추가해 맥락을 부여할 수도 있다. 이러한 이유로 VR은 교육적으로 매우 높은 활용 가치를 가지고 있다.

가상현실 활용사례로는 비행 조종사 훈련 시뮬레이션 프로그램이 대표적이다. 특히 초·중·고에서는 직업 체험용 프로그램으로 개발되어 강력범죄 현장 수사체험, 장비 및 사격 체험 등을 가상 체험해볼 수 있다(손동희 외, 2021). 구글 카드보드 또는 머리 착용 디스플레이(Head mounted display)를 활용해서 VR을 경험할 수 있다. 다양한 가상의 실험을 안전하게 할 수 있다는 장점이 있고 VR을 이용하여 학습에의 흥미 및 동기 유발 등의 교육적 효과 또한 기대할 수 있다(김은지, 김현경, 2022).

나. 증강현실(Augmented Reality)

증강현실은 현실 세계의 영상에 인위적으로 만들어진 컴퓨터 그래픽을 합성하여, 사용자가 현실의 변화된 모습을 경험할 수 있게 해주는 기술이다. 즉, 실제 물체와 디지털 영상의 가상 물체를 동시에 비교하고 체험할 수 있도록 하는 기술을 의미한다. 따라서 증강현실은 체험학습의 공간으로 이동하는 것 없이도 체험형 학습을 극대화하여 교실 내에서도 학습효과를 높일 수 있는 방법 중 하나이다(박성익 외, 2021). 예를 들면, 가구 배치 방식에 따라 변화된 방 구조를 경험할 수 있고 상황이나 장소에 따라 실물의 다양한 형태의 자료를 경험하고 실물에 이미지를 추가하거나 변형하여 다양한 이미지를 볼 수 있다.

증강현실은 실제 세계의 맥락을 유지하면서 추가된 정보를 보여주기 때문에 의료, 기술, 건축, 교육 등 다양한 영역에서 활용되고 있다. 증강현실의 교육적 가치는 다음과 같다. 첫째, 증강현실을 통해 제공되는 추가 정보는 학습자에게 더 높은 실재감을 제공하여 몰입감을 높이고, 이는 과제 수행에 긍정적인 영향을 미친다. 둘째, 증강현실은 학습자에게 가상의 학습 객체를 조작할 수 있는 경험을 제공하며, 이를 통해 학습자는 학습 자료와 직접 상호작용하면서 능동적인 학습을 가능하게 한다. 마지막으로, 학습자들은 태블릿이나 스마트폰을 통해 증강현실 자료를 공유함으로써 협력하여 학습할 수 있다(류지헌 외, 2023).

출처: www.facebook.com/landscaparfolders

그림 2-5 AR 기술을 활용한 사례 2 - zSpace 활용 해부학 학습 사례

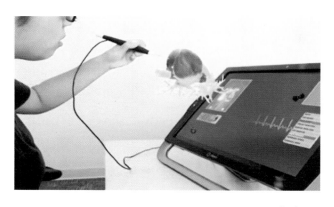

출처: https://zspace.com/

다. 메타버스(Metaverse)

메타버스는 가상공간과 현실세계를 연결하는 새로운 가상공간을 의미하지만, 교수-학습 관점에서의 메타버스는 아바타를 통해 사회적 상호작용이 이루어지는 3차원 가상 환경으로 정의할 수 있다(류지헌 외, 2023). 또한 메타버스는 현실과 융합된 가상공간에서 사용자가 아바타 등을 이용해 상호작용하고, 사회적, 정치적, 경제적,

문화적 가치를 생산하고 소비하면서 자신의 삶을 확장하는 새로운 세계로 정의할 수 있다(계보경 외, 2021). 대표적인 플랫폼은 로블록스와 마인크래프트의 게임형, 호라이즌, 제페토와 이프렌드의 소셜형, 게더타운, 스페이셜과 잽의 비즈니스 형이 있다.

메타버스를 학습환경에 활용하는 데 있어 가장 큰 장점으로는 실재감을 높일 수 있다는 것이다. 실재감은 사용자가 가상의 환경 안에 있다고 느끼는 것으로 콘텐츠에 대한 긍정적인 태도를 형성하고 참여 및 몰입감, 흥미, 학습에 대한 지속의향, 학습 만족 등에 긍정적인 영향을 미치는 요소이다. 학습자는 아바타를 이용하여 공간이동 및 의사소통이 가능하므로 학습 실재감이 높아 활동에 적극적으로 참여하고 높은 동기 수준을 유지할 수 있다. 또한 온라인 학습에서 입체적인 학습공간과 3D 학습 자료를 활용하여 수행중심의 학습이 가능하므로 활동중심의 교수학습이 가능한 가상의 학습공간이 될 수 있다.

4절. 학급관리 도구

학급관리 도구는 교사가 학급 내에서 학습과 관련된 다양한 활동을 효율적으로 관리하고, 학생 및 학부모와의 소통을 원활하게 지원하는 디지털 도구이다. 과제 공지, 알림, 학부모와의 소통 등을 포함하여 학급 운영의 전반적인 효율성을 높일 수 있는 앱 사례를 살펴보고자 한다.

알림장: 하이클래스

알림장의 기능을 갖는 앱으로는 하이클래스, 아이엠스쿨, 학교종이 등을 들 수 있다. 위의 앱은 교수-학습 활동과 관련된 정보뿐만 아니라, 학교 차원에서 진행되는 행사와 같은 행정 사항에 대한 정보를 제공하는 기능을 갖추고 있다. 대표적인 앱인 아이스크림(i-Scream) 미디어가 만든 하이클래스의 특징을 살펴보면 다음과 같다. 하이클래스(https://www.hiclass.net/) 앱을 사용하면 설문, 방과후 신청, 학부모 상담 등 학교에서 가정으로 보내는 모든 정보를 종이 없이 온라인 가정통신문으로 배포, 취합, 통계까지 처리할 수 있다. 이 밖에도 결석사유서, 학교 가정통신문, 알림장, 상담주간, 준비물에 관한 긴급 공지사항, 온라인 과제 전시회, 급식 정보, 체험학습 신청서 및 보고서 양식, 방과후 수업에 관한 정보, 학부모와의 상담 일정 등을 학생과 학부모에게 제공할 수 있다. 이주 배경 학생의 다문화 가정 학부모를 위해서는 번역 서비스가 제공되기도 한다.

학부모 소통: 학교종이, 클래스팅

교사와 학부모 채팅이 가능한 학교종이(https://schoolbell−e.com/support/ko/purchase/features) 앱은 현직 교사가 2015년 11월 개발해서 현재 4.0 버전이 출시되었다. 학교종이는 150만 명이 사용하는 인기 앱으로 성장했으며 최신 버전은 기존 앱이 가진 가정통신문, 알림장, 설문 기능에 더해 교사와 학부모 간 실시간 채팅과 통화 기능이 추가되었다. 이 앱을 활용하면 가정통신문을 배부하고 학부모 답변을 받고 통계를 내는 일 등 교사의 과중한 행정업무를 줄일 수 있다.

참고문헌

- 계보경, 곽병일, 한나라(2022). **2022년 디지털 교육 인프라 및 학생 디지털 역량 현황: 2022년 초중등학교 디지털전환 실태조사 및 초중학생 디지털 리터러시 수준 측정 연구 주요 결과.** 대구: 한국교육학술정보원.
- 계보경, 서정희, 박연정, 이동국, 신윤미, 한나라, 김은지(2021). **메타버스(Metaverse)의 교육적 활용 방안.** 한국교육개발원, 한국교육학술정보원, 수탁연구 CR 2021-16.
- 계보경, 한나라, 김은지, 박연정, 조소영(2021). **메타버스의 교육적 활용: 가능성과 한계.** KERIS 이슈리포트, RM 2021-6.
- 김은지, 김현경(2022). 실감형 콘텐츠를 활용한 융합 수업 프로그램에 대한 중학교 영재 학생 및 예비 교사의 인식 조사. **대한화학학회지,** 66(2), 96-106.
- 김지민(2024). 청소년 ICT리터러시의 가정환경 및 학교 수준 영향요인 다층분석. **도시연구,** 25(111-152).
- 김진숙, 김묘은, 박일준, 배현순, 이지은, 임동신, 임지영, 홍선주(2023). **교육과정 연계 디지털 리터러시 교육 가이드라인 개발 연구.** 한국교육학술정보원. CR 2023-1.
- 류지헌, 김민정, 임태형(2024). **수업역량 강화를 위한 교육방법 및 교육공학.** 서울: 학지사.
- 박성익, 임철일, 이재경, 최정임, 조영환(2021). **교육공학과 수업 제6판.** 서울: 교육과학사.
- 손동희, 김지훈, 조재현, 김가빈, 홍동권(2021). VR 경찰직업 간접 체험 시스템. **2021년 한국컴퓨터종합학술대회 논문집.** 2125-2127.
- 우가택, 김철수(2023). AR 기술을 이용한 부산박물관 체험을 통한 발전방안 연구. **KiDRS Korea Institute of Design Research Society,** 8(4), 40-50.
- 이동국, 이봉규, 이은상(2022). 인공지능(AI) 활용 교육을 위한 교사 역량 및 연수 과제 도출. **교육정보미디어연구,** 28(2), 415-444.
- 이미숙, 김수진, 한혜란, 권용경(2019). 마인드맵 활용 수업의 효과: 창의적 사고, 기억력, 학업효능감에 대한 질적분석을 중심으로. **영재와영재교육,** 18(3), 5-25.
- 이종선, 김보경, 최민석, 유지영, 김수아(2023). **교육 효과 증진을 위한 에듀테크 활용 교실 환경 구축에 관한 연구.** 대전교육과학연구원, 대전교육정책연구소.
- 이화여자대학교 교육공학과(2023). **미래사회를 위한 교육의 방법과 테크놀로지 제2판.** 서울: 교육과학사.
- 장해리, 정영란(2009). 마인드 맵을 활용한 수업이 중학생들의 창의력에 미치는 영향. **한국**

과학교육학회지, 29(4), 388-399.

- 정인관, 백경민, 이수빈(2020). **한국 청소년의 디지털 정보격차에 대한 연구**. 초록우산 어린 이재단 아동복지연구소 연구보고서, 연구보고 2020-13.

- 조기성(2023). **디지털 교육 트렌드 리포트 2024**. 박기현 외 테크빌교육.

- 진서연, 엄미리, 김수인, 김효정(2021). 대학 예비교수자의 TPACK 역량에 대한 교육요구도 분석. **교육문제연구소**, 34(3), 53-74.

- 한국교육학술정보원(2022). **스마트학교 환경 가이드라인 2.0**. GM 2022-13.

- 허시영(2024). 에듀테크 스쿨발언대, 복습·아이스브레이킹·설문 툴 정착하기. https:// www.etnews.com/20240625000017

- 홍정민(2017). **4차 산업혁명 시대의 미래 교육 에듀테크**. 책밥.

- Chew, H. E., & Soon, C. (2021). Towards a Unified Framework for Digital Literacy in Singapore. *IPS Working Papers*. 39.

- Gustad, A. R. (2014). The impact of technology tools on literacy motivation on elementary school English language learners: Podcasting in a 4th grade EAL class. *The International Schools Journal*, 34(1), 75.

- Jaramillo-Mediavilla, L., Basantes-Andrade, A., Cabezas-González, M., & Casillas-Martín, S. (2024). "Impact of Gamification on Motivation and Academic Performance: A Systematic Review". *Education Sciences 14*, 6: 639. https://doi.org/10.3390/educsci14060639

- Jones, K. (2020). How Technology is Shaping the Future of Education. Visual Capitalist. https://www.visualcapitalist.com/how-technology-isshaping-the-future-of-education/

- Kosslyn, S. M. (2023). **인공지능과 교육 2023_AI시대 교육의 재창조**. 태재미래교육포럼 https://blog.classting.com/learning-for-the-ai-era/

- Muhammad & Schneider, (2021). The Role of EdTech in Enhancing Learners' Motivation *Selangor Science & Technology Review*, 5, 5. 73-77.

- UNESCO (2019). Artificial intelligence in education: challenges and opportunities for sustainable development. https://unesdoc.unesco.org/ark:/48223/pf0000366994

- https://chatgpt.com/
- https://clovadubbing.naver.com/
- https://gamma.app/ko
- https://gemini.google.com/
- https://kahoot.com/

- https://namu.wiki/w/Suno
- https://padlet.com/
- https://promptbase.com/
- https://quizlet.com/kr
- https://quizn.show/
- https://schoolbell-e.com/support/ko/purchase/features)
- https://vrew.ai/ko/
- https://wrtn.ai/
- https://www.askedtech.com/product/499774
- https://www.askedtech.com/product/499782
- https://www.askedtech.com/weblink/143787
- https://www.bing.com/
- https://www.canva.com/ko_kr/
- https://www.classcard.net/
- https://www.classting.com/
- https://www.hiclass.net/
- https://www.mangoboard.net/
- https://www.mentimeter.com/
- https://www.microsoft.com/
- https://www.mindmeister.com/ko
- https://www.miricanvas.com/ko
- https://www.slido.com/
- https://www.socrative.com/
- https://www.symflow.com/
- https://www.withplus.live/

Q. 이렇게 많은 에듀테크 앱이 있는데 어떻게 골라요?

A. 참 현실적인 질문입니다. 그런데 그걸 선택하는 게 교사의 실력이고 역량이에요. 교사가 자신의 수업에 맞는 에듀테크 도구를 선택하기 위해서는 첫째, 어떤 도구들이 있는지 많이 알아야 합니다. 둘째, 많이 사용해 보고, 각 도구들의 장단점을 파악해 두어야 합니다. 그리고 내 학생들과 내 수업의 특성에 맞는 도구가 무엇인지를 선택하면 될 것 같아요. 이런 역량을 갖추기 위해서는 시간과 노력이 듭니다. 너무 어렵게 생각하지 말고 예비 교사일 때부터 자신의 전공 교과목의 교수법과 관련된 도구들을 서서히 알아나가면 됩니다. 교사가 되었을 때는 선배나 동료 교사들과의 커뮤니티에서도 이런 정보들을 구할 수 있을 거예요. 중요한 건 이런 도구들에 계속 관심을 기울이는 태도이죠. 이런 태도가 결국 역량으로 연결되게 됩니다.

CHAPTER

03

학습이론

학습이론

학습목표
1. 주요 학습이론의 개념을 이해하고 설명할 수 있다.
2. 주요 학습이론 기반 학습 전략의 효과성을 평가할 수 있다.
3. 사회적 구성주의와 인지적 구성주의의 특징을 비교할 수 있다.

일단 해보자
옆 사람과 지금까지 자신에게 가장 효과적이거나 비효과적이었다고 느낀 공부 방법은 무엇이고, 왜 그렇게 생각하는지 이유를 말해 봅시다.

학습이론은 학습자들이 지식을 습득하고 이해하는 방식을 설명하는 이론이다. 학습이론은 학습 과정을 체계적으로 이해하고 이를 바탕으로 효과적인 교육 및 훈련 방법을 개발하는 데 필수적인 도구로, 학습자에게 더 효율적이고 의미 있는 학습 경험을 제공하고, 잠재력을 최대한 끌어내는 데 활용된다. 이 장에서는 주요 학습이론으로 행동주의, 인지주의, 구성주의, 그리고 연결주의에 대해 기술한다.

1절. 행동주의

행동주의에서 학습이란 학습자의 행동 변화를 말한다. 따라서 외적 요인을 통제하는 데 중점을 두어 학습자의 행동 변화를 외현적으로 유도할 수 있는 환경과 요건을 중요하게 여긴다(류지헌, 김민정, 임태형, 2023).

고전적 조건형성

고전적 조건형성(Classical Conditioning)은 특정 자극과 반응 사이의 연관성을 학습하는 심리학적 과정을 말한다. 이반 파블로프(Ivan Pavlov)의 개 실험은 고전적 조건형성의 대표적인 예이다. 파블로프(Pavlov)의 개 실험에서 처음에는 먹이 때문에 침 분비가 일어났지만, 실험이 반복됨에 따라 종소리만으로도 개가 침을 분비하게 되었다. 음식물은 무조건 자극(unconditioned stimulus)으로, 유기체의 의지와 관계없이 자동적으로 침을 흘리는 무조건 반응(unconditioned response)을 이끌어 낸다. 자연 상태에서 종소리는 개가 침을 흘리는 반응과는 무관하므로 중성자극(neutral stimulus)이 된다. 중성자극인 종소리가 무조건 자극인 음식물과 연합하면 특정한 반응을 일으키는 조건자극(conditioned stimulus)이 되고, 조건자극인 종소리에 반응하여 침을 흘릴 경우 이 반응은 조건반응(conditioned response)이 된다. 이 과정을 조건화 또는 고전적 조건형성 이론이라고 한다.

조건형성이 이루어진 후에 음식물을 주지 않고 종소리만 반복하여 들려주면 개는 더이상 침을 흘리는 반응을 보이지 않게 되는 소거(extinction) 현상이 나타난다. 소거 후 일정 시간이 흐른 뒤에도 음식과 종소리를 연결하는 훈련을 계속하면 다시 종소리에 반응하여 침을 분비하게 되어 한 번 학습된 행동은 소거되어도 같은 자극이 주어지면 그 행동이 다시 나타나는 자발적 회복(spontaneous recovery)이 나타난다. 주어진 자극에 대한 특정한 반응이 형성되면 유사한 자극에도 동일하게 반응하는 일반화(generalization)가 일어나고, 주어진 특정 자극에만 반응하고 다른 자극에는 반응하지 않을 경우 변별(discrimination)이 나타난다.

조작적 조건형성

조작적 조건형성(Operant Conditioning)이란 개인이 환경과의 상호작용을 통해 자발적으로 행동을 조절하고 학습하는 과정을 말한다. 이는 행동이 그 결과에 따라 강화 또는 약화된다는 개념에 기반을 두고 있으며 특정 행동이 강화(보상)나 처벌을 통해 빈도 증가나 감소한다는 것이다. 즉 행동에 따른 결과가 달라지면, 그 행동이 계속될지, 또는 얼마나 강하게 나타날지에 영향을 미친다(김성훈 외, 2021).

스키너(Skinner)의 상자 실험에서 흰쥐가 우연히 지렛대를 눌러 먹이를 얻은 후, 이 과정을 반복하며 지렛대 누르기와 먹이의 연관성을 학습하게 된다. 이러한 쥐의 능동적이고 자발적인 행동을 조작적(operant) 행동이라고 하며, 보상인 먹이를 통해 강화되고, 학습된 반응은 지속적으로 보상이나 강화를 필요로 한다. 강화는 두 개의 유형으로 나뉜다. 정적강화(positive reinforcement)는 어떤 행동이 일어난 후에 행위자에게 만족을 주는 긍정적인 자극을 제공함으로써 해당 행동의 발생 빈도를 높이는 것을 의미한다. 부적강화(negative reinforcement)는 어떤 행동을 한 뒤에 행위자가 기피하는 자극을 제거함으로써 그 행동의 발생 빈도를 늘리는 것을 말한다. 이는 특정 행동의 발생 횟수를 줄이거나 억제할 때 부여되는 벌(punishment)과는 구별된다. 벌은 부정적인 자극을 제공하는 수여적 특성의 벌과 행동 후 긍정적인 자극을 제거하는 제거적 특성의 벌이 있다(권성연 외, 2018).

행동주의를 고려한 교수지원

가. 단계적 명확성

교수 절차는 세밀하게 나누어 제시한다. 즉, 교수 절차는 명확성과 효과성을 높이기 위해 단계별로 세분화하여 제시해야 한다는 것이다. 각 단계에서 자극과 반응이 명확하고 강렬하게 연결될 수 있도록 하고, 원하는 반응을 유도하기 위해 자극 요소를 분명히 제시하는 것이 필요하다(류지헌 외, 2023).

나. 구체적인 학습목표 설정

학습목표를 명확하고 구체적으로 설정하여 측정 가능한 행동으로 정의한다(백영균 외, 2010). 설정된 학습목표는 학습자의 수준과 필요에 맞게 조정되어야 하며, 목표 달성 과정을 통해 점진적으로 성취감을 느낄 수 있도록 설계해야 한다. 또한 학습목표는 학습자와 공유되어 학습자가 자신의 진행 상황을 스스로 점검하고 피드백을 반영할 수 있도록 돕는 역할을 해야 한다.

다. 강화 전략 활용

학습자의 행동을 조절하고 학습 효과를 높이기 위해 강화 전략을 활용한다. 긍정적 강화와 부정적 강화, 처벌 등의 강화 전략을 일관되게 활용하여 원하는 학습 행동을 촉진하고, 불필요한 행동을 감소시켜야 한다. 이 과정에서 학습자의 개별 차이를 고려하여 적절한 강화물을 선택하고, 과도한 외적 보상에 의존하지 않도록 주의한다.

라. 동기 중심 학습지원

학습자가 지속적으로 동기부여를 받을 수 있도록 지원한다. 학습 환경을 체계적으로 구성하여 학습자의 동기 유발과 유지를 위해 신속한 피드백을 제공하여 학습효과를 극대화한다. 한편, 행동주의적 접근이 학습자의 내적 동기나 창의적 사고를 제한할 수 있으므로 이러한 측면을 보완할 수 있는 다양한 교수법과의 병행 사용을 고려할 필요가 있다.

2절. 인지주의

인지주의는 학습을 인간의 정신적 과정인 인지 과정 중심으로 설명한다. 행동주의와는 달리, 학습자가 적극적으로 정보를 처리하고 이해하며 지식을 구성하는 능동적인 존재로 간주하는 학습 이론이다.

정보처리이론

정보처리이론은 인지주의이론의 구체적인 적용 사례로, 인간의 인지 과정을 컴퓨터의 정보처리 방식에 비유하여 설명한다. 따라서 학습자가 내적, 인지적으로 처리하는 정보에 초점을 두고 있으므로(류지헌 외, 2023), 인간의 두뇌를 입력(input)과 처리(processing)를 거쳐 출력(output)하는 시스템과 같이, 정보의 인코딩(encoding), 저장(storage), 검색(retrieval)과 같은 정보처리 과정은 컴퓨터가 정보를 처리하는 방식과 유사하다고 볼 수 있다(권성연 외, 2018).

가. 정보처리절차

정보처리절차는 선택적 주의집중, 작업기억, 부호화 과정, 정교화 과정을 통해 조직화, 활성화의 단계를 거친다([그림 3-1] 참조). 선택적 주의집중은 특정 정보에만 주의를 기울여야 한다. 작업 기억(working memory)은 정보를 한 번에 약 7±2개까지만 유지할 수 있고, 저장 시간은 대략 10~20초로 단기 기억(short-term memory)으로도 알려져 있다. 정보를 의미 있는 단위로 묶는 청킹(chunking) 전략은 기억을 돕는 방법 중 하나이다. 장기 기억(long-term memory)으로의 저장을 위해서는 부호화 과정과 기존 정보와 새로운 정보를 통합하는 과정이 필요하며, 이는 새로운 정보를 장기 기억에 저장하기 위한 준비 과정으로도 볼 수 있다.

그림 3-1 ▶ **정보처리절차**

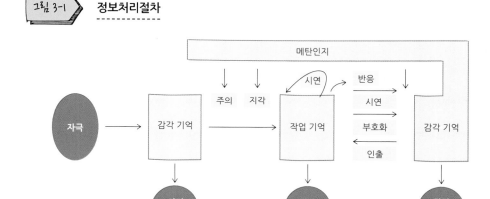

출처: 김성훈 외(2021; 206)

나. 정보처리를 위한 인지전략

정교화(elaboration)

사전 경험을 바탕으로 새 정보를 장기 기억 속 기존 정보와 연결하고 의미를 부여하는 과정이다. 정보의 저장고인 장기 기억을 돕기 위해 정교화가 필요한 것이다. 즉, 정교화는 새로운 정보를 기존 지식과 연결하여 의미를 확장하는 과정이므로 이를 통해 학습자는 정보를 더 깊이 이해하고 장기 기억으로 쉽게 저장할 수 있다.

조직화(organization)

새로운 정보와 기존 정보를 범주나 유형에 따라 연결하는 전략이다. 즉, 조직화는 정보를 구조화하고 체계적으로 배열하여 기억하기 쉽게 만드는 것으로, 개념도나 계층 구조를 활용하면 정보를 더 효율적으로 처리할 수 있다.

활성화(activation)

새로 습득한 지식을 실제 상황에 적용해 보고, 기존의 관련 지식을 떠올려 새로운 정보를 이해하고 통합하는 전략이다. 이를 통해 학습자는 기존 지식을 활용하여 새로운 정보의 맥락을 효과적으로 파악할 수 있다.

장기 기억은 저장 용량이 무제한이며 지속 기간도 영구적이어서, 필요할 때 작업 기억에서 처리한 후 다시 저장할 수 있다. 이는 도서관의 서고에 정리된 책처럼 운영된다. 한편, 장기 기억에서 저장된 정보를 인출할 때 방해 요소들이 발생할 수 있다. 과거에 배운 지식이나 최근에 습득한 정보가 기억 인출을 방해하거나 장기 기억에서 작업 기억으로 정보를 옮길 때 인출 실패를 겪으면 그 결과로 정보를 잊게 되는 망각이 있다. 정보처리 과정에서 모든 데이터의 흐름은 실행조절 과정으로 관리되며, 이는 초인지 또는 메타인지(meta-cognition)라고 불리는 자신의 인지 활동을 조절하는 것을 의미한다. 동일한 정보처리를 거쳐도 기억의 정도에 개인차가 나타나는 이유는 이러한 학습자의 실행조절 능력의 차이 때문이다.

다. 스키마

스키마는 학습자의 인지구조 또는 인지도식을 의미한다. 스키마는 정보의 조직화와 이해, 효율적인 인출을 지원하며 정보처리의 중심 요소로 작용한다. 즉, 스키마는 장기 기억 속에서 정보를 구조화하고 조직화하는 역할을 하며 기억 속 정보를 재구성하고 인출하는 데 중요한 역할을 한다. 따라서 스키마 이론은 장기기억 속 복잡한 지식체계가 어떻게 형성되는지에 대한 이해에 초점이 있는 것이다(류지헌 외, 2024). 학습은 학습자가 새로운 지식이나 상황을 접했을 때, 기존의 지식 구조를 새로운 상황에 맞도록 조정하는 과정이다(이화여자대학교 교육공학과, 2023). 이때 학습자는 여러 개의 작은 지식 구조를 큰 단일 구조로 통합하는 자동화 과정을 반복적으로 수행함으로써, 결국 하나의 동작처럼 자연스럽고 쉽게 수행할 수 있게 된다. 자동화가 원활히 진행되면 스키마를 더 쉽게 획득할 수 있고, 이 과정에서 인지 부담이 적절한 수준으로 유지되어야 자동화의 속도가 저하되지 않는다.

브루너(Bruner)의 발견학습

브루너(Bruner)의 발견학습은 학습자가 자신의 학습 과정에서 직접 정보를 조사하고 문제를 해결하면서 지식을 발견하고 구축하는 교수−학습 방식을 말한다(이화여자대학교 교육공학과, 2023). 문제해결 과정에서 학습자의 지적 발달에 유용하며, 특히 학습자 중심의 접근 방식을 강조하여 학습자가 개인적으로 의미 있는 학습을 경험하게 한다. 이 경험을 통해 학습자는 궁극적으로 자기 주도적 학습 능력을 개발할 수 있다.

가. 지식의 구조

브루너(Bruner)는 학교 교육이 지식의 기본 구조를 중심으로 이루어져야 한다고 주장하였다. 그는 이를 모든 교과 내용을 효과적으로 가르칠 수 있는 근본적인 방법으로 보았으며, 교과 과정은 학습자가 기본 원리를 충분히 이해하고 습득할 수 있도록 구성되어야 한다고 강조하였다. 학습자가 이러한 기본 원리를 잘 이해하면, 교과 내 문제를 스스로 연구하고 탐구하여 해결할 수 있는 능력을 기를 수 있다. 따라서 교육은 학습자가 자발적으로 학습하고 의미를 발견할 수 있도록 내용을 제공해야 하며, 이는 궁극적으로 자율적이고 자기주도적 사고를 하는 인간 양성을 목표로 한다.

나. 표상 양식

인지 발달단계에 따라 표상 양식은 행동적 표상(enactive representation), 영상적 표상(iconic representation), 상징적 표상(symbolic representation)으로 구분된다. 학습자가

지식을 습득하고 이해하는 과정에서 경험의 구체성과 추상성 간의 관계를 설명하는 데일(Dale)의 경험의 원추와 브루너(Bruner)의 인지적 학습 단계는 [그림 3−2]와 같다.

그림 3-2 **데일의 학습 경험 및 브루너의 정보처리 과정**

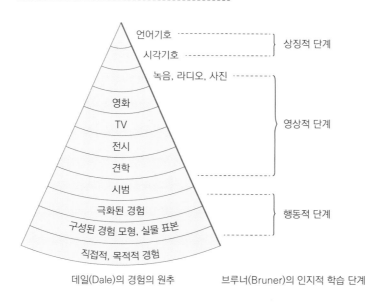

데일(Dale)의 경험의 원추   브루너(Bruner)의 인지적 학습 단계

출처: 이성흠 외(2017; 122)

- 행동적 표상: 인지발달의 기본으로 학령 전 아동에게 적합하며, 적절한 행동이나 동작을 통해 지식을 재현할 수 있다. 실제 경험, 시범 보기, 현장 견학 등을 통한 학습에 효과적이고 아동은 적절한 행동이나 동작으로 재현할 수 있으므로 행동에 의한 학습이 효과적이다.

- 영상적 표상: 인지발달의 중요한 단계로 초등학교 입학 전후 아동에게 적합하며, 아동은 지각된 영상을 선택적으로 조직하여 정보를 요약할 수 있다. 구체적인 이미지를 사용한 학습, 예를 들어, 시각적 자료나 변형된 이미지를 통한 학습이 효과적이며, 아동은 이러한 시각적 자료를 통해 정보를 이해하고 기억하는 데 도움을 받는다.

• 상징적 표상: 초등학교 상급반 아동들에게 적용되며, 자신의 경험을 언어나 기호를 통해 표현할 수 있다. 말로 설명하거나 수학 기호를 사용하고, 단어 조합을 통한 표현을 할 수 있으며, 언어나 기호를 이용한 학습 방식이 유효하다.

반두라(Bandura)의 사회인지학습

사회인지학습은 직접적인 강화 없이 관찰을 통해 모델의 행동을 따라 하며 새로운 지식을 습득하거나 행동을 익히는 과정을 말한다(신명희 외, 2023; 230). 인간이 사회적 상호작용과 관찰을 통해 학습하는 과정을 설명하는 이론으로 관찰학습이라고 불리기도 한다. 사회인지학습 또는 관찰학습은 인간이 주변 사람이나 특정 상황에서 나타나는 행동을 무의식적으로 관찰하고 이를 모방함으로써 태도를 학습하는 과정을 강조한다(변영계, 2005). 이 과정에서 사회적 환경은 모델의 행동과 그 결과를 관찰할 수 있는 기회를 제공하여 복잡한 기술이나 능력을 효과적으로 습득할 수 있도록 돕는다. 결국 학습은 환경, 개인의 내적 요인, 그리고 개인의 행동 간의 상호작용을 통해 이루어진다.

가. 관찰학습

관찰학습은 개인이 다른 사람의 행동을 관찰하고, 그 행동을 모방함으로써 새로운 행동을 학습하는 과정을 말한다(Schunk & Zimmerman, 1997). 즉, 사회적 상황에서 다른 사람들의 행동을 보고 따라 하는 방식으로 행동을 학습할 수 있다. 이러한 방법은 모방학습, 사회학습, 대리학습 등으로 불리기도 한다. 모방학습은 다른 사람의 행동을 관찰하고 이를 그대로 따라 하는 과정으로, 일상적인 상황에서 자연스럽게 발생한다. 예를 들어, 아동이 부모나 교사의 행동을 보고 따라 하는 것이 모방학습에 해당된다. 사회학습이란 사람이나 동물이 사회적 상호작용을 통해 다른 사람들의 행동을 관찰하고 배우는 과정을 말한다. 인간이 다른 사람의 행동을 관찰한 후 그 행동의 결과를 보고 자신의 행동을 조정하며, 모델링과 강화에 의해 사회적 학습이 이루어진다. 대리학습은 다른 사람의 보상이나 처벌을 보고 간접적으로 학습하는 과정을 의미한다. 관찰학습의 효과는 모델 행동의 명료성과 복잡성, 그리고 관찰자의 정보처리능력에 따라 달라질 수 있다(변영계, 2005). [그림 3-3]은 관찰학습이 이루어지는 과정을 도식화한 것으로 주의집중단계, 파지단계, 재생단계, 동기화단계로 구성된다.

관찰학습의 4단계

출처: 송영명 외(2022; 145)

나. 모델링

모델링은 관찰학습이 이루어지는 방식이며, 학습자는 특정 행동을 수행하는 모델을 보고 그 행동을 모방하는 과정에서 새로운 행동을 배우거나 기존 행동을 수정한다. 그러므로 모델의 행동은 관찰자에게 정보를 제공하는 데 핵심적인 역할을 하며, 관찰자는 모델의 행동, 전략, 사고, 신념, 감정을 본떠 자신의 것으로 만드는 과정을 통해 모델링이 이루어진다(Schunk & Zimmerman, 1997). 따라서 모델링은 학습자가 타인의 행동을 관찰하여 새로운 요소를 습득하고, 이를 통해 자신의 행동, 사고방식, 정서 상태에 변화를 일으키는 중요한 학습 도구로 정의할 수 있다(변영계, 2005; 225). 모델링에서 사용되는 자극은 다음 세 가지 형태로 구분된다.

- 인간 모델: 가족, 친구, 동료와 같은 실제 사람을 통한 모델링

- 상징적 모델: TV나 매스 미디어에 나타나는 행동을 통한 모델링

- 교육 모델: 언어적 설명이나 기계 조립 방법 등 구체적인 설명을 통해 이루어지는 모델링

요약하자면, 모델링을 통한 관찰 학습은 새로운 행동의 습득, 주의집중 촉진, 정

서 각성, 이미 학습된 행동의 강화, 그리고 행동의 억제 또는 억제 완화를 유도한다. 관찰자는 모델의 행동을 보고 이를 내면화함으로써 다양한 심리적 반응과 행동 변화를 경험하게 되는 것이다.

인지주의를 고려한 교수지원

가. 장기 기억 촉진하기

정보를 체계적이고 논리적으로 제공하여 학습자의 인지 부하를 줄인다. 이때 학습자가 수업자료를 효과적으로 감지하고 수용할 수 있도록 지원하여 학습을 촉발시키는 수용촉진 전략을 실행한다(여상희, 2020). 예를 들면, 퀴즈, 시청각 자료, 임상 사례 등의 자료를 제시하여 교수자는 학습자가 잘 이해할 수 있도록 학습을 도울 수 있다. 또한 그래프와 다이어그램 등의 시각 자료, 개념 지도 등을 활용하여 학습 내용을 구조화한다. 장기 기억을 촉진하기 위해 학습 내용을 반복적으로 복습하도록 하고, 즉각적이고 구체적인 피드백 또한 제공한다. 이처럼 반복학습을 통해 작업 기억에서 장기 기억으로의 전이를 촉진할 수 있다.

나. 구체적 목표 설정과 메타인지 전략

블룸의 교육목표에 따라 학습목표를 설정하고 학습자가 무엇을 배우고 달성해야 하는지 명확히 알도록 목표를 제시한다. 교수자가 목표를 구체적이고 측정 가능하게 설정하여 학습자가 학습 경로를 스스로 계획할 수 있도록 지원할 때 학습자는 메타인지(meta cognition)를 활성화할 수 있다. 메타인지는 자신의 학습 과정을 모니터링하고, 필요한 인지전략을 계획, 선택, 평가하는 것을 담당한다(여상희, 2020). 따라서 학습자는 독립적인 평생 학습자가 되기 위해 효율적인 메타인지 전략을 습득해야 하며(최문정, 정동열, 2013), 교수자는 학습자가 자기 점검(checklists)과 자기 질문(self-questioning)을 통하여 자신의 학습 과정을 모니터링하고 조절할 수 있도록 메타인지 훈련을 지원해야 한다.

다. 선행지식 활성화 및 정교화

인지 부하 관리를 통해 학습 자료와 과제의 복잡성을 조정하여 학습자가 효율적으로 정보를 처리할 수 있도록 돕는다(여상희, 2020). 새로운 정보를 기존의 지식과 연결할 수 있도록 브레인스토밍, KWL(Know, Want to know, Learned; 알고 있는 것, 알고 싶은 것, 배운 것) 차트를 활용하여 학습자의 선행지식을 활성화할 필요가 있다. 또한 사례 연구, 토론, 실제 문제 해결 활동 등의 정교화 과정을 통해 학습자가 새로운 정보를 깊이 처리하고 이해를 심화할 수 있도록 한다.

3절. 구성주의

구성주의는 지식의 형성과정을 탐구하는 인식론으로, 학습에 대해 학습자가 자신의 경험과 관심을 바탕으로 선택한 학습 내용을 스스로 구성해 나가는 과정으로 본다(백영균 외, 2010; 126). 학습은 지식을 능동적으로 구성하는 과정으로, 지식이 사용되는 상황, 배경, 경험, 문화적 맥락에 따라 그 의미와 활용이 달라지므로 학습의 성패를 결정짓는 중요한 요소가 된다(류지헌 외, 2024). 구성주의 이론은 인지적 구성주의와 사회적 구성주의로 구분해 볼 수 있다.

피아제(Piaget)의 인지적 구성주의

인지적 구성주의 관점은 학습이 능동적인 인지 재구조화 과정이라는 전제를 수용하면서, 개인의 심리적 과정에 중점을 두고 있다. 이는 구성주의의 초기 형태로, 개인적 구성주의라고도 불리며, 각 개인의 인지적 구조 변화를 학습 과정의 핵심 요소로 본다(권성연 외, 2018). 발생학적 인식론에 따르면, 지적 발달은 유전적 요인과 환경적 요인이 상호작용한 결과로 나타난다. 즉, 아이는 성장하면서 지속적으로 주변 환경과 상호작용하고, 이 과정을 통해 새로운 지식을 형성한다(이화여자대학교 교육공학과, 2023). 특히 인간의 인지 구조는 태어날 때부터 발달을 시작하며, 이 발달은 동화와 조절이라는 인지적 활동을 통해 능동적으로 이루어진다(권성연 외, 2018).

인간은 새로운 환경과 경험에 지속적으로 노출되면서 인지적 갈등, 즉 불평형

(disequilibrium) 상태에 도달하게 된다. 동화는 새로운 정보를 기존의 스키마(schema)에 맞춰 적용하려는 경향을 갖고, 이 과정에서 기존 도식과 모순되지 않는 정보는 동화(assimilation)되고, 부합하지 않는 정보는 조절(accommodation)을 통해 스키마를 수정하여 인지적 평형 상태를 유지하게 된다. 이로 인해 스키마는 계속해서 확장되며, 더 높은 인지 수준에 도달할 수 있다. 동화와 조절이라는 두 가지 인지적 작용은 상호보완적으로 반복되며, 외부 정보를 능동적으로 선택하고, 해석하고, 변형하며 재구성하는 과정을 촉진한다. 이 관점에서는 환경과의 상호작용이 매우 중요한 역할을 하며, 사회적 상호작용은 개인의 인지 발달을 촉진하는 보조적 요소로 간주된다.

피아제(Piaget)가 주장한 아동의 인지 발달은 감각운동기, 전조작기, 구체적 조작기, 형식적 조작기의 4단계를 통해 이루어진다. 이 단계들은 필수적으로 거쳐야 하는 것으로 상정되지만 각 단계에 해당하는 연령대는 고정되어 있지 않고 유동적이며 개인차가 발생할 수 있다(이화여자대학교 교육공학과, 2023). 인지발달 단계의 시기와 특징을 살펴보면 다음과 같다.

- 감각운동기(sensory motor period): 출생부터 약 18개월까지로, 이 시기에는 감각과 운동 능력이 급격히 발달함

- 전조작기(pre-operational period): 약 18개월부터 7세까지의 시기로, 아이는 논리적 사고와 문제 해결을 학습하지만, 논리적 일관성이 부족하고 자기중심적인 사고가 두드러짐

- 구체적 조작기(concrete operational period): 약 7세에서 12세 사이로, 분류, 배열, 상호작용, 동일성 등의 구체적인 인지 개념을 습득함

- 형식적 조작기(formal operational period): 약 12세 이상으로, 이 시기에는 상징적이고 추상적인 사고가 가능함

비고츠키(Vygotsky)의 사회적 구성주의

사회적 구성주의는 특정한 문화적 환경에서 언어를 매개로 자신이 속한 문화의

보다 성숙한 구성원들과 상호작용하며, 세상에 대한 의미를 공유하고 이를 내면화하는 과정을 학습으로 정의한다(김성훈 외, 2021). 이 과정은 사회와 개인 간의 긴밀한 상호작용에서 시작되며, 지식은 이러한 상호작용을 통해 형성된다. 따라서 학습은 실제 상황을 반영하는 풍부한 맥락에서 이루어져야 하고, 사회적 상호작용을 통해 이루어질 때 학습 효과가 극대화될 수 있을 것이다. 이에 따라 사회적 관계, 협력, 의사소통은 학습 과정에서 핵심적인 역할을 하며, 이러한 사회적 요소들이 학습자의 인지 발달과 지식 구성을 촉진하는 데 기여한다.

가. 근접발달영역(Zone of Proximal Development: ZPD)

아동이 인지적 과제를 수행할 때, 타인의 도움 없이 스스로 해결할 수 있는 수준을 '실제 발달 수준'이라 하고, 성인이나 더 능숙한 사람의 도움을 받아 해결할 수 있는 수준을 '잠재 발달 수준'이라고 한다. 이 두 수준 간의 차이를 '근접발달영역(ZPD)'이라 하며, 이 영역은 학습자가 성인의 지원을 통해 더 높은 수준의 문제해결능력을 개발할 수 있는 범위를 의미한다(이화여자대학교 교육공학과, 2023). 즉, ZPD는 아동 혼자서는 문제를 해결하기 어려운 상황에서 성인이나 더 능력 있는 또래의 도움을 통해 도달할 수 있는 인지적 발달 수준을 가리키는 개념이다(권성연 외, 2018).

나. 스캐폴딩(Scaffolding)

교수자가 아동에게 제공하는 근접발달영역 내 지원을 스캐폴딩(Scaffolding) 또는 비계설정이라고 한다. 학습 초기 단계에서 교수자는 충분한 도움을 제공하지만, 결국 아동이 독립적으로 과제를 해결할 수 있게 되면 그 도움을 점진적으로 제거해간다. 이러한 스캐폴딩은 복잡한 과제나 학습 초기 단계에서 아동이 실수하거나 실패하는 경험을 줄이면서 더 효과적으로 학습할 수 있도록 돕는 기능을 한다(이화여자대학교 교육공학과, 2023).

요약하면, 행동주의, 인지주의, 그리고 구성주의의 관점은 다음과 같이 구분할 수 있다. 행동주의는 학습이 외부 자극에 대한 반응으로 이루어지며, 보상과 강화가 행동 형성의 핵심 요소로 작용한다고 보았다. 반면, 인지주의는 학습자가 능동적이고 주체적으로 정보처리, 조직화 및 의미 형성에 참여한 것으로 보았다. 행동주의와 인지주의가 객관적 지식을 전제로 하는 것과 달리, 구성주의는 학습자가 자신의 경험과 관심을 바탕으로 지식을 스스로 만들어가며, 학습은 사회적 상호작용과 상황적 맥락 속에서 이루어진다고 강조한다.

구성주의를 고려한 교수지원

가. 학습자의 경험과 관심을 반영한 학습 자료 제공

구성주의는 학습자가 자신의 경험과 관심을 바탕으로 지식을 구성한다고 강조한다. 따라서 교수자는 학습자가 이미 알고 있는 내용과 연결될 수 있는 자료나 사례를 제공하여, 학습자가 새로운 정보를 기존의 지식에 통합할 수 있도록 도와야 한다. 예를 들어, 수업을 시작할 때 학생들의 이전 경험을 물어보거나, 실제 사례를 통해 이론을 적용할 수 있는 기회를 제공하는 것이 효과적이다(이종원, 2015).

나. 협력적 학습 환경 조성

사회적 상호작용은 학습에서 중요한 역할을 한다. 학습자가 동료와 협력하여 지식을 공유하고 공동으로 문제를 해결하는 과정에서 더 깊은 이해를 형성할 수 있기 때문이다(김효원, 2019). 따라서 교수자는 프로젝트 그룹 활동이나 토론을 통해 학생들 간의 상호작용을 유도하고, 학생들이 서로의 관점을 공유할 수 있는 환경을 조성해야 한다. 이러한 협력적 활동을 통해 학습자들은 다양한 의견을 수렴하고, 자신의 생각을 표현하며, 지식을 보다 적극적으로 구성할 수 있다.

다. 스캐폴딩을 활용한 적절한 지원 제공

비고츠키(Vygotsky)의 근접발달영역(ZPD) 개념을 활용하여, 학습자가 독립적으로 해결할 수 없는 문제를 성인이나 더 능숙한 동료가 도와줄 수 있도록 한다. 교수자는 우선 학생들의 현재 능력 수준을 파악하고, 학생들이 다음 수준의 인지적 발달을 이루기 위해 필요한 지원을 제공해야 한다. 예를 들어, 수학 과목에서 어려운 개념 학습 초기에는 교수자의 충분한 설명과 동료 학생의 도움을 제공하고, 학생이 점차 능동적으로 문제를 해결할 수 있게 되면 지원을 점진적으로 줄여나가는 것이다(변원일, 황혜정, 2018). 이러한 접근은 학습자가 스스로 문제를 해결하는 능력을 개발하는 데 효과적이다.

4절. 연결주의

연결주의란 디지털 네트워크에서 데이터의 연결과 유지 및 확장을 통해 지식이 생성되고 학습이 일어난다고 본다(김미수, 2022). 지능정보통신 기술 발달로 조성된 네트워크 환경에서는 지식 그 자체가 네트워크이며, 학습은 그 네트워크의 연결성을 습득하는 것이라고 할 수 있다. 즉, 다양한 맥락에서 연결을 통하여 새로운 의미와 지식이 생성되고, 이러한 연결지식(connected knowledge)을 구성하는 과정 자체가 학습인 것이다(박기범, 2017; 송주신, 박기범, 2019; Downes, 2010; Siemens, 2005). 데이터는 하나의 정보 단위인 교점, 즉 노드(node)로 구성되고, 학습은 일련의 절차를 통해 형성한 연결과정으로 볼 수 있다(박기범, 2018).

연결주의에서 학습의 목적은 인간과 비인간적 기기 및 요소들과의 맥락적인 연결을 통해 실행 가능한 결과를 만들어 내는 것이다(박로사, 윤창국, 2021). 따라서 실시간으로 데이터의 연결과 확장에 따라 지식은 변화하는 시간성을 내포하고 있으며, 학습자에게는 실시간 또는 시차적으로 디지털 매체를 활용할 수 있는 능력, 타인과의 연결 능력 및 중요한 것과 그렇지 않은 정보를 구별할 수 있는 능력이 중요하다.

지식의 가변적 특성

지식의 출현 및 창발이 가능하려면 자율성, 다양성, 상호작용성, 개방성의 네트워크 특성이 보장되어야 한다(김정란, 2023; 박로사, 윤창국, 2021; Downes, 2010; Siemens, 2005). 학습자는 자기주도적 학습이 가능한 환경에서 자발적으로 토론에 참여하고, 자신에게 적합한 방법과 자료를 선택 또는 학습목표를 설정할 수 있는 자율성을 가져야 한다. 또한 다양한 경험과 배경을 소유한 사람들의 의미 있는 연결 속에서 적극적인 참여와 의견 및 관점을 공유하여 문제 해결을 할 수 있게 된다. 상호작용성은 학습자가 다양한 요소와 상호작용하면서 지식을 생성하고 학습하는 과정으로, 다른 사람들과의 의견 교환, 다양한 관점의 공유, 디지털 네트워크 내에서 적극적으로 참여하는 행위를 포함한다. 개방성은 다양한 방식과 유형의 지식이 만들어지고 이용될 때 누구든 접근성이 확보될 수 있는 것을 말한다. 디지털 시대의 지식은 완결되지 않고 열린 지식의 특성을 갖고 있어 다양한 사용자 네트워크를 통해 다른 주체들과의 만남을 통해 계속 연결되고, 새로운 맥락에서 새로운 의미와 내용을 지속적으로 형성한다는 것이다(백욱인, 2013). 다시 말하면, 학습자는 어제 결정된 정보가 새로운 정보로 대체될 수 있음을 인식하고, 분산된 지식(distributed knowledge)이 지속적으로 변화하는 가변성을 지닌다는 사실을 인지해야 한다. 그러므로 지식은 고정되고 개인에 의해 단독적으로 소유되지 않으며 네트워크 내에 존재하고, 다양한 유형의 디지털 자료형식으로 저장될 수 있다(Goldie, 2016).

시멘스(Siemens)의 연결주의

시멘스(Siemens)에 따르면, 네트워크에서 생성된 연결지식은 다음 여섯 단계를 거쳐 생성, 진화, 발전할 수 있다(Siemens, 2006).

- 인식 및 수용의 단계: 데이터를 처리하기 위한 기본 디지털 활용 기술을 습득하여 다양한 데이터 베이스에 접근할 수 있어야 한다.

- 연결 형성 단계: 데이터를 중심으로 기본적인 개인들의 네트워크를 형성할 수 있어야 한다.

- 기여 및 참여 단계: 정보의 단위인 노드를 중심으로 네트워크를 연결하고 구축한 후 확장에 기여할 수 있어야 한다.

- 패턴 인식 단계: 네트워크에 대한 이해와 데이터 간의 패턴을 인식할 수 있어야 한다.

- 의미 만들기 단계: 네트워크 내에서 데이터의 새로운 의미를 형성할 수 있어야 한다.

• 실천의 단계: 네트워크를 재창조하여 지식의 발전을 이끌 수 있어야 한다.

그리고 시멘스(Seimens, 2005)는 다음의 여덟 가지 학습원리를 제시하였다(박로사, 윤창국, 2021; 박기범, 2017).

• 지식과 학습은 관점 또는 의견들의 다양성을 기반으로 한다.
• 학습은 네트워크를 형성해 가는 과정이며, 지식은 네트워크에 존재한다.
• 지식은 인터넷, 인공지능, 스마트 기기 등의 기술적 도구나 시스템 등에 존재할 수 있으며, 학습은 기술에 의해 활성화 및 촉진될 수 있다.
• 학습자는 이미 알고 있는 정보에 집착하지 않고, 새로운 정보를 찾고, 연결하며, 확장할 수 있는 능력에 집중해야 한다.
• 학습은 끊임없는 과정이며 지속적인 학습을 위해서는 연결을 유지하고 활성화해야 한다.
• 각 영역, 아이디어, 개념 사이의 연결을 이해하고 패턴을 인식하는 능력이 핵심 능력이다.
• 학습의 목적은 최신성, 즉 지식을 최신의 상태로 유지하는 것이 연결 학습활동의 목적이다.
• 의사결정과정 자체가 학습이며, 의사결정에 영향을 미치는 정보 환경의 변화로 인해 현재 시점의 올바른 결정이 내일에는 올바르지 않아 오류가 될 수도 있다.

연결주의를 고려한 교수지원

지능정보통신기술의 네트워크 환경에서 연결역량을 함양시킬 수 있는 효과적인 수업 전략을 제시하면 다음과 같다(박기범, 2018).

• 학습자들에게 학습 자료를 제시할 때, 직관적인 이미지 자료를 제공하는 것뿐만 아니라, 텍스트와 그래프 형식 등 다양한 표상 양식을 함께 제공하는 것이 필요하다.
• 표상을 제공할 때 순차적인 것보다는 복잡한 상황에서 구조화된 지식을 형성할 수 있도록 여러 가지 양식의 표상들을 동시에 제시하는 것이 바람직하다.

- 학습자의 어휘 수준, 선수학습 정도와 정서 인지발달을 고려하여 노드 또는 표상의 의미가 명확해질 수 있도록 단순화할 필요가 있다.
- 충분한 학습시간의 제공과 함께 단계적 학습과 협력적 학습활동을 유도해야 한다.

이러한 교수자의 수업 전략에 반응하는 학습자는 다른 개인과 상호작용할 수 있어야 하고 적극적으로 네트워크에 참여해야 한다(Kop, 2011). 교수자는 학습을 촉진하고 안내하는 역할을 넘어서, 학습자 네트워크의 동료로서 동등한 수준에서 영향력을 발휘해야 한다. 이를 통해 학습자는 주체적으로 데이터를 발견하고, 그 데이터를 바탕으로 새로운 지식을 창출할 수 있도록 지원한다(박일우, 정세영, 2019).

참고문헌

- 권성연, 김혜정, 노혜란, 박선희, 박양주, 서희전, 양유정, 오상철, 오성숙, 윤현, 이동엽, 정효정, 최미나(2018). **교육방법 및 교육공학**. 경기: 교육과학사.
- 김미수(2022). 디지털시대 교수학습법으로서 연결주의 수업 사례 연구. **교양교육연구**, 16(1), 131-146.
- 김성훈, 고진호, 박선형, 조상식, 신나민, 박종배, 박현주, 윤초희, 장환영, 이효정, 김융희(2021). **교육학개론**. 박영스토리.
- 김정란(2023). 연결주의(Connectivism)에 입각한 하이브리드 프랑스어 수업연구. **프랑스학연구**, 102. 55-79.
- 김효원(2019). 협력학습에서 교수자 피드백과 지각된 팀 성과 간 관계에 대한 팀 효능감과 집단지성의 조절효과. **열린교육연구**, 27(3), 73-89.
- 류지헌, 김민정, 임태형(2024). **수업역량 강화를 위한 교육방법 및 교육공학**. 서울: 학지사.
- 박기범(2018). 디지털 시민성으로서 연결역량-커넥티비즘(connectivism)기반 연결학습, **사회과교육**, 57(2), 1-16.
- 박기범(2017). 커넥티비즘(conectivism)의 이해와 사회과 교수학습의 새로운 패러다임. **사회과교육**, 56(2), 65-74.
- 박로사, 윤창국(2021). 연결주의 학습이론에 관한 이론적 탐색과 평생학습에 주는 시사점. **학습자중심교과교육연구**, 21(2), 1249-1272.
- 박일우, 정세영(2019). **기초교양교육 온라인 콘텐츠 개발 연구최종결과보고서**. 한국기초교양교육원.
- 백영균, 박주성, 한승록, 김정겸, 최명숙, 변호승, 박정환, 강신천, 김보경(2010). **유비쿼터스 시대의 교육방법 및 교육공학**. 서울: 학지사.
- 백욱인(2013). 빅데이터의 형성과 전유체제 비판. **동향과 전망**, 87, 304-331.
- 변영계(2005). **교수학습 이론의 이해**. 서울: 학지사.
- 변원일, 황혜정(2018). 비계설정 유형 선정 및 이에 근거한 수업 실행과 분석. **수학교육논문집**, 32(4), 495-517.
- 송영명, 유신복, 홍순천, 노현종, 박상현, 김동욱, 박민애(2022). **예비교사를 위한 교육심리학**. 경기도: 어가.
- 송주신, 박기범(2019). 커넥티비즘 기반 사회과 수업이 창의적 문제해결력에 미치는 영향. **한국초등교육**, 30(3), 169-187.

- 신명희, 강소연, 김은경, 김정민, 노원경, 서은희, 송수지, 원영실, 임호용(2023). **교육심리학**. 서울: 학지사.
- 여상희(2020). 인지주의 교수학습 전략과 의학교육에서의 적용. **의학교육논단**, 22(2), 57-66.
- 이성흠, 이준, 구양미, 이경순(2017). **교육방법 및 교육공학_의사소통, 교수설계, 그리고 매체활용 제4판**. 서울: 교육과학사.
- 이철우, 박명선(2024). Kop 연결주의 학습이론 기반 문화예술교육 프로그램 적용. **문화교류와 다문화교육**, 13(2), 539-565.
- 이화여자대학교 교육공학과(2023). **미래사회를 위한 교육의 방법과 테크놀로지**. 경기도: 교육과학사.
- 최문정, 정동열(2013). 메타인지가 대학생의 정보탐색행위에 미치는 영향에 관한 연구. **한국문헌정보학회지**, 47(2), 75-101.
- Downes, S. (2010). Learning Networks and Connective Knowledge. *Education, Computer Science*, DOI:10.4018/978-1-60566-729-4.CH001. https://www.semanticscholar.org/paper/Learning-Networks-and-Connective-Knowledge-Downes/be5e744ec0565b7000e74b6ecb0d75882d37dcbd
- Kop, R. (2011). The Challenges to Connectivist Learning on Open Online Networks: Learning Experiences during a Massive Open Online Course. *International Review of Research in Open and Distributed Learning*, 12(3), 19-38. https://doi.org/10.19173/irrodl.v12i3.882
- Goldie, J. G. S. (2016). Connectivism: A Knowledge Learning Theory for the Digital Age? *Medical Teacher*, 38, 1064-1069. https://doi.org/10.3109/0142159X.2016.1173661
- Schunk, D. H. (1987). Peer models and children's behavioral change. *Review of Educational* Research, 57, 149-174.
- Schunk, D. H., & Zimmerman, B. J. (1997). Social origins of self-regulatory competence. *Educational Psychologist*, 32, 195-208.
- Siemens, G. (2005) Connectivism: a learning theory for the digital age. *International Journal of Instructional Technology and Distance Learning*, 2(1), 3-9.
- Siemens, G. (2006). Connectivism: Learning and knowledge today. *The International Review of Research in Open and Distance Learning*, 9, 1-13. http://admin.edna.edu.au/dspace/bitstream/2150/34771/1/gs2006_siemens.pdf
- Sitti, S., Sopeerak, S., & Sompong, N. (2013). Development of Instructional Model based on Connectivism Learning Theory to Enhance Problem-solving Skill in ICT for

Daily Life of Higher Education Students. *Procedia - Social and Behavioral Sciences*. 103. 10.1016/j.sbspro.2013.10.339.

Q. 구성주의가 제일 좋은 거예요?

A. 오우 노우. 그렇게 말하기는 힘들어요. 언뜻 보면 행동주의는 케케묵은 옛날 이론 같이 학습자를 수동적으로 보고 구성주의는 그 반대로 꽤 스마트해 보이는데요. 아직도 우리가 알게 모르게 많은 교수이론들은 행동주의 모델을 기반으로 하고 있어요. 상벌 체계도 모두 이 이론에 기초하고요. 물론 시대적 흐름으로 보면 최근의 이론이 좀 더 우리 정서와 필요를 반영하고 있기는 합니다. 그러나 모든 이론은 강점이 있고 약점이 있는 법이죠. 공부하는 입장에서는 이런 점들을 파악하고 교수-학습 이론에 주는 시사점을 주의 깊게 보는 것이 좋을 듯합니다.

교수설계

04

교수설계

학습목표
1. 교수설계가 무엇인지 설명할 수 있다.
2. 거시적 교수설계 모형에서 ADDIE의 단계를 설명할 수 있다.
3. 전통적 교수설계 모형과 대안적 교수설계 모형을 비교할 수 있다.

일단 해보자
• 수업을 설계할 때 가장 중요한 것이 무엇일지 생각해 보고 옆 사람과 이야기해 봅시다.
• '교수설계'로 삼행시(교, 수, 설계)를 만들어 봅시다.

1절. 교수설계의 개념

교수설계(Instructional Design: ID)는 수업의 효과를 증진할 수 있는 최적의 교수방법을 처방하는 체계적이고 조직적 절차를 의미한다(이화여자대학교 교육공학과, 2023). 교수설계는 학습의 효과 및 성과를 최대화하기 위한 가능성을 탐구하며, 교수 시스템과 과정을 설계하는 데 중점을 둔다. 이러한 교수설계는 체제이론을 기반으로 하며, 학습의 효과를 높이기 위해 교사, 학생, 자료, 학습환경 등 다양한 요소가 상호 작용하도록 설계된다. 특히 체제적 접근을 통해 구성 요소를 분석하고, 구성 요소들 간의 관계를 규명하여 이를 바탕으로 최적의 교수전략을 도출하는 데 초점을 둔다. 이러한 체제적 접근은 1960년대 후반에 등장한 교수설계 모형개발에 기여했으며, 이후 교수체제설계(ISD)라는 포괄적인 개념으로 발전하였다(Rita, 2020).

다수의 교수설계 모형은 체제이론에 바탕을 두고 있으며 교수설계와 교수설계

72   교육방법 및 교육공학: 기초부터 AI 활용까지

체제는 유사한 의미로 사용되기도 한다. 그러나 구체적으로 교수설계는 교수체제설계의 주요 하위 과정 중 하나로 간주되며 분석, 설계, 개발, 실행, 평가의 모든 단계를 통해 학습목표를 달성하도록 돕는 주요 역할을 한다(이화여자대학교 교육공학과, 2023).

2절. 거시적 교수설계 모형

교수설계는 거시적 모형과 미시적 모형으로 구분될 수 있는데 거시적 교수설계는 교수–학습 원리를 적용하여 체계적인 절차가 포함된 설계 과정을 의미한다. 효과적인 수업 체제를 개발하는 교수설계의 대표적인 모형으로는 ADDIE 모형, 딕과 케리(Dick & Carey)의 모형, RPISD(Rapid Prototyping ISD), 라이겔루스의(Reigeluth)의 정교화 이론, SAM(Successive Approximation Model) 등이 있다.

ADDIE

ADDIE 모형은 오랜 시간 동안 교수설계자와 개발자들이 사용해 온 보편적인 교수설계 모형으로 분석(Analyze), 설계(Design), 개발(Development), 실행(Implementation), 평가(Evaluation)의 5단계로 이루어진다. ADDIE 모형은 교수설계에서 가장 널리 사용되는 모델로써 다수의 교수설계 모형들은 ADDIE 모형에서 파생되거나 변형되었다. 초기 모형은 5가지 단계 구조를 유지하면서도 각 단계 내의 여러 하위 단계를 포함하여 모든 단계를 순차적으로 진행하는 것으로 제안되었으나 이후에는 순환 반복 과정으로 수정되었다.

분석(Analysis)

분석 단계는 '목표설정 단계'로 요구분석, 학습자 분석, 환경 및 맥락 분석, 학습 과제 분석 및 학습 수준 진단이 포함된다. 이러한 분석 단계를 '요구분석' 또는 전단 분석(front–end analysis)이라고도 한다.

설계(Design)

설계 단계에서는 이전 단계에서 나온 산출물을 토대로 효과적이고 효율적인 수업 개발을 위하여 세부 요소들을 기획하는 활동을 한다. 학습목표의 진술, 평가 계획/전략 수립, 교수−학습 전략, 방법 및 매체 선정 등이 포함된다.

개발(Development)

개발 단계에서 계획한 수업의 청사진에 따라 다양한 유형의 자료들을 실제로 개발하고 제작하는 활동을 한다. 이러한 개발 과정을 거치면서 피드백에 따라 수업 설계안이 수정 보완되기도 한다.

실행(Implementation)

실행 단계에서는 이전 단계에서 개발된 수업을 실제 수업 현장에서 사용하거나 교육과정에 반영하면서 필요에 따라 수정 보완하는 활동을 한다. 수업(프로그램) 관리자는 책, 실습 장비, 도구, 소프트웨어가 준비되어 있는지, 학습 애플리케이션이나 웹사이트가 정상적으로 작동하는지 확인할 수 있다.

평가(Evaluation)

평가 단계는 수업 개발의 전반적인 과정 및 결과물의 효과성과 효율성, 가치 등을 평가하는 활동이며, 형성 평가와 총괄 평가 등이 포함된다. 형성평가는 ADDIE 과정의 각 단계에서 실행되며, 수업이나 프로그램을 개발하는 과정에서 발생하는 오류를 수정, 보완하며 완성도를 높이기 위해 실시된다. 반면, 총괄평가는 최종적으로 완성된 수업이나 프로그램의 효과성, 효율성, 또는 특정 영역의 기준과 관련된 항목으로 구성된 테스트와 사용자 피드백을 제공할 기회를 포함한다.

그림 4-1 ADDIE 모형

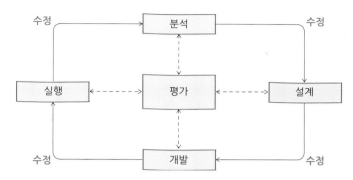

딕과 케리(Dick & Carey) 모형

딕과 케리 모형은 체제적 접근(systemic approach)을 기반으로, 수업 설계, 개발, 실행, 평가의 과정을 논리적이고 체계적으로 제시한다. 각 단계는 순차적이며 절차적으로 연결되어, 단계별 요소들이 유기적으로 작용하는 구조를 가진다(Dick, Carey, & Carey, 2015). 1978년 최초로 모형이 개발된 후 수정을 거쳐 [그림 4-2]와 같이 10단계로 구성되었다.

그림 4-2 딕과 케리 모형

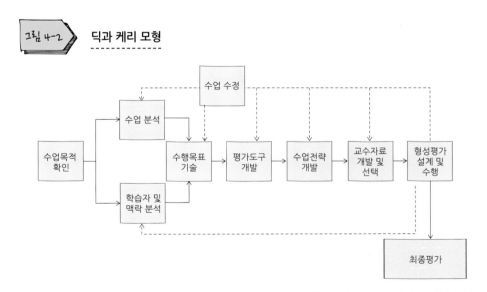

출처: Dick, Carey, & Carey(2015)

수업 목적 확인

첫 번째 단계는 수업의 목적 파악이다. 학습자가 수업을 마치고 무엇을 할 수 있는가를 결정하는 단계이다.

수업 분석

학습자가 수업 목적을 성취하기 위하여 해야 할 일들을 단계별로 파악하고 필요한 기술과 지식을 결정하는 단계이다. 수업 내용 및 수업 절차를 분석하고 결정한다.

학습자 및 맥락 분석

학습자의 현재 기술 수준, 선호도, 태도뿐만 아니라 수업 환경의 특성을 파악하는 단계이다. 학습자들에 대한 정보에는 학습자의 현재 수준, 주제에 대한 사전지식, 학습 행동, 학문적 동기, 조직에 대한 태도 등이 포함된다.

수행목표 기술

수업이 종결될 때 학습자가 무엇을 할 수 있는지, 구체적으로 수행목표를 작성하는 단계이다. 수행목표에는 학습자가 배우게 될 기술(성취 행동), 성취 행동을 수행할 때 주어지는 조건, 그 수행의 성공 여부를 판단하는 기준을 포함한다. 즉, 수행목표 기술은 학습자가 무엇을, 어떤 조건에서, 어느 수준으로 수행해야 하는지를 규명하는 단계이다.

평가도구 개발

수행 목표에 맞는 기준을 개발하는 단계로, 수행목표의 성취 행동과 평가도구에서 측정하는 것은 일치해야 한다.

수업전략 개발

수업(프로그램)의 최종 목표를 성취하기 위해 활용하고자 하는 전략을 설정하는 단계이다. 사전학습, 정보제시, 학습자 참여, 사전 사후 시험, 후속활동(보충, 심화) 등에 대한 전략을 개발한다.

교수자료 개발 및 선정

수업전략을 사용하여 수업에 활용될 학습자료를 만드는 단계이다.

형성평가 설계 및 수행

이전 단계에서 완료된 수업(프로그램)의 개선을 목적으로 형성평가를 통해 수정 보완한다. 일대일 평가, 소집단 평가, 현장 평가 등이 있을 수 있다.

수업 수정

형성평가에서 얻은 데이터를 사용하여 수업의 결점을 수정, 보완한다. 수업 분석의 타당성, 학습자 및 맥락 분석의 정확성, 수행 목표의 적절성, 평가도구의 타당성, 교수전략의 효과성, 자료의 타당성 등을 검토하고 수정하는 단계이다.

최종(총괄)평가

총괄평가를 설계하고 수행하는 단계로 수업(프로그램)의 절대적 혹은 상대적 가치를 평가한다. 총괄평가는 일반적으로 교수설계자와 구성원을 제외한 외부 평가자에 의해 실시된다.

래피드 프로토타이핑(Rapid Prototyping Instructional Systems Design: RPISD)

래피드 프로토타이핑은 전통적인 교수설계 모형의 한계를 보완하기 위해 고안된 교수설계모형이다. 전통적인 ADDIE모형은 실제 교육 현장에서 사용하기에는 지나치게 일반적이며, 딕과 케리 모형은 너무 복잡하고 이론적이라는 한계가 나타났다. 이러한 전통적인 교수체제설계(ISD) 접근 방식은 제한된 시간과 비용으로 인해 유연성과 사용자 참여가 부족하다는 문제가 야기되었다. 이를 극복하기 위해 래피드 프로토타이핑 설계 접근법이 나타났고 다양한 RPISD 모형이 제안되었다.

RPISD는 신속한 개발, 반복적인 개선, 학습자 중심, 유연성 등이 특징이다.

ADDIE 모델의 분석–설계–개발–실행–평가 단계를 기본적으로 따르지만, 개발 초기 단계부터 사용자의 요구를 반영하거나 요구분석, 프로그램 설계, 사용자 평가 단계가 동시에 이루어지기도 한다. 빠르고 반복적인 과정을 통해 개발되기 때문에 요구사항의 변화에도 신속하게 대응할 수 있다는 장점이 있다(Daugherty et al., 2007).

초기 RPISD 모델은 트립과 바흐메이어(Tripp & Bichelmeyer)(1990)에 의해 제안되었으며, 요구 평가와 콘텐츠 분석, 목표 설정, 프로토타입 개발, 프로토타입 활용, 그리고 시스템 설치 및 유지보수의 과정으로 이루어진다. 그러나 이 과정은 순차적으로 진행되지 않으며 설계, 구축, 활용이 동시에 이루어지기도 한다. 예를 들어, 콘텐츠 분석을 하면서도 프로토타입을 동시에 제작하고, 개발단계에서 프로토타입을 테스트하기도 한다.

국내에서는 임철일, 연은경(2006)이 실제 교육 프로그램의 설계 과정에서 단계를 순차적으로 진행하지 않고 상황에 따라 동시 또는 유동적으로 변경할 수 있는 RPISD 모형을 개발하였다. 이 RPISD는 빠른 프로토타입 개발과 반복적인 사용성 평가를 통해 교육 프로그램을 설계하는 데 중점을 둔다. [그림 4–3] 모형은 정해진 교육과정에 따라 운영되는 학교교육과는 달리 자체적으로 교육 프로그램을 개발해야 하는 기업교육에서 많이 활용되고 있다. 그러나 초기 프로토타입을 개발한 이후 사용자 의견을 반영한다는 측면에서 학교 교육에도 적용 가능하다.

분석단계

요구분석과 초기 학습과제 분석이 동시에 이루어지며 이를 통해 교육 프로그램의 주요 목표와 내용을 도출한다.

설계단계

초기 프로토타입(주요 교육목표, 내용, 방법)을 개발하고 이를 기반으로 사용성 평가를 실시하여 효과성과 효율성을 검토한다.

개발단계

사용성 평가 결과를 반영하여 프로그램을 수정·보완하며, 반복적인 설계와 평가 과정을 통해 프로그램의 완성도를 높인다.

실행단계

완성된 프로그램을 실제 교육 현장에 적용하고, 학습자들의 피드백을 수집하여 프로그램의 지속적인 개선에 활용한다.

사용성 평가

사용성 평가는 전체 모형의 중심에 위치하여 의뢰인, 전문가, 학습자 등 다양한 이해관계자의 의견이 지속적으로 반영되도록 한다.

그림 4-3 **래피드 프로토타입**

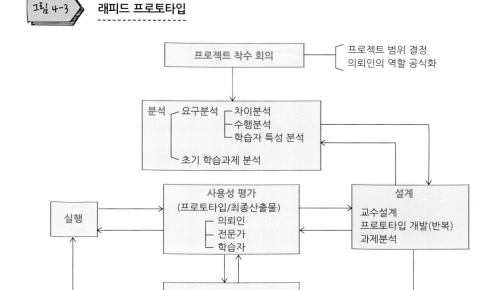

출처: 임철일, 연은경 (2006; 46)

라이겔루스(Reigeluth)의 정교화 이론(Elaboration Theory of Instruction)

정교화 이론은 학습내용을 효과적으로 조직하고 제시하는 방법에 대한 체계적인 접근을 취한다. 정교화 이론의 핵심은 복잡한 주제를 작은 조각으로 쪼개어 학습자가 가장 단순하고 기본적인 아이디어, 즉 정수로부터 복잡한 것에 이르기까지 점진적으로 이해할 수 있도록 하는 것이다. 여기서 정수(epitome)는 교육내용을 대표하는 가장 일반적이고 단순하면서도 구체적인 아이디어나 원리를 의미한다(김신자 외, 2003). 라이겔루스는 이러한 계층적 접근을 마치 줌 렌즈가 축소(Zoom-in)와 확대(Zoom-out)를 되풀이하는 것으로 보았다. 먼저 전체적인 모습을 관찰하여 각 부분들의 관계를 파악하고, 각 부분별로 확대해 세부 사항을 관찰한다. 그리고 다시 전체 모습을 관찰하여 반복적으로 전체와 부분 간의 관계를 검토하고 특정 부분을 확대해서 검토한다. 이러한 과정을 촉진하기 위하여 정교화 이론은 일곱 가지 주요 전략을 사용한다.

계열화(Elaboration)

학습 내용을 가장 기본적이고 단순한 형태로 먼저 소개한 다음, 점진적으로 더 복잡하고 세부적인 내용을 추가하는 방식이다. 학습자는 전체 개념이나 기본 아이디어를 먼저 접하고, 이를 기반으로 세부 내용을 학습하고 마지막에는 요약 및 종합하는 과정을 거친다.

선수학습 요소의 계열화(Prerequisite Sequencing)

새로운 내용을 학습하기 전에 필요한 선수학습 요소를 학습자에게 제공하는 전략이다. 이를 통해 학습자는 새로운 내용을 보다 쉽게 이해하고, 기존 지식을 바탕으로 새로운 지식과 기술을 습득할 수 있다.

요약자(Summarizer)

학습한 것을 망각하지 않고 학습 내용을 복습하기 위한 전략 중 하나이다. 이전에 학습한 내용을 요약하거나 전체를 요약하여 제공함으로써, 학습자에게 내용을 간결하게 정리하는 기회를 제공한다. 요약에는 핵심적인 정보뿐만 아니라 사례, 자기 평가적 연습 문제 등도 포함된다. 특정 내용에 대한 핵심 개념과 연습 문제가 포함된 요약을 통해 학습자는 학습 내용을 다시 상기하고 강화할 수 있다.

종합자(Synthesizer)

학습한 내용 요소의 연결과 통합을 위한 전략으로, 학습자가 이미 학습한 개념들을 종합적으로 이해하고 이를 바탕으로 학습의 전체적인 의미를 파악할 수 있다.

비유(Analogy)

학습자에게 친숙한 개념이나 상황에 비유하여 내용을 쉽게 이해하도록 하는 것을 의미한다. 비유를 통해 학습자는 추상적이고 복잡한 개념을 쉽게 이해하고 정교화할 수 있다.

인지 전략 활성자(Cognitive-strategy activator)

학습자가 스스로 학습 전략을 활성화하도록 유도하는 방법이다. 예를 들어, 중요한 부분을 메모/노트하는 것, 개념을 이미지화 또는 조직화하는 것, 정보를 더 잘 기억하기 위해 연상 기법을 사용하는 전략 등이 포함된다.

학습자 통제(Learner control)

학습자에게 학습 내용, 속도, 전략을 조절할 수 있도록 선택권을 제공하여 학습자의 자율성을 높이는 전략이다

SAM(Successive Approximation Model)

SAM(연속적 근사모델)은 앨런과 사이트(Allen & Site)가 개발한 교수 설계 모델로, 전통적인 설계 모델의 한계를 보완하고 빠르게 변화하는 학습 요구에 유연하게 대응하기 위해 고안되었다(Jung et al., 2019). SAM은 유연성, 속도, 협업을 강조하여 e-러닝 콘텐츠를 효과적이고 효율적으로 개발하는 데 유용하다. 특히, 설계 및 개발 과정

에서 학습자의 경험을 최우선으로 고려하며, 콘텐츠 구성, 정보 전달 방식, 사후 평가 등 전 과정에서 학습자의 참여와 동기를 높이는 데 중점을 둔다. 프로젝트 팀은 학습자의 요구에 따라 민첩하게 협업하여 해결책을 제시하며, 초기 단계부터 실험과 테스트를 병행해 설계를 진행한다. 설계—실험—피드백—수정 과정을 여러 번 반복함으로써 콘텐츠를 지속적으로 개선할 수 있다. SAM 모델은 준비단계(Preparation Phase), 반복적 설계단계(Iterative Design Phase), 반복적 개발단계(Iterative Development Phase)의 세 단계로 구성된다.

준비단계

이 단계에서는 프로젝트와 관련된 모든 정보와 배경 지식을 수집하는 단계이다. 이 단계에는 '실용적 시작(Savvy Start)'이 있는데, 이것은 프로젝트의 시작을 알리는 킥오프 미팅 역할을 의미한다. 프로젝트 팀원들은 수집한 정보를 검토하고 콘텐츠 설계에 대한 아이디어를 브레인스토밍한다. 다양한 디자인 아이디어를 신속하게 교환하며 초기 프로토타입(전체 스케치 및 개략적 스토리보드)을 개발하는 시간이기도 하다.

반복적 설계단계

이 단계에는 전문가와 프로젝트 설계자 또는 개발자가 주로 참여한다. 실용적 시작(Savvy Start) 이후, 일정과 예산을 정하고 팀원들은 각자의 역할에 따라 교수계획 설계, 실제 교육자료 개발 등을 담당한다. 실용적 시작(Savvy Start)에서 논의된 아이디어를 기반으로 세 가지 잠재적 설계안을 마련한다. 하나의 설계에만 집중하지 않도록 옵션을 준비하여 보다 창의적인 사고를 유도한다. 이를 통해 최종적으로 합의된 디자인 시안을 만들어낸다.

반복적 개발단계

이 단계에서는 프로젝트가 개발, 실행, 평가의 순환 과정을 통해 완성된다. 이 단계에서는 작은 단위의 콘텐츠라도 즉시 피드백을 받을 수 있도록 사용자와 상호작용할 수 있는 형태로 제공된다.

그림 4-4 SAM 프로세스

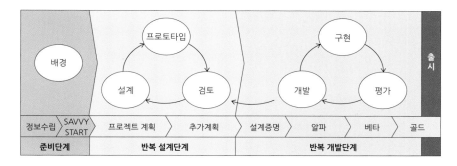

출처: Site, & Green(2014)

3절. 미시적 교수설계 이론

미시적 교수설계이론은 수업목표를 달성하기 위한 수업의 방법과 지침을 세분화하여 제공하는 이론이다. 수업 상황은 비교적 구체적인 수준에서 조건과 상황이 주어지기 때문에 이에 적합한 지침을 제공하기 위해서는 미시적 교수설계이론이 필요하다. 대표적인 이론으로 가네-브릭스(Gagné-Brigss)의 아홉 가지 교수사태, 메릴(Merrill)의 내용요소 제시이론(Component Display Theory) 그리고 켈러(Keller)의 ARCS 등을 들 수 있다.

가네와 브릭스(Gagné-Briggs)의 아홉 가지 교수사태

가네와 브릭스는 다양한 학습상황에서 학습의 내적 인지과정에 맞춰 외적 조건을 제공하는 일련의 절차를 교수 사태(instruction events)라고 정의하고, 이를 계열화하여 제시하였다(김신자 외, 2003; 이화여자대학교 교육공학과, 2023). 가네와 브릭스의 교수 사태들은 단위 수업안을 설계하는 데 적용될 수 있는 모형으로 활용될 수 있다. 그러나 아홉 가지 수업사태가 모든 수업과정에 반드시 포함되어야 하는 것은 아니다. 학습자의 특성, 학습 과제, 학습 맥락에 따라 일부 교수 사태는 생략될 수 있으며 그

순서 역시 유연하게 조정될 수 있다. 아홉 가지 교수사태는 [그림 4-5]와 같이 학습자가 정보를 처리하는 학습자의 내적 인지 과정과 관련하여 이해할 수 있다. 교수사태는 학습자의 내적 인지 과정을 활성화하는 데 필요한 학습의 외적 조건을 제공하여 학습효과를 극대화한다.

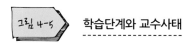 학습단계와 교수사태

출처: 이화여자대학교 교육공학과(2023)

Event 1. 주의력 획득

학습 활동의 출발점으로 학습자의 주의를 끌어 학습에 몰입하게 한다. 시청각 자료를 사용하거나 흥미로운 질문을 던지는 등 다양한 방법으로 학생들의 주의집중을 유도한다.

Event 2. 수업목표 제시

학습자가 무엇을 배우게 될지 목표를 명확하게 알려준다. 수업 시작 단계에서는 무엇을 배우며, 수업에 참여한 결과로 얻게 될 것이 무엇인지, 즉 학습목표를 알려줌으로써 학습자가 기대를 갖게 만든다. 예를 들어, 이 수업을 통해 '일상생활에서 중력의 원리를 찾을 수 있다', '물의 무게를 측정할 수 있다'와 같이 목표를 미리 알려주었을 때 학습이 더 촉진되는 경향이 있다.

Event 3. 선수학습 회상

수업 시작에 앞서 학습자가 이미 알고 있는 관련 지식, 이전 학습 내용을 회상하도록 돕는다. 일반적으로 수업 내용은 계열성에 따라 유기적으로 연결되어 있기 때문에, 이전 지식을 떠올리면 본 수업이 더 잘 진행될 수 있다. 이전 학습 내용을 복습하거나 관련 질문을 사용하여 학습자의 기억을 활성화시킨다.

Event 4. 자극 제시

학습자에게 학습할 내용을 제시할 때 시각자료, 설명, 사례 등을 사용해 새로운 정보를 제시한다. 교수자는 새로운 정보 전달 시 표나 그림 등 시각적인 자료를 사용하거나 독특한 특징을 제시함으로써 학습자들이 기억하기 쉽도록 도와줄 수 있다.

Event 5. 학습안내 제시

이 단계에서 학습자들은 이전 정보와 새로운 정보를 통합하고 그 결과를 기억에 저장할 수 있도록 도움이나 지도를 받는다. 학습자가 학습 내용을 효과적으로 이해하고 처리할 수 있도록 교수자는 어떤 방법을 사용할 것인지, 그 방법을 어떻게 제시할 것인지 계획하고 안내한다. 예를 들면, 사례 제시, 요약하기, 도표 제시 등 학습전략을 사용하여 학습자의 학습을 돕거나, 학습자가 직접 정보를 사용하도록 단서나 힌트를 제시할 수도 있다.

Event 6. 수행 유도

이 단계는 학습자가 실제로 학습한 내용을 적용해보는 과정이다. 학습자가 학습 내용을 인지했는지를 확인하기 위해서 학습자에게 해당 내용을 바탕으로 행동을 수행하도록 요구하는 것이다. 학습자는 질문에 대한 대답, 배운 내용에 대한 설명, 혹은 배운 것을 실습해 볼 수 있다.

Event 7. 피드백 제공

학습자의 수행에 대해 피드백을 제공하여 학습을 강화하거나 수정한다. 성공적인 수행에는 긍정적인 피드백이 제공되며 이러한 피드백은 학습을 강화시키고 개선이 필요한 부분을 알려주는 기능을 한다.

Event 8. 수행 평가

학습자가 목표를 얼마나 달성했는지 평가하는 단계이다. 이를 바탕으로 다음 단계의 학습이 가능한지, 즉 새로운 학습을 위한 준비가 되었는지를 판단할 수 있다.

Event 9. 파지와 전이 향상

학습자가 배운 내용을 장기적으로 기억하고 실제 상황에 적용할 수 있도록 한다. 파지(retention)는 학습한 내용을 기억하고 유지하는 것을, 전이(transfer)는 학습한 지식이나 기술이 학습한 상황이 아닌 다른 상황에서도 적용되는 것을 가리킨다. 반복과 적용 전략을 사용하여 학습한 내용이 다른 상황으로 일반화되거나 적용될 수 있도록 할 수 있다.

메릴(Merrill)의 내용요소 제시 이론(Component Display Theory)

메릴은 효과적인 교수방법을 설계하기 위해 학습 내용을 조직하고 제시하는 방법에 대한 구체적인 지침을 제시하였다. [그림 4-6]과 같이 학습자의 수행(performance)과 학습 내용(contents)에 따라 학습 결과를 분류하였다. 학습 내용은 사실, 개념, 절차, 원리로 구분되며, 학습자가 이러한 내용을 기억, 활용, 발견의 수행 과정을 통해 습득한다. 메릴의 내용요소 제시 이론은 수행−내용 행렬표의 각 칸에 해당하는 학습결과를 얻기 위해 필요한 교수 활동을 규명하는데 중점을 둔다(김신자 외, 2003).

수행-내용 행렬표

수행

	사실	개념	절차	원리
발견하기		개념 × 발견	절차 × 발견	원리 × 발견
활용하기		개념 × 활용	절차 × 활용	원리 × 활용
기억하기	사실 × 기억	개념 × 기억	절차 × 기억	원리 × 기억

내용

출처: 조규락, 김선연(2006; 187) 수정

메릴은 교수활동을 구체적으로 제시하고자 교수 형태(상황)를 일차적 자료제시 형태, 이차적 자료제시 형태, 과정제시, 절차제시로 구분하여 설명하였다. 일차적 자료제시 형태는 목표한 학습이 일어나기 위해 반드시 제시되어야 하는 기본적인 수업의 수단이다. 이차적 자료제시 형태는 일차적 자료제시 형태에서 제시된 내용을 보다 용이하게 습득할 수 있도록 돕는 정교화된 형태이다. 과정제시는 일차적 및 이차적 자료제시 형태와는 달리 학습자가 정보를 처리하는 방법에 대한 구체적인 지침이나 지시사항을 의미한다. 예를 들면, '그러한 예를 일상에서 찾아봅시다'와 같이 구체적인 지시가 해당된다. 절차제시는 학습자료나 도구를 어떻게 조작하여야 하는지에 대한 구체적인 절차를 학습자에게 안내하는 지시 사항을 말한다(김신자 외, 2003). 이 장에서는 일차적 자료제시와 이차적 자료제시 형태에 대해 좀 더 살펴본다.

일차적 자료제시 형태

메릴은 모든 인지적 교과 내용을 두 개 차원으로 구분하여 설명하였다. 첫 번째 차원은 교과 내용의 특성으로, 일반화와 사례로 구분된다. 일반화는 개념, 절차, 원리와 같은 일반적인 수준을 의미하며, 사례는 특정 사실이나 구체적인 예시와 같이 상세한 수준을 의미한다. 두 번째 차원은 학습자에게 제시하는 응답 형식으로 설명식과 탐구식으로 구분된다. 설명식 방법은 말로 설명해 주기, 예시 제시하기, 보여주기 등이 포함된다. 탐구식 방법에는 학습자가 직접 진술문을 완성하거나 특정 사례에 개념을 적용하는 활동이 포함된다. 예를 들어, 탐구식 일반화는 학습자가 일반적 개념이나 원리를 스스로 발견하는 '회상' 활동이, 설명식 사례로는 구체적인 '예시' 활동이, 탐구식 사례로는 학습자가 구체적인 사례를 분석하여 스스로 학습하는 '연습' 활동이 해당된다. 교사나 교수설계자들 사이의 의사소통을 용이하게 하기 위해 <표 4-1>과 같이 EG, IG, Eeg, Ieg로 기호화하여 나타냈다.

 일차적 자료제시 형태

역량군	설명식(Expository: E)	탐구식(Inquisitory: I)
일반화(Generalities: G)	설명식 일반화(EG)	탐구식 일반화(IG)
사례(Examples: eg)	설명식 사례(Eeg)	탐구식 사례(Ieg)

출처: 조규락, 김선연(2006; 189) 수정

이차적 자료제시 형태

이차적 자료제시 형태는 일차적 자료제시 형태에서 나타나는 바를 보다 의미 있고 학습하기 수월한 형태로 만들기 위해 부가적인 자료를 제시하는 방식이다. <표 4-2>에서 빈칸이 존재하는 이유는 자료제시 형태에 따라 정교화 요소가 필요하지 않거나 이미 다른 형태로 포함되어 중복을 피하기 위해 별도의 수업 상황이 이루어지지 않기 때문이다. 설명식 일반화(EG)와 설명식 사례(Eeg)는 학습자가 정보를 수동적으로 받아들이는 방식으로 피드백이 필수적이지 않을 수 있다. 이와 달리 탐구식 일반화(IG)와 탐구식 사례(Ieg)에서는 학습자가 능동적으로 정보를 처리하는 과정에서 피드백과 학습촉진 도움이 중요한 역할을 한다. 또한 자료 제시형태에 따라 정교화 유형 (맥락, 선수학습, 기억술, 학습촉진 도움, 표상, 피드백)이 모두 동일하게 적용되는 것이 아니며 학습목표나 활동에 따라 선택적으로 사용된다. 이는 학습 상황에 맞게 유연하게 적용할 수 있도록 설계된 결과이다.

 표 4-2 **이차적 자료제시 형태**

정교화의 유형 ＼ 일차 제시형	설명식 일반화 (EG)	설명식 사례 (Eeg)	탐구식 사례 (Ieg)	탐구식 일반화 (IG)
맥락(C)	EG'C	Eeg'C	Ieg'C	IG'C
선수학습(P)	EG'P	Eeg'P		
기억술(MN)	EG'MN	Eeg'MN		
학습촉진 도움(H)	EG'H	Eeg'H	Ieg'H	IG'H
표상(R)	EG'R	Eeg'R	Ieg'R	IG'R
피드백(FB) (정답: ca / 도움: h / 활용: u)			FB/ca FB/h FB/u	FB/ca FB/h FB/u

출처: 조규락, 김선연(2006; 189) 수정

켈러(Keller)의 ARCS

켈러의 ARCS 모형은 교수−학습 과정에서 동기 유발의 중요성을 강조하며, 동기 유발을 위한 수업설계 전략을 체계적으로 접근한 교수설계모형이다. 켈러는 학습이 학습자의 인지 과정이나 개인적 특성뿐만 아니라 동기와도 밀접한 관계가 있다고 보았다. 이에 따라 효과적이고 효율적인 수업 환경을 제공하는 방안을 제시하였다. ARCS 모형은 주의집중(Attention), 관련성(Relevance), 자신감(Confidence), 만족감

(Satisfaction)의 첫 글자를 따서 만든 약어이다.

주의(Attention)

학습 동기가 유발되기 위해서는 주어진 학습 자극에 학습자의 주의가 집중되어야 하고, 그 집중된 주의는 유지되어야 한다. 새롭거나 놀라운 것 또는 신기한 사건을 통해 호기심을 유발하는 것, 학습자의 호기심과 탐구심을 자극하여 학습에 대한 기대감을 갖게 하는 것, 그리고 흥미를 지속시키는 것들이 모두 포함된다.

관련성(Relevance)

학습 내용이 학습자의 개인적 흥미나 목적과 어떤 관계가 있는지에 대한 답을 찾는 노력이다. 수업 내용이 결과적으로 학습자에게 도움이 된다고 인지할 때 학습자의 높은 학습 동기를 유지할 수 있다. 또한 학습자의 성취 욕구를 충족시켜 준다면 학습자들은 학습 과정에 강한 동기를 느낄 수 있다. 성취 욕구는 학습자가 주어진 과제를 빨리, 잘 하고 싶어하는 욕구, 그리고 어려운 과제를 잘 해결하려는 욕구를 말한다.

자신감(Confidence)

동기 유발 또는 동기 유지를 위해서는 학습자가 학습에 대한 재미와 필요성을 느끼는 동시에 노력에 따라 성공할 수 있다는 자신감을 갖는 것이 필요하다. 성공에 대한 기대감이 있을 때, 그 일에 대해 노력하고 그로 인해 성공률도 높아질 수 있다. 성공에 대한 긍정적인 기대감을 심어주거나 적절한 수준의 도전감을 제공하여 자신의 능력을 최대한 발휘하도록 수업을 구성할 수 있다.

만족감(Satisfaction)

만족감은 학습자가 느끼는 일종의 포만감 같은 개인적인 느낌으로 학습자가 학습 결과에 만족한다면 학습 동기는 계속 유지될 수 있다. 만족감에 영향을 미치는 요소는 내적 보상과 외적 보상으로 구분할 수 있다. 내적 보상은 학습자가 학습활동에서 얻는 내적인 기쁨이나, 성취감, 만족감 등이 해당될 수 있다. 외적 보상으로는 강화와 피드백이 포함된다. 예를 들어, 좋은 수업 태도를 보이거나 일정 수준의 학습 결과를 보인 학습자들에게는 게임을 할 수 있는 기회를 주는 것이다. 강화를 사용하여 주어진 과제에 대한 학습자의 학습동기를 유지시킴으로써 바람직한 행동을 지속하도록 이끈다.

ARCS 모형의 네 가지 요소는 하위 개념들로 세분화되고 각 동기를 이끌어낼 수 있는 전략들은 <표 4-3>과 같다.

표 4-3 ARCS의 하위개념과 동기유발 질문

동기유발 요소	하위 전략	동기유발 질문
주의	지각적 주의환기	학습자의 관심을 끌기 위해서 무엇을 해야 하는가?
	탐구적 주의환기	어떻게 호기심을 자극할 수 있을까?
	다양성	어떻게 학습자의 주의를 유지할 수 있을까?
관련성	친밀성	수업을 학습자의 경험과 어떻게 연결할 수 있을까?
	목적 지향성	어떻게 하면 학습자의 요구/목적을 최대한 충족할 수 있을까?
	필요·동기와의 부합성	언제, 어떻게 수업을 학습자의 학습유형이나 개인적 관심과 연결할 수 있을까?
자신감	학습의 필요요건 제시	학습자들이 성공에 대한 긍정적 기대감을 갖도록 어떻게 도와줄 수 있을까?
	성공의 기회 제공	학습자들의 역량에 대한 믿음을 향상시킬 수 있는 학습경험은 어떻게 제공할 수 있을까?
	개인의 조절감 증대	학습자가 자신의 성공이 스스로의 노력과 능력에 의한 것이라고 어떻게 알 수 있을까?
만족감	자연적 결과 강조 (내적 동기)	학습경험에 대한 학습자들의 내적 만족도를 어떻게 격려하고 지원할 수 있을까?
	긍정적 결과 강조 (외적 동기)	학습자의 성공에 대한 보상으로 무엇을 제공할까?
	공정성 강조	어떻게 하면 학습자들이 결과를 공정하다고 생각할 수 있을까?

출처: 박성익 외(2021)

켈러의 ARCS-V

학습 환경에서의 테크놀로지 통합이 증가함에 따라 켈러(Keller)는 블렌디드 러닝과 이러닝에서도 적용 가능한 동기 설계 프로세스 모형인 ARCS-V 모형을 제시하였다(조영남, 2022). 이 모형은 동기 유발에 초점을 맞춘 기존 ARCS 모형에 학습자의 자기 조절과 목표 달성을 강조한 자발성(Volition)을 추가하여, 학습 설계의 완성도를 높이는 데 중점을 두었다. 자발성은 학습자가 목표를 달성하기 위해 지속적으로 노력하며, 학습 과정에서 발생하는 어려움이나 방해 요소를 극복하고 자기 조절 능력을 발휘하는 것을 의미한다.

참고문헌

- 김신자, 이인숙, 양영선(2003). **교육공학의 이론과 실제**. 문음사.
- 박성익, 임철일, 이재경, 최정임, 조영환(2021). **교육공학과 수업 제6판**. 교육과학사.
- 신나민, 하오선, 장연주, 박종향(2019). **이판사판 교육방법 및 교육공학 제2판**. 박영스토리.
- 이화여자대학교 교육공학(2023). **미래사회를 위한 교육의 방법과 테크놀로지**. 교육과학사.
- 임철일, 연은경(2006). 기업교육 프로그램 개발을 위한 사용자 중심의 래피드 프로토타입 방법론에 관한 연구. **기업교육연구**, 8(2), 27-50.
- 임철일, 연은경(2015). **기업교육 프로그램 개발과 교수체제설계**. 파주: 교육과학사.
- 조규락, 김선연(2006). **교육방법 및 교육공학: 교육공학의 3차원적 이해**. 서울: 학지사.
- 조영남(2022). **매력적인 수업을 위한 M-ARCS-V 동기설계 모형. 대경교육학회**, 43(2), 1-21.
- Daugherty, J., Teng, Y., & Cornachione, E. B. (2007). *Rapid Prototyping Instructional Design: Revisiting the ISD Model*.
- Dick., W., Carey, L., & Carey, J. O. (2015). *The systematic design of instruction (8th ed.)*. Pearson.
- Reigeluth, C. M., Beatty, B.J., & Myers, R. D. (2017). *Instructional-Design Theories and Models: The Learner-Centered Paradigm of Education (Vol. IV)*. 변호승, 박인우, 이상수, 임걸, 임규연, 임병노, 임철일, 최욱 역(2018). ㈜아카데미프레스.
- Rita, C. R. (2013). *Encyclopedia of terminology for educational communications and techonology*. 이현우, 임규연, 정재삼, 허희옥 역(2020). **교육공학 용어해설**, 학지사.
- Jung, H. J., Kim, Y. L., & Lee, H. J. (2019). *Advanced Instrucional Design for Successive E-learning: Based on the Successive Approximation Model. International Jl on E-Learning*, 18(2), 191-204.
- Site, R., & Green, A. (2014). *Leaving ADDIE for SAM field guide: Guidelines and templates for developing the best learning experience*. Alexandra, ASTD Press.

Q. 모형이 왜 이렇게 많아요?

A. 어머나, 그렇게 느껴졌어요? 그렇죠. 복잡한 모형이 많기는 한데… 원래 모형이란 모델(model)이잖아요. 이런 모델도 보고 저런 모델도 봐야 자기한테 맞는 걸 고를 수 있죠. 교수-학습 모델도 각기 다른 상황에 적합한 걸 개발하다 보니 여러 모형이 나오게 된 거죠. 모두 다르게 보이지만 공통점도 있고 그래요. 그러니 각 모형의 차이점과 공통점, 특징을 잘 보면서 공부하는 게 좋을 것 같습니다.

교수-학습방법 I

교수−학습방법 Ⅰ

학습목표
1. 다양한 교수−학습방법의 개념과 특징을 설명할 수 있다.
2. 다양한 교수−학습방법의 주요단계를 설명할 수 있다.
3. 적절한 교수−학습방법을 선택하여 효과적인 수업설계를 할 수 있다.

일단 해보자
다음 주제에 대해 옆 사람과 함께 이야기해 봅시다.
1. 자신이 경험한 교수방법 중에서 가장 기억에 남는 교수방법과 그 이유 소개하기
2. 자신의 수업에 적용해 보고 싶은 교수방법과 그 이유 소개하기

교수−학습방법은 학습목표를 달성하기 위해 선정된 학습내용을 학습자에게 효과적으로 제시하도록 적절하게 선정된 일련의 활동이나 수단이다. 교수−학습방법은 맥락에 따라 수업방법, 교수모형, 수업전략, 교수기법 등의 다양한 용어로 사용된다(최정임 외, 2024). 효과적인 수업설계를 위해서 다양한 교수−학습방법에 대한 폭넓은 지식이 필수적이다. 또한, 수업을 준비할 때는 각기 다른 학습자의 요구와 특성에 맞춘 수업 설계를 위해 여러 가지 교수−학습방법을 이해하고 적용할 수 있어야 한다.

교수−학습방법은 학습 목표를 달성하기 위해 교사가 사용하는 전략이나 기법으로 학습자의 참여를 유도하고, 이해를 돕기 위한 구체적인 절차와 활동을 포함한다. 교수자에게는 다양한 교수−학습방법에 대한 지식 습득뿐만 아니라, 이를 수업설계 이론과 결합하여 실제 교육 현장에서 효과적으로 활용할 수 있는 능력 또한 요구된다.

교수−학습방법은 다양한 기준에 따라 다음과 같이 분류될 수 있다(소효정 외, 2023).

- 교수−학습에 대한 철학이 무엇인가(수용학습/설명적 방법, 발견학습/탐구적 방법)
- 교수−학습과정을 누가 통제하는가(교사주도, 학습자주도)
- 추구하는 학습 성과가 지식습득인가 문제해결인가(직접교수, 간접교수)
- 교수−학습이 개별적 혹은 그룹으로 이루어지는가(개별학습, 협동학습)
- 학습 내용의 제시형태가 어떠한가(프레젠테이션, 튜토리얼)
- 학습 환경이 어떠한가(면대면 교실수업, 원격수업)

이 장에서는 일반적인 교수−학습 상황에서 많이 활용되고 연구되어온 교수−학습방법에 대해 살펴보고자 한다.

1절. 강의법

개념 및 특징

강의(Lecture)의 어원은 라틴어 'Lectore', 즉 '소리로 읽다'이다. 강의법은 여러 교수−학습 방법 가운데 가장 오래된 것으로 고대 희랍 시대 웅변의 한 가지 방법인 모순 반박법에서 발전하여 중세의 대학에서 지식을 전달하기 위해 주로 사용하던 방법이었다(최원경, 1990). 강의법은 보통 정보를 교사의 구두 언어로 학습자에게 전달하는 형태를 취하는데 아직까지도 일반적인 교육 기관에서 가장 보편적으로 사용되고 있다. 그러나 언어를 통해 지식 및 정보를 일방적으로 전달하는 방법으로는 학습에서의 전이와 파지가 제대로 이루어지기 어렵다는 비판을 받기도 했다(신나민 외, 2019). 강의법의 주된 목적은 청중들에게 분명한 사실, 아이디어, 개념, 지식 등에 관한 정보를 제공하는 데 있다.

강의법의 주요 단계

강의법은 18~19세기 동안 헤르바르트(Herbart)와 그의 제자들에 의해 준비, 제시, 결합, 체계화, 적용의 5단계로 체계화되었다. 하지만 현재는 도입, 전개, 정리의 3단계 과정이 가장 전형적인 강의법 절차로 인식되고 있다(권성연 외, 2018).

가. 도입단계

도입단계에서 가장 중요한 것은 학습자의 동기를 유발하고 주의를 끄는 것이다. 교수자는 학습자의 이름을 부르거나, 최근 이슈에 대한 이야기를 통해 공감대를 형성하고 편안한 분위기를 조성한다. 또한 지난 수업에서 배운 것을 회상시키기 위해 학습자에게 질문을 던지거나, 수업과 관련된 재미있는 일화를 통해 학습할 내용에 대한 호기심을 유발하여 동기화시킬 수 있다. 그리고 새로운 시청각 매체를 도입하거나 학습자가 수업에서 수행할 역할을 설명하여 호기심을 자극하는 방법도 효과적이다. 마지막으로, 학습 목표를 명확히 제시하고 이를 학습자의 관심사나 미래 목표와 연결하여 주의를 집중시킬 수 있다.

나. 전개단계

전개단계에서는 교과내용을 제시한다. 이 단계에서는 학습자들에게 전달해야 하는 주요 핵심 부분을 분명히 하고 이를 중점적으로 설명한다. 개념을 제시하고, 다른 개념과의 차이를 분명히 구분하고, 기존에 알고 있는 개념과 새로운 개념 간의 차이와 유사성 등을 파악하게 함으로써 지식의 결합이 이루어지게 한다. 또한 이전 단계에서 제시되고 결합된 개념들을 분류하고 조직하여 지식을 체계화할 수 있도록 한다. 그러나 강의는 1인의 교수자가 다수의 학습자들을 대상으로 행하는 것이기 때문에 내용이 조금만 지루하거나 재미가 없으면 주의 집중력이 떨어지는 경향이 있다. 따라서 이 단계에서도 학습자들의 주의집중을 유지시키기 위한 방법들을 적용할 필요가 있다.

다. 정리단계

정리단계에서는 간단한 질문과 대답을 통해 꼭 알아야 할 것 또는 궁금한 것에 대해 정리한다. 또한 학습자들이 강의 내용을 충분히 학습하였는지 검증하기 위해 과제를 부여할 수 있다.

강의법의 장단점

강의법의 장단점은 다음과 같다.

가. 강의법의 장점

- 단시간에 다양한 학습내용을 많은 학습자에게 체계적으로 전달할 수 있다.
- 교수자의 설명력이 뛰어날 경우 짧은 시간 내에 학습자의 학습동기를 높이는 것이 가능하며, 특별한 보조자료 없이도 생생한 설명이 가능하다.
- 교수-학습 내용이 복잡하고 난해한 경우 학습 내용을 체계적으로 정리하여 효과적으로 전달할 수 있다.
- 중요한 사항을 강조하거나 선행 학습과의 관계를 명확히 하고 학습 전체를 조망하는 데 유효한 수단이다.
- 학습내용을 학습자의 수준에 맞게 적절하게 조절하여 교수자의 능력 범위 내에서 교과서의 내용을 보충, 첨가, 삭제하면서 전달하는 것이 가능하다. 이는 학습자의 동기유발 수단이 될 수 있다.

나. 강의법의 단점

- 학습자의 개성이나 능력을 고려하지 않고 단순히 지식을 주입하는 방식이므로, 학습자가 수동적인 태도를 가지기 쉽다.
- 수업의 질이 교사의 능력과 준비 수준에 따라 상당한 영향을 받는다.
- 일방적 전달에 치우치기 쉬우므로 학습 활동의 개별화 혹은 사회화를 기대하기 어렵다.
- 제한된 수업시간과 언어 위주의 설명 때문에 학습자 스스로 문제를 해결하거나 내용을 비판해 볼 기회 등의 고등정신 능력을 개발할 기회가 적다.
- 주의가 산만한 학습자들은 강의를 분석하지 못하거나 강의 내용의 요점을 파악하기 힘든 경우가 많다.

2절. 토의법

개념 및 특징

토의법은 문답법을 개선, 발전시킨 것으로 1915년 파커(Parker)에 의해 시작되어 학습현장에 도입되었다(윤광보 외, 2003). 대화를 활용하여 수업을 진행하는 것으로 소크라테스 이래 널리 활용되어 소크라테스적 방법이라 불리기도 한다. 토의법은 대화나 회화와는 달리 비교적 다수의 집단이 어떠한 문제를 해결할 때 서로의 의견을 교환함으로써 학습이 이루어지는 방법이다. 교실 상황에서는 주로 교수자-학습자 간 혹은 학습자들 간에 일어나는 상호작용을 통해 문제를 해결해 나가는 학습형태라고 할 수 있다. 토론과 토의의 개념이 혼용되어 사용되기도 하는데 토론은 찬반으로 대립하여 자신의 의견을 논리적으로 전개해 상대방을 설득하는 것을 목적으로 한다면 토의는 어떤 문제에 대해 서로 협력하고 생각의 폭을 넓히면서 문제를 해결해나가는 것을 목적으로 한다(채정현 외, 2019). 따라서 넓은 의미에서 보면 토의가 토론보다 광범위한 개념이라고 할 수 있다(최정임 외, 2024). 토의는 일정한 규칙과 단계에 따라 이루어져야 하며, 개방적 의사소통과 협조적 분위기 그리고 구성원들의 민주적 태도를 필요로 한다.

토의법의 주요 단계

토의수업은 일반적으로 계획 및 준비, 시작과 진행, 마무리, 사후활동의 4단계로 운영된다. 성공적인 토의수업의 진행을 위해서는 각 단계별로 주의 깊은 계획이 필요하다(이지연, 2008). 1단계 계획 수립에서부터 4단계 사후활동까지 고려해야 할 내용은 다음과 같다.

표 5-1 토의법의 주요 단계	
1단계 계획 및 준비	• 토의 목적을 세운다. • 토의 순서나 범위를 결정한다. • 학습자에게 토의수업에 대한 준비를 하게 한다. • 좌석배치, 교실환경 점검 등 물리적 환경을 정비한다. • 토의의 중요성에 대해 학습자가 충분히 인식할 수 있도록 한다. • 논의해야 할 토의 사항들을 정리해 둔다. • 교수자가 관찰해야 할 기본 내용을 정리해 둔다. • 토의 활동에 필요한 모든 정보와 자료를 수집해 둔다.
2단계 시작과 진행	• 토의 목적을 학습자에게 설명한다. • 토의 주제를 학습자에게 제시하거나 브레인스토밍을 통해 주제를 정한다. • 관찰되어야 할 기본 내용들을 학습자에게 알려준다. • 토의될 사항들을 제시한다. • 세부적인 절차에 따라 토의에 참여하게 한다. • 질문을 명확히 하여 토의를 촉진한다. • 토의의 활성화를 위해 다양한 기자재를 활용한다. • 토의에 가능한 한 다양하고 많은 학습자가 참여할 수 있도록 한다. • 토의에서 논의된 중요 사항들을 반드시 기록해 둔다. • 토의 과정이 논제에서 벗어나지 않도록 필요에 따라 방향을 조정한다.
3단계 마무리	• 토의에서 논의된 주요 사항들을 종합하고 요약한다. • 토의 과정에서 논의된 것 중 가장 타당한 것을 선택하여 결론을 도출한다. • 초기에 설정해 둔 토의 목적을 어느 정도 달성했는지 평가한다. • 토의 활동 이후 전개할 사후활동들을 계획한다. • 필요한 경우 목적, 결론, 토의 내용 등을 기록해 둔다.
4단계 사후활동	• 참가자들에게 토의결과를 요약, 정리하여 배포한다. • 토의활동에 대해 발표할 기회를 제공한다. • 선택된 해결책을 실제로 적용해 본다.

출처: 신나민 외(2019: 92)

토의법의 유형

토의의 유형은 토의의 목표, 집단의 크기, 학습자의 능력, 활동 방식, 시간과 장소 등에 따라 다양하게 구분될 수 있다. 이 장에서는 토의의 목적에 따라 분류하였고(최정임 외, 2024) 그 내용은 <표 5-2>와 같다.

표 5-2

목적에 따른 토의 유형 분류

목적	토의 유형
학습내용 이해	원탁토의, 심포지엄, 포럼, 하브루타, 배심토의, TPS 등
아이디어 생성	브레인스토밍, 브레인라이팅, 피시본, 6색모자 등
문제해결	월드카페, 의사결정그리드, 만장일치, PMI 등

가. 학습내용 이해를 위한 토의

원탁토의

원탁토의(Round table discussion)는 토의의 가장 기본적인 형태로 어떤 형식에도 구애받지 않고 참가한 전원이 원탁에 둘러 앉아 대등한 관계에서 주어진 주제에 대해 자유롭게 의견을 교환하는 방식이다. 보통 5~10명 정도가 적당하며 성공적인 토의 진행을 위해서는 충분한 경험을 가진 사회자가 필요하다. 사회자는 참가자 전원이 자신의 생각을 마음껏 발표할 수 있는 분위기를 유도하고, 침묵하거나, 소외되는 참가자들이 없도록 전체 분위기를 조성해야 한다. 또한 참가자 모두가 발언할 수 있도록 기회를 적절하게 제공해야 한다.

심포지엄

심포지엄(Symposium)은 단상토의라고도 하며 특정 주제에 대해 권위 있는 전문가 2~5명이 참여한다. 사회자의 진행에 따라 각자의 입장에서 의견을 준비하여 발표하고, 발표자 간 질의응답을 통해 논의를 심화하는 토의 방식이다. 단상토의는 배심토의와 유사하나 좀 더 형식적이며 특정 주제에 대해 좌담형식으로 의견을 주고받는 토의 형태로 배심토의보다 장시간 이루어진다. 그리고 토의에 참가하는 발표자, 사회자, 청중 모두가 토의 주제에 대한 전문가들로 구성된다는 점이 특징이다. 따라서 한 주제를 다양한 측면에서 깊이 있게 다루고자 할 경우에 효과적이다.

배심토의

배심토의(Panel discussion)는 패널토의라고도 한다. 어느 하나의 문제에 대하여 의견이 대립되거나 다양한 견해가 있을 때 각각의 입장을 대표하는 4~6명의 전문가들이 서로의 입장에서 토의하는 방식이다. 집단 구성원이 많아서 각자의 발언이 어려울 때 토의에 참가하는 대표자들이 단상에서 토의하는 것을 다른 구성원에게 공개하는 방법이다. 배심원, 즉 패널은 각자의 지식이나 정보 등을 서로 교환함으로써 청중들이 그 문제에 대한 깊은 이해와 앞으로의 행동 방향을 여러 각도에서 찾을 수 있도록 도움을 준다. 배심토의는 찬반의 명백한 규명보다는 시사문제나 특정 분야의 전문적인 문제에 대해 서로 다른 의견을 수렴 및 조정하는 수단으로 많이 사용된다. 동시에 청중과 함께 토의하여 어떠한 결론을 맺는 데 활용되기도 한다. 청중은 주로 듣기만 하는데 경우에 따라서는 질문이나 발언을 할 수도 있다.

포럼

포럼(Forum)은 특별한 주장을 가진 1~3명의 전문가가 10~20분간 청중 앞에서 공개연설을 한 후, 의장의 사회로 발표한 내용을 중심으로 청중과 질의응답을 전개하는 토의형태이다. 이 방법은 청중이 토의에 직접 참여하여 공식적으로 발표한 연설자에게 질의 응답할 수 있다는 것이 특징이다. 일방적인 의사소통이 아닌 청중의 참여를 중요시하므로 직접적이고 합리적이며, 시사적인 문제를 다룰 때에도 연령, 계층 등에 상관없이 토의를 진행할 수 있다. 다만, 토의 과정에서 청중의 적극적인 참여가 필요하다. 사회자는 연설이나 질의 시간, 발언 횟수를 적절히 조절하고 청중들이 질문할 수 있는 분위기를 조성해야 하며, 연설자는 간결하고 논리적으로 의견을 발표해야 한다.

하브루타

하브루타(Havruta)는 유대인의 고전적 학습법으로 두 사람이 함께하는 짝 토론 또는 텍스트를 공부하면서 질문, 토의, 논쟁하는 활동을 뜻한다(Kent, 2008). 하브루타(Havruta)는 친구라는 뜻의 히브리어 '하버(Haver)'에서 유래되었다. 하브루타를 할 때에는 짝과 함께 앉아서 텍스트를 읽고 그 의미를 질문하고 토의하며 그 내용이 자신의 삶에 대해 제기하는 문제들에 대해 폭넓게 탐색한다. 대화는 질문과 대답, 그리고 다시 질문으로 계속 이어진다. 상대방의 의견이나 대답에 동의할 수 없을 때는 그 이유를 설명하거나 다른 생각을 제시하도록 질문한다. 이 방법은 깊은 논쟁을 가능하게 하고 사고력 확장과 고등 정신능력을 길러준다. 뿐만 아니라 한 가지 질문에 수많은 답이 가능하다는 것을 알게 해 준다. 하브루타는 일방적인 강의가 아니라 텍스트를 매개로 파트너 간의 상호작용을 강조하기 때문에 두 사람의 상호작용뿐만 아니라 텍스트를 포함한 세 파트너 간의 상호작용이라고도 할 수 있다.

표 5-3 하브루타의 3단계 원리

1단계 경청하기와 재확인하기	경청하기(Listening)란 상대방의 생각에 관심을 가지고 상대방이 말하고자 하는 것에 집중하여 듣는 것을 말한다. 그런 후 재확인하기(Articulating)를 통해 경청하기에 대한 피드백을 한다. 상대방이 자신의 말에 관심이 있고 이해하고 있음을 확인하는 것이다.
2단계 반문하기와 집중공략하기	상대방의 이야기를 심도 있게 이해하고 결론을 이끌어내기 위해 여러 가지 방안들을 생각해 보는 단계이다. 편협한 생각으로 나아가지 않도록 서로의 생각에 대해 보완해야 할 점, 참고해야 할 점은 없는지를 고려하고 여러 가지 방안들에 대해 반문해 본다.
3단계 지지하기와 도전하기	지지하기(Supporting)란 아직까지 결론이 정해지지 않았다면 계속 찾을 수 있도록 상대방을 지지해 주는 것이다. 그리고 도전하기(Challenging)란 결론이 정해지지 않은 문제에 대해 상대방이 지속적으로 생각할 수 있도록 하고 보완해야 할 점들에 대해 다시 한 번 생각해 보게 하는 것이다. 이 단계에서는 서로에 대한 협력적인 분위기를 형성하고 가장 좋은 결론을 만들기 위해 책임감을 가지고 노력해야 한다.

하브루타를 활용한 수업 모형은 매우 다양하다. 수업에서 학습자들이 서로 협력하며 대화, 질문, 토론하는 활동은 모두 하브루타의 범주에 포함된다. 하브루타를 적용한 수업모형은 <표 5-4>와 같이 정리할 수 있다(전성수, 고현승, 2015). 각 단계의 마지막에는 항상 쉬우르로 이어지는데 쉬우르는 유대인의 교육기관인 예시바에서 짝과 탈무드 논쟁을 한 내용을 바탕으로 스승인 랍비가 전체 학생과 토론하는 시간을 말한다. 즉, 학습자 전체와 교수자가 질문 중심으로 하브루타하는 것을 의미한다.

표 5-4 하브루타 수업모형 및 단계

하브루타 수업모형	진행과정
질문 중심의 하브루타 수업	질문 만들기 → 짝 토론 → 모둠 토론 → 발표 → 쉬우르
논쟁 중심의 하브루타 수업	논제 조사하기 → 짝 논쟁 → 모둠 논쟁 → 발표 → 쉬우르
비교 중심 하브루타 수업	비교 대상 정하기 → 조사하고 질문 만들기 → 짝 토론 → 모둠 토론 → 발표 → 쉬우르
친구 가르치기 하브루타 수업	내용 공부하기 → 친구 가르치기 → 배우면서 질문하기 → 입장 바꾸기 → 이해 못한 내용 질문 → 쉬우르
문제 만들기 하브루타 수업	문제 만들기 → 짝과 문제 다듬기 → 모둠과 문제 다듬기 → 문제 발표 → 쉬우르

출처: 전성수, 고현승(2015; 97-101)

버즈토의

버즈토의(Buzz discussion)는 여러 명의 학습자들이 집단을 형성하고 간단한 문제에 대해 토의하는 모습이 벌들이 윙윙거리는 소리 같다고 해서 명명된 토의법이다. 보통 3~6명으로 구성되는 소집단 토의 활동으로 한 주제에 대하여 6명씩 구성된 각 그룹이 6분 정도 토의한다는 뜻으로 '6·6법'이라고도 한다.

TPS

TPS(Think-Pair-Share)는 둘이 짝을 이루어 생각을 공유하는 토의 방식으로 토의 주제를 소개한 후에 짝끼리 의견을 공유하고 경청하는 방식이다(Arend, 2004). 짝과 생각 나누기는 <표 5-5>처럼 학생들이 특정 주제나 질문에 대해 깊이 생각하고(Think), 동료와 논의한 후(Pair), 전체 그룹과 공유하는(Share) 세 단계로 진행된다. 이 방법은 학생들이 자신의 생각을 정리하고, 다른 사람의 의견을 들어보며, 최종적으로 학습 내용을 확장하고 정리하는 데 효과적이다.

표 5-5　TPS(Think-Pair-Share) 활용 예시

수업 주제	프랑스 혁명의 원인
Think (생각하기)	• 교사: 학생들에게 "프랑스 혁명의 주요 원인이 무엇이라고 생각하는가?"라는 질문을 제시한다. • 학생들: 질문에 대해 혼자서 2~3분 동안 생각하며, 자신이 알고 있는 역사적 사실과 교사의 수업 내용을 떠올리며 답을 준비한다. 이 과정에서 학생들은 자신만의 관점을 형성한다.
Pair (짝과 논의하기)	• 교사: 학생들을 짝으로 나누고, 각 학생이 자신의 생각을 짝과 공유하도록 한다. • 학생들: 서로의 의견을 듣고, 자신이 미처 생각하지 못했던 부분을 배우거나, 자신의 생각을 더 명확하게 표현할 수 있게 된다. 또한, 서로의 의견에 대해 질문하고 피드백을 주고받으며, 주제를 더 깊이 이해하게 된다.
Share (공유하기)	• 교사: 짝과의 논의가 끝난 후, 몇몇 짝을 지목하여 그들이 논의한 내용을 전체 클래스와 공유하게 한다. • 학생들: 자신의 생각과 짝과의 논의 결과를 바탕으로 발표를 하며, 다른 학생들의 의견을 듣고 자신의 관점을 확장할 수 있다. 이 과정에서 교사는 학생들의 의견을 정리하고, 수업 내용을 보충하거나 잘못된 이해를 교정할 수 있다.

나. 아이디어 생성을 위한 토의

브레인스토밍 및 브레인라이팅

브레인스토밍(Brainstorming)은 창의적인 아이디어를 만들어내기 위해 자유로운 상태에서 새로운 아이디어를 만들어내는 기법이다. '비판 금지', '자유 보장', '질보다 양', '다른 사람 의견에 편승'의 4원칙에 따라 새로운 아이디어를 끌어내는 방법이라고 할 수 있다. 브레인라이팅(Brainwriting)은 브레인스토밍의 원리를 적용하되 아이디어 창출은 개별적으로 한 뒤 아이디어를 종이에 적고 돌려가면서 아이디어를 추가하는 기법이다.

명목집단기법과 아이디어 유목화

명목집단기법(Nominal Group Technique: NGT)은 아이디어 생성 도구로써 팀원들 간 다양한 아이디어를 신속하게 이끌어내는 데 유용한 기법이다. 최대한 많은 아이디

어를 수합하기 위한 전략으로써 토의에 참가한 참여자들이 다른 사람과 이야기하는 것을 멈추고 토의 주제에 대한 자신의 생각을 포스트잇에 적은 후 모두가 볼 수 있는 큰 종이에 붙일 수 있도록 일정한 시간을 부여한다. 모든 아이디어가 부착되고 나면 유사한 아이디어들을 모아 분류하는데 이를 '아이디어 유목화'라고 한다.

그림 5-1 명목집단기법과 아이디어 유목화

육색사고모자

육색사고모자(Six Thinking Hats)는 에드워드 드 보노(Edward de Bono)가 개발한 창의적 사고 기법으로, 서로 다른 사고 방식을 상징하는 여섯 가지 색상의 모자를 사용하여 문제 해결과 의사결정을 돕는 방법이다(Edward, 1985).

그림 5-2 육색사고모자

• 중립적 • 객관적 사고 • 사실, 수치, 정보	• 감정적 • 직관적 사고 • 느낌, 육감, 예감	• 부정적 • 비판적 사고 • 단점, 부정적 판단, 실패할 이유, 불가능성	• 낙관적 • 긍정적 사고 • 긍정적 판단, 성공할 이유, 가능성	• 창의적 • 생산적 사고 • 새로운 생각, 재미있는 생각, 여러 가지 해결방안	• 이성적 사고 • 순서를 조직, 요약, 개관, 다른 모자들의 사용을 통제하고 조절, 규율 강조

여섯 가지 색깔의 모자를 차례로 바꿔쓰며, 각 색이 의미하는 사고 방식으로 문제를 탐색하는 방법이다. 육색사고모자는 다양한 관점에서 문제를 분석하고 창의적인 해결책을 찾는 데 유용하다. 학습자는 각 모자를 쓰고 있는 동안에는 해당 사고방식에 집중해야 한다. 문제 해결이나 회의에서 각 참가자가 순서대로 특정 색의 모자를 착용하고, 해당 사고방식에 맞춰 의견을 제시하며 이 과정을 통해 문제를 다각도로 분석하고, 다양한 관점을 고려하게 된다. 이 방법은 아이디어를 생성하기 위한 발산적 상황뿐만 아니라 아이디어를 평가하고 선택하기 위한 수렴적 상황에서도 사용 가능하다. 육색사고모자는 팀 내 의사소통을 촉진하고, 논리적이고 창의적인 사고를 조화롭게 활용할 수 있게 하며, 편향된 사고를 방지하여 보다 균형 잡힌 결정을 내릴 수 있게 돕는다.

연꽃발상법

연꽃발상법(만다라트)은 창의적 사고 도구로, 중심 아이디어를 바탕으로 주변에 연관된 8개의 아이디어로 확장해 나가며, 이를 반복하여 창의적인 아이디어를 도출하는 발상법이다(가토 마사하루, 2003).

 연꽃발상법 활용 도구

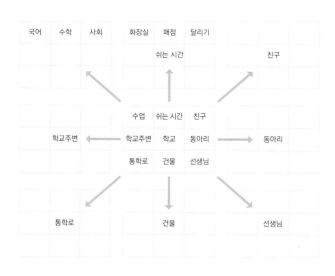

교육방법 및 교육공학: 기초부터 AI 활용까지

연꽃발상법은 시각적으로 3x3의 9칸으로 이루어진 그리드를 사용하며, 중심 아이디어와 그 주변 아이디어들 간의 연관성을 쉽게 파악할 수 있게 해주고, 아이디어가 점차 확장되면서 사고의 깊이와 폭을 넓히는 데 효과적이다. 먼저 중앙에 주제를 작성하고, 이를 중심으로 8개의 관련 아이디어를 주변 칸에 배치한다. 이후, 각 주변 아이디어를 다시 중심으로 삼아 또 다른 8개의 아이디어를 확장한다. 이 과정을 반복하여 다수의 아이디어를 도출할 수 있다. 이 방법은 체계적이고 구조적인 방식으로 창의적 사고를 촉진하며, 복잡한 문제를 단계적으로 분석하고 해결하는 데 유용하다. 또한, 시각적 표현을 통해 사고의 흐름을 명확히 하고, 다양한 관점을 동시에 고려할 수 있게 해준다.

다. 문제해결을 위한 토의

월드카페

월드카페(World Café)는 여러 그룹의 사람들이 카페와 같은 편안한 분위기에서 대화와 협력을 통해 집단지성을 이끌어내는 참여형 토론 기법이다. 참가자들은 소그룹으로 나누어지고, 정해진 시간 동안 자유롭게 토론하며 아이디어를 나누고 발전시킨다. 토론이 끝나면 다른 테이블로 이동하여 새로운 그룹과 논의를 이어가므로 각 테이블에서 나온 아이디어는 계속해서 확장되고 연결된다. 구체적인 절차는 다음과 같다.

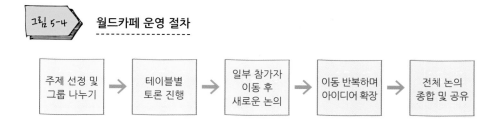

그림 5-4 월드카페 운영 절차

주제 선정 및 그룹 나누기 → 테이블별 토론 진행 → 일부 참가자 이동 후 새로운 논의 → 이동 반복하며 아이디어 확장 → 전체 논의 종합 및 공유

참가자들은 테이블별로 주어진 주제에 대해 논의하며, 일정 시간이 지나면 일부 참가자가 다른 테이블로 이동해 논의를 확장한다. 테이블마다 한 명의 진행자가 남아 대화의 흐름을 유지하며, 이동을 반복하면서 아이디어가 점차 발전된다. 보통 한 테이

블에서 20~30분간 토론 후 3회 정도 이동하며 진행되며, 마지막에는 전체 논의를 종합하여 공유한다. 월드카페는 다양한 관점을 연결하고 창의적인 문제 해결을 촉진하는 데 효과적이며, 참가자 간 협력과 소통을 강화하는 방식으로 활용된다.

의사결정그리드

의사결정그리드(Decision Grid)는 복잡한 의사결정 상황에서 다양한 대안과 평가 기준을 시각적으로 정리하여 최적의 결정을 내릴 수 있도록 돕는 도구이다. 여러 대안과 평가 기준을 표 형식으로 배치하여 각 대안을 체계적인 비교와 평가로 선택의 장단점을 명확히 파악할 수 있다.

의사결정그리드 진행절차는 먼저 결정해야 할 문제와 관련된 여러 대안을 도출한 뒤, 각 대안을 평가할 기준을 설정하는 것이다. 이후, 그리드의 행에는 대안을, 열에는 평가 기준을 배치하여 각 대안을 점수화하거나 등급을 매겨 비교한다. 각 대안을 기준별로 점수화하여 최적의 대안을 선택한다. 이 방법은 복잡한 상황에서 명확한 비교를 통해 최선의 대안을 선택하는 데 도움을 주며, 의사결정 과정을 시각적으로 정리하여 논리적이고 체계적인 결정을 가능하게 하며, 의사결정에 대한 투명성과 합리성을 높인다.

 표 5-6

의사결정그리드 활용 예시

대안 \ 기준	비용	효율성	안정성
대안 A	5	4	5
대안 B	1	5	1
대안 C	3	4	4

※ 점수 5점 척도

토의법의 장단점

교수-학습 방법으로써 토의법이 갖는 장단점은 다음과 같다(이신동 외, 2012).

가. 토의법의 장점

- 원리에 입각하여 사고하고 추리하는 과정에서 문제해결력과 고등정신 기능을 기르기에 적절하다.
- 자신의 생각을 논리적이고 간결하게 표현하는 과정에서 표현력을 기를 수 있는 기회를 갖는다.
- 구성원들이 서로에게서 많은 것을 배우며 집단의식과 공유능력을 향상시킬 수 있고 사회적 기능 및 태도를 형성할 수 있다.
- 문제에 대한 관심과 흥미를 고취시켜 학습자의 자발적, 자율적인 학습 활동을 유발할 수 있다.
- 선입견과 편견은 집단 구성원의 비판적 탐색에 의해 수정될 수 있다.

나. 토의법의 단점

- 정보의 전달이 늦고 많은 시간이 소요된다.
- 소수의 의견이 무시되거나 경시될 수 있다.
- 토의의 허용적 특성 때문에 논의와 관련 없는 방향으로 학습자의 관심이나 대화가 흘러가는 상황을 초래할 수 있다.
- 형식적인 토의는 비생산적인 활동이 될 수 있다.
- 철저한 사전준비와 관리에도 불구하고 예측하지 못한 상황이 발생할 수 있다.
- 친숙하지 않거나 잘 이해가 되지 않는 사실과 개념은 효과적으로 토의하기 어렵다.

3절. 협동학습법

개념 및 특징

협동학습은 학습능력이 각기 다른 학습자들이 동일한 학습 목표를 달성하기 위해 공동과제에 참여하여 학습하는 것을 의미한다. 따라서 협동학습은 소집단의 구성원들이 공동으로 노력하여 주어진 학습과제나 학습 목표에 도달하는 구조화된 수업 방법이라고 할 수 있다(전성연 외, 2010). 일반적으로 각 소집단 내에서 학습자 중심으로 학습과제를 수행하므로 모둠 구성이 중요하며 수업의 목표와 방법에 따라 적절한 모둠 구성방법을 선택하는 것이 바람직하다. 협동학습에서 집단의 구성원들은 동등한 지위와 책임을 갖고, 서로 간의 상호작용을 촉진하고, 집단의 과제 수행 과정뿐만 아니라 개별 학습 과정에서도 지속적인 협력이 이루어지도록 노력해야 한다. 이러한 과정을 통해 학습자들은 리더십, 협동심, 의사소통능력, 상호신뢰 등의 사회적 능력을 직접적으로 배울 수 있다. 교사는 일련의 학습과정을 관찰, 분석, 조정, 피드백 하는 역할을 수행해야 한다.

공동의 목표와 개별 책무성이 강조되는 협동학습은 전통적인 소집단 학습에서 발생하는 문제점인 무임승차 효과, 봉 효과, 부익부 현상을 어느 정도 보완할 수 있다. 무임승차 효과는 학습자가 적극적으로 참여하지 않아도 학습 능력이 높은 학습자의 성과를 공유하게 되는 것을 말한다. 봉 효과는 학습능력이 높은 학습자가 자신의 노력이 다른 학습자에게 돌아가기 때문에 학습에 적극적으로 참여하지 않는 것을 말한다. 그리고 부익부 현상은 학습 능력이 높은 학습자는 지속적으로 높은 성취를 유지하는 반면, 학습 능력이 낮은 학습자는 상호작용 기회가 줄어들어 상대적으로 소외되는 현상을 의미한다(변영계, 김광휘, 2002).

협동학습의 조건

협동학습이 효과적이고 의미 있는 결과를 얻기 위해서는 다음과 같은 조건이 필요하다(이신동 외, 2012).

긍정적인 상호의존

구성원 각자가 맡은 역할을 완수해야만 해당 모둠의 과제를 성취할 수 있다. 집단의 성공을 위하여 서로 간 도움을 주는 관계에 있어야 한다.

상호작용

구성원의 노력을 서로 격려하고 과제수행에 필요한 각종 자료나 정보를 공유하고 피드백을 주고받음으로써 과제 수행의 효과성과 효율성을 높여야 한다.

개인의 책임과 책무성

협동학습 과정에서 일부 학습자들은 모둠 내 학습 활동에 적극적으로 참여하지 않고 다른 학습자들의 과제수행 결과만을 공유하려는 경우가 있다. 교수자는 모둠 구성원 개개인의 역할을 명확히 인지하도록 하고 모둠 전체의 성과에 대한 평가 외에 모둠 내 개인의 활동에 대한 평가를 시행하여 구성원 개개인이 책임과 책무성을 갖도록 한다.

대인관계기술의 적절한 활용

여러 학습자들이 함께 협력하여 성과를 내기 위해서는 자신의 의사를 명확하게 전달할 수 있어야 한다. 또한 타인과의 갈등을 원만히 해결하며, 경우에 따라 본인의 의견과 다른 의견을 수용, 지지할 수 있어야 한다. 개인에 따라 차이는 있지만 대인 기술은 저절로 타고나는 기술이 아니므로 교사는 적절한 사회적 기술을 지도할 필요가 있다.

집단 자기평가

특정한 집단이 의도한 목표를 성취하기 위해서는 집단 구성원들 각자가 목표를 얼마나 잘 성취하고 공동의 목표를 달성하기 위해 얼마나 노력하고 협동했는지에 대해 토론과 평가가 필요하다.

협동학습의 절차

협동학습모형에 따라 세부적인 절차는 차이가 있지만 일반적인 협동학습의 절차는 다음과 같다.

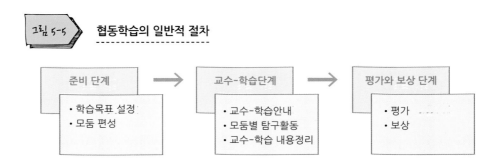

그림 5-5 **협동학습의 일반적 절차**

가. 준비 단계

학습목표 설정

학습목표는 교수자와 학습자가 나아갈 교수−학습의 방향을 잡아주는 구심점 역할을 수행하며 나아가 평가를 위한 지침을 제공해 준다.

모둠 편성

협동학습은 학습자의 이질성을 바탕으로 긍정적 상호의존성을 기본으로 하기 때문에 성적, 성격, 성별 등 이질적인 학습자로 모둠을 편성하는 것이 바람직하다.

나. 교수−학습 단계

교수−학습 안내

교수자는 본시 학습 내용에 대해 안내하고 각 차시마다 그에 따른 성취기준을 근거로 하여 그에 적합한 방식으로 학습자들의 동기를 유발하고 성취기준을 전달한다.

모둠별 탐구활동

본격적인 학습이 이루어지는 단계이다.

교수-학습 내용정리

학습 활동을 정리하는 시간을 갖는다. 학습자의 활동을 바탕으로 교사와의 상호
작용을 통해 학습내용을 정리한다.

다. 평가와 보상 단계

수업이 종료된 후 평가와 보상을 실시한다. 평가는 학습 목표 및 교수-학습 방법
에 부합하는 개별평가, 집단평가, 자기평가 등을 활용할 수 있다. 보상은 학습자들이
공동의 목표를 달성한 결과에 대해 개인 및 팀의 노력을 인정하고 동기를 부여하는
방식으로 이루어진다. 예를 들어, 팀 활동에서 각 개인이 기여한 부분을 평가하여 칭
찬 스티커, 점수 추가, 또는 인증서를 수여할 수 있고, 가장 높은 점수를 받은 팀에게
소정의 상품을 제공하거나, 학교 게시판에 팀 이름과 함께 칭찬글을 게시할 수 있다.

협동학습의 모형

협동학습을 교육현장에 적용할 때 고려할 수 있는 수업모형은 다음과 같다.

가. 직소 모형

애론슨(Aronson)과 패트노(Patnoe)(1997)에 의하여 개발된 직소 모형(JIGSAW: 과
제분담학습모형)은 학교 현장에서 널리 활용되는 협동학습 모형 가운데 하나이다(윤서
희, 2007). 직소 모형은 전체 학습과제를 모둠 내 구성원 수에 맞게 나눈 후 각 구성원
에게 과제를 부여한다. 같은 과제를 맡은 학습자끼리 모여서 전문가 그룹을 구성하여
협동학습을 진행한 다음, 원래 모둠으로 복귀하여 전문가 그룹에서 학습한 내용을
다른 학생들에게 가르쳐 주면서 학습 내용을 공유한다. 직소 모형의 수업절차는 다
음과 같다.

그림 5-6 직소 모형의 수업절차

```
모둠        개인별        전문가 그룹      직소 그룹
구성    →   전문과제   →   협동학습    →   협동학습    →   개별평가
            부과
```

직소 모형은 전통적인 경쟁학습 구조의 교실 환경을 협동학습 구조로 바꾸기 위해 다음 두 가지 방안을 고안했다. 첫째, 한 전문가(교수자)와 다수의 청강자(학습자)로 되어 있는 전통적인 경쟁학습 구조를 소모둠 협동학습 구조로 변경했다. 더 이상 교수자가 주된 자료의 공급원이 아니라 모둠 구성원들이 서로 주된 학습 자료의 공급원이 되면서 개인적인 경쟁이 아닌 협동의 결과로 얻은 성공에 관심을 가지게 한다. 둘째, 협동학습을 할 때 어느 누구도 모둠 내 다른 동료의 도움 없이는 학습이 불가능하도록 하여 각 개인은 모둠 구성원의 성공에 결정적 기여를 할 수 있다. 동료들 간의 극단적인 상호의존적 환경을 만들기 때문에 학습 단원 전체를 평가 받기 위해서는 다른 구성원의 도움을 받지 않을 수 없다.

그림 5-7 직소 모형 활동 방법

| STEP 1 | 모그룹 | STEP 2 | 전문가 그룹 | STEP 3 | 직소 모형 그룹 |

| A B | A B | A A | B B | A B | A B |
| C D | C D | A A | B B | C D | C D |

| A B | A B | C C | D D | A B | A B |
| C D | C D | C C | D D | C D | C D |

모그룹 구성원끼리   같은 학습과제를 맡은 학생끼리   모그룹으로 돌아가 서로 공부한
학습과제 분담   전문가 그룹을 구성하여 학습   내용을 가르치고 배우기

직소 I모형은 소집단의 집단 점수나 향상 점수 등을 사용하지 않고 개별 점수만 평가하여 개인의 과제 해결에는 도움을 주지만 집단 보상이 없으므로 구성원 간의

교육방법 및 교육공학: 기초부터 AI 활용까지

보상 의존성이 없다. 이를 보완하기 위해 각 학생의 개인 점수뿐만 아니라 향상 점수와 집단 점수를 산출하는 직소 Ⅱ모형이 제시되었다. 이후 지속적으로 모델을 보완하여 <표 5-7>에 제시된 모형 Ⅲ와 Ⅳ가 제안되었다.

표 5-7 직소 모형의 단계별 활동

단계	구분	활동
1단계 모집단 구성	직소 모형 공통	수업 주제를 정한 후 모집단을 구성하고 전체 학습과제를 모둠 내 구성원의 수에 맞게 나눈 후 각 구성원에게 과제를 부여한다.
2단계 전문가 활동		같은 과제를 맡은 학생들끼리 새로운 집단인 전문가 집단을 형성하여 담당한 공통의 내용에 대한 토의와 학습을 진행한다.
3단계 모집단의 재소집	직소 Ⅰ모형	학생들은 자신의 모집단으로 돌아와 각기 조사하고 학습한 전문적 내용을 구성원들에게 발표하고 가르친다. 소집단 학습이 끝나면 개별평가가 이루어진다. 이때의 평가 내용은 단원 전체에 대한 것이며, 개인적 시험으로 이루어지므로 시험점수는 개인점수에만 기여하고 집단점수에는 기여하지 못한다.
	직소 Ⅱ모형	직소 Ⅰ모형에 향상 점수제와 보상을 추가한 모형으로 소집단 학습이 끝나면 단원 전체에 대해 개인적인 시험을 치르게 되는데, 개별점수와 소집단 점수를 산출하고, 소집단 점수는 향상 점수에 기초하여 계산된다. 학급신문이나 게시판에 팀의 성적을 공개하고 이전의 3단계를 계속 반복하며, 개인의 향상점수에 기초한 소집단 점수를 다시 계산하여 새로운 소집단 순위를 게시한다.
	직소 Ⅲ모형	직소 Ⅱ모형에 평가 전 학습시간을 추가한 모형으로 원 소속집단의 협동학습 후 즉시 평가에 들어가지 않고 학습할 시간을 추가로 제공한 후 개별 평가를 하고 팀 점수를 산출하여 보상한다.
	직소 Ⅳ모형	직소 Ⅲ모형에 퀴즈를 추가한 모형으로 전문가 집단에서 원 소속 집단으로 오기 전 퀴즈를 거쳐 전문가 집단에서의 학습 내용의 정확성을 점검하고 원소속 집단에서도 평가에 들어가기 전에 간단한 퀴즈를 통해 협동학습의 결과를 점검한다.

출처: 채정현 외(2019; 195)

나. 모둠성취분담모형

모둠성취분담모형(Student Teams Achievement Division: STAD)은 슬래빈(Slavin, 1978)에 의해 개발된 협동학습 모형으로 수업절차보다는 독특한 평가 방식으로 유명한 모형이다. 협동학습의 효과를 극대화하기 위해 개별 보상과 집단 보상을 모두 사용한다. STAD의 수업절차는 다음과 같다.

그림 5-8   STAD 모형의 수업절차

수업 안내에서 교사는 수업의 목표, 수업진행절차, 전반적인 학습 내용을 설명한다. 교사의 설명 후, 이질적인 학생들로 구성된 모둠은 교사가 제공한 학습 자료를 이용하여 모둠학습을 시행한다. 학생들은 모둠학습 후에 개별적으로 형성평가를 받게 된다. 개인은 각자 자기 자신의 시험점수를 받게 되지만 자신의 이전 시험의 평균점수를 초과한 점수만큼 팀 점수에 기여하게 된다. 따라서 STAD는 팀 구성원의 역할이 구분되지 않은 공동학습 형태이면서 동시에 개인의 성취에 대한 개별보상이 이루어지는 형태이다. 개인 점수는 학생 개개인의 학습 진보를 반영하여 학습 동기를 높이고, 팀 점수는 팀 전체의 성과를 평가하여 협력 학습을 촉진한다. 이러한 방식으로 STAD 협동학습에서는 개인의 노력과 팀의 협력이 모두 중요하게 평가된다. 이는 학습자들이 경쟁하는 대신 서로 도우며 함께 성장하는 학습 환경을 조성하는 데 기여할 수 있다. STAD 협동학습 활용 예시는 <표 5-8>과 같다.

표 5-8

수학 수업에서의 STAD 협동학습 활용 예시

수업 주제: 이차방정식 풀이	
절차	**수업 내용**
도입 및 학습 목표 제시	교사는 이차방정식의 풀이 방법에 대한 수업을 시작하며, 학생들에게 이차방정식을 어떻게 풀 수 있는지 설명한다. 이차방정식의 해를 구하는 방법을 단계별로 설명하고, 그 후 각 학생들이 문제를 풀어볼 수 있도록 준비한다. 교사는 STAD 협동학습을 활용할 것임을 설명하고, 학습 목표를 명확히 제시한다. 목표는 팀원들과 함께 이차방정식 문제를 정확하게 풀고, 이해를 깊이 하는 것이다.
팀 구성	교사는 학생들을 4~5명으로 구성된 이질적인 팀으로 나눈다. 각 팀은 다양한 능력 수준의 학생들로 구성되어 있으며, 모든 학생이 서로 도울 수 있는 환경이 조성된다.
개별 학습	학생들은 먼저 개별적으로 이차방정식 문제를 푼다. 이 단계에서 각 학생은 자신이 문제를 얼마나 이해하고 있는지 확인하고, 문제 해결을 위해 필요한 개념들을 적용해본다.
팀 학습	각 팀은 팀원들이 풀었던 문제를 함께 논의하고, 서로 가르쳐 주면서 문제 해결 방법을 공유한다. 이 과정에서 팀원들은 각자 잘 이해하지 못한 부분을 다른 팀원에게 질문하거나 설명을 들으면서 학습을 심화한다. 팀 내에서 문제를 풀면서 발견한 다양한 접근법이나 오류를 공유하며, 모든 팀원이 정확한 답을 찾고 이해할 수 있도록 돕는다.
퀴즈 및 평가	교사는 각 팀에게 이차방정식 문제를 푸는 퀴즈를 제시한다. 퀴즈는 개별적으로 수행되지만, 각 학생의 점수는 팀 점수에 반영된다. 팀 점수는 팀원들 개개인이 얼마나 잘 학습했는지를 반영하며, 팀의 평균 점수를 기준으로 팀 성과가 평가된다. 여기서 팀 점수가 높은 팀에게 보상을 제공하여 학습 동기를 유발할 수 있다.
피드백 및 보상	교사는 각 팀의 점수를 발표하고, 팀별로 피드백을 제공한다. 잘한 팀에게는 칭찬이나 작은 보상이 주어지며, 부족했던 부분에 대해서는 추가 설명과 지도가 이루어진다.

STAD 모형에서는 향상점수와 보상이 핵심이다. 교사는 학생 개인별로 기본 점수를 측정하고, 협동학습 후에 기본점수로부터 향상된 점수를 산출하여 각 개인의 향상점수의 평균으로 모둠점수를 계산한 값을 모둠에게 보상한다. STAD에서 개인점수와 집단점수 산출 방법은 <표 5-9>와 같다.

표 5-9 STAD에서 개인점수와 집단점수 산출

학생	시작 전 기초점수	협동학습 후 개별퀴즈 점수	개인점수 향상도	개인점수	팀점수
A	70	85	15	4	
B	80	90	10	3	13
C	60	75	15	4	
D	90	95	5	2	

- 시작 전 기초점수: 이전 학습 단원에서 각 학생이 받은 평균 점수나, 진단 평가를 통해 학생들의 기초 실력을 측정
- 개인점수 향상도: 협동학습 후 개별퀴즈 점수-시작 전 기초점수
- 개인점수: 0~4점 향상 = 1점 / 5~9점 향상 = 2점 / 10~14점 향상 = 3점 / 15점 이상 향상 = 4점
- 팀 점수: 팀원들의 개인 향상 점수를 합산(예: 학생 A, B, C, D가 한 팀이라면 팀 점수는 개인점수의 합, 즉 13점이 된다)

다. 팀기반학습

팀기반학습(Team-Based Learing: TBL)은 마이클슨(Michaelsen, 1979)이 자신이 맡은 수업의 문제를 해결하기 위해 고안한 모형이다. 그는 대규모 수업에서도 모든 학습자를 수업에 참여시키고, 수업에서 보다 높은 수준의 목표를 달성하기 위해 학습자들이 예습의 필요성을 느끼게 한다는 두 가지 목표를 설정하고 팀기반학습방법을 개발하였다(최정임 외, 2024). TBL의 절차는 [그림 5-9]와 같다.

그림 5-9 TBL 수업절차

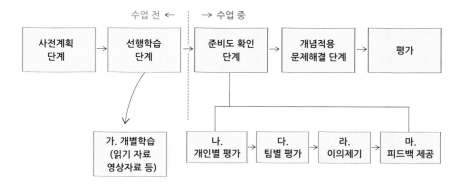

표 5-10 **경영학 수업에서의 TBL 활용 예시**

수업 주제: 마케팅 전략 수립	
개별 학습	수업 전에 교사는 학생들에게 읽을 자료나 비디오 강의를 제공하여, 학생들이 마케팅 전략의 기본 개념과 이론을 개별적으로 학습하도록 한다. 학생들은 이 자료를 통해 마케팅 전략의 요소, 사례 연구 등을 미리 학습한다. 예를 들어, 학생들은 '4P 마케팅 믹스(제품, 가격, 유통, 프로모션)'에 대해 공부하고, 몇 가지 기업 사례를 분석하는 과제를 수행할 수 있다.
개별 준비도 평가	수업 시간에 교사는 개별적으로 준비한 내용을 평가하기 위해 간단한 퀴즈(개별 준비도 평가)를 실시한다. 이 퀴즈는 주로 객관식 문제로 구성되며, 학생들이 사전 학습 내용을 얼마나 잘 이해했는지 평가한다. 예를 들어, 학생들에게 "4P 중 '프로모션'의 예로 적절하지 않은 것은?"과 같은 질문을 던질 수 있다.
팀 준비도 평가	개별 퀴즈 후, 학생들은 미리 구성된 팀으로 모여 같은 퀴즈를 다시 풀도록 한다. 이때 팀원들은 서로의 의견을 공유하고 토론하며, 팀으로서 최선의 답을 선택한다. 예를 들어, 팀원들이 각자의 답을 비교하며, '프로모션'에 대한 이해를 토론하고 팀으로 합의된 답을 제출하게 한다. 팀 점수는 팀원들의 토론과 협력을 통해 도출된 결과로, 이는 팀 내 의사소통과 협력의 중요성을 강조한다.
이의제기 & 피드백	퀴즈가 끝난 후, 교사는 정답과 해설을 제공하고, 학생들은 필요할 경우 정답에 대해 이의를 제기할 수 있다. 이 과정에서 팀은 추가적인 토론을 통해 잘못된 이해를 교정하거나, 자신들의 의견을 더 명확히 할 수 있다.
개념적용 문제해결단계 (응용활동)	다음 단계에서는 학생들이 팀을 이루어 복잡한 문제를 해결하거나, 시나리오에 기반한 과제를 수행한다. 이 단계에서는 팀이 실생활의 사례를 분석하고, 다양한 선택지 중에서 최선의 해결책을 찾는 것이 목표이다. 예를 들어, 교사는 "가상 기업 A의 마케팅 전략을 수립하라"라는 과제를 제시하고, 각 팀은 4P를 기반으로 한 전략을 설계하여 발표한다. 각 팀의 발표 후, 다른 팀들의 피드백을 받거나 전체 클래스와 함께 토론을 통해 다양한 접근 방식을 비교하고 학습을 심화한다.
종합 평가	수업이 끝나면, 교사는 팀 활동과 개별 학습을 종합적으로 평가한다. 여기에는 팀 활동의 기여도, 발표 내용의 질, 문제 해결 과정에서의 창의성과 논리성 등이 반영된다. 또한, 학생들에게 개별적으로 과제를 제출하게 하거나 추가적인 시험을 통해 개별 성취도를 평가할 수 있다.

TBL을 통해 학생들은 단순히 지식을 습득하는 것을 넘어, 이를 실제 문제 해결에 적용하고, 다른 팀원들과 협력하여 최선의 결론을 도출하는 과정을 경험한다. 이 과정에서 학습자들은 비판적 사고와 협업 능력을 기르고, 실생활에서 유용한 문제 해결 기술을 익히게 된다. 특히 TBL은 복잡한 주제를 다루거나, 학습자들이 적극적으로 참여할 수 있는 환경을 조성하는 데 효과적이다.

협동학습의 장단점

협동학습의 장단점은 다음과 같다.

가. 협동학습의 장점

• 학생들이 서로 가르치고 배우면서 학습 내용을 깊이 이해할 수 있다.

• 팀워크와 의사소통 능력을 발전시킬 수 있다.

• 팀의 성공을 위해 학생들이 더 적극적으로 참여하게 된다.

• 다양한 능력을 가진 학생들이 모두 학습에 참여할 수 있다.

• 개인과 팀의 성취도를 함께 평가할 수 있다.

나. 협동학습의 단점

• 일부 학생이 지나치게 많은 책임을 지거나 참여가 부족할 수 있다.

• 팀 구성과 토론에 많은 시간이 필요하다.

• 팀원 간 의견 차이로 인해 갈등이 생길 수 있다.

• 개별 학습 기회가 줄어들 수 있다.

• 팀과 개인 기여도를 동시에 평가하기 어려울 수 있다.

협동학습은 다양한 장점을 가진 효과적인 교수−학습 방법이지만, 그에 따른 단점을 충분히 이해하고 이를 적절히 관리하는 것이 중요하다. 교사는 이러한 단점을 보완하기 위해 적절한 조치를 취하고, 학생들이 효과적으로 협동학습에 참여할 수 있도록 지원할 필요가 있다.

4절. 역할극

개념 및 특징

역할극(Role-Playing)은 샤프텔 부부(Shaftel, F. & Shaftel, G)에 의해 처음으로 개발되었다(채정현 외, 2019). 학습자가 특정 역할을 맡아 실제적 상황을 재현하면서 경험해 보게 하고, 그 상황에 대하여 토론하게 하는 교수-학습방법이다. 또한 상황 속의 인물이 어떤 행동을 할 것인가를 제의하거나 연기를 해보며 이 같은 행동 과정과 결과에 대하여 평가하고, 주어진 문제 상황에 대한 해결책을 제시하도록 한다. 이러한 과정을 통해 학생들은 자신의 가치와 의견을 더욱 분명히 깨닫고, 실생활에서 자신의 선택이 가져오는 결과를 이해하게 된다. 또한, 그 결과는 자신이 한 선택뿐만 아니라 타인의 의견이나 행동처럼 스스로 통제할 수 없는 요소에 의해서도 달라질 수 있음을 깨닫는다. 즉, 역할극은 타인의 행동이 서로에게 미치는 영향을 보다 깊이 이해하는 데 도움을 준다.

역할극은 문제해결 과정으로서 문제해결을 위한 사고를 촉진시킨다. 역할극에서 다루는 문제 상황에는 갈등이 포함되며, 학생들은 역할극을 진행하면서 이를 직접 또는 간접적으로 해결하려고 노력하게 된다. 이러한 과정에서 학습자는 교사의 강요나 강제에 의해서가 아니라 자발적으로 참여하며 서로 의사소통하게 된다. 역할극은 자신을 다른 사람의 입장에 놓고 다른 사람의 견해를 경험하고 다른 사람의 견해를 통해서 어떤 사물이나 상황을 보게 함으로써 자기중심주의를 극복할 수 있게 도와준다. 또한 학습자들은 다양한 역할을 직접 또는 간접으로 수행하면서, 실제 생활에서 요구되는 새로운 역할을 효과적으로 익히고 적용할 수 있다(채정현 외, 2019).

역할극의 주요 단계

역할극의 주요 단계와 그 활용 예시는 <표 5-11>과 같다.

표 5-11 **역할극의 주요 단계 및 활용 예시**

* 주제: 학교폭력 예방 교육
* 문제상황: 한 학생이 쉬는 시간에 복도에서 다른 친구에게 욕설을 하고 밀치는 상황이 발생하였다. 이를 목격한 친구들은 어떻게 대처해야 할지 고민하고 있다.

1	집단 분위기 조성하기	• 문제를 규명하거나 안내하기: 교사는 역할극을 하기 전에 학생들에게 학교폭력의 위험성과 심각성에 대해 설명한다. • 문제 이야기를 해석하고 문제점을 탐색하기: 모두가 안전하고 존중받는 환경을 만들기 위해 어떻게 행동해야 하는지에 대해 자유롭게 의견을 나눈다. • 역할극 설명하기: 학생들은 역할극이 안전한 학습 활동이라는 점을 인식하고 서로를 존중할 수 있는 분위기를 조성한다.
2	참여자 선정하기	• 역할들을 분석하기: 문제 상황에 등장할 주요 인물을 선정한다. 예를 들어, 가해 학생, 피해 학생, 목격자 • 역할 연기자 선정하기: 역할을 할 학생들을 자원하거나 무작위로 선택하고, 역할극에 직접 참여하지 않는 학생들은 관찰자 역할을 부여한다.
3	무대 설치하기	• 행동라인 설정하기, 문제상황의 속사정 파악하기: 교실의 일부분을 복도로 설정하고 가해 학생이 피해 학생을 괴롭히는 상황을 연출한다. 학생들은 실제 상황을 떠올리며 필요한 도구나 소품을 간단히 준비한다. 예를 들어, 의자를 복도로 배치하는 등 환경을 설정한다.
4	관찰자 준비시키기	• 무엇을 바라볼 것인가를 설정하기: 관찰자로서 어떤 점에 주목해야 할지 안내한다. 예를 들어, '가해 학생은 왜 그런 행동을 했는지?', '목격자가 어떻게 대응했는지?', '상황을 해결하는 데 어떤 방법이 효과적이었는지?' 등을 집중해서 관찰하도록 한다.
5	실연하기	• 역할극 시작, 유지, 중지: 가해자와 피해자 역할을 맡은 학생들은 실제 상황처럼 복도에서 밀치고 욕설하는 장면을 연기한다. 목격자 역할을 맡은 학생은 이 상황을 어떻게 해결할지 즉흥적으로 대응하며 역할극을 진행한다.
6	토론과 평가하기	• 역할극 행동 검토하기, 중요한 초점에 대한 토론하기, 다음 실연 개발하기: 역할극이 끝난 후, 교사는 모든 학생들과 함께 방금 연기된 상황에 대해 토론한다. 각 학생은 자신이 본 상황에서 좋았던 점, 아쉬웠던 점을 말하고, 다른 해결 방법은 없었는지 의견을 나눈다. 목격자의 대처 방식이 적절했는지, 더 나은 방식이 무엇이었을지 생각해 보도록 한다.
7	재실연하기	• 수정된 역할극 하기: 토론에서 나온 의견을 반영하여 같은 상황을 다시 연기한다. 이번에는 목격자가 다른 방법으로 대응하거나, 가해자가 자신의 행동을 반성하고 사과하는 등의 새로운 시도를 해볼 수 있다.
8	토론과 평가하기	• 역할극 행동 검토하기, 중요한 초점에 대한 토론하기, 다음 단계 또는 행동 대안 제안하기: 다시 실연한 후, 또다시 모든 학생들과 함께 개선된 부분이나 새로운 방법에 대해 토론한다. 어떤 대응이 더 효과적이었는지, 상황이 어떻게 변화했는지 논의하면서 경험을 되돌아보도록 한다.
9	경험한 내용 교환 및 일반화하기	• 문제상황을 실제 경험과 현존문제에 관련시키기, 행동의 일반 원칙 탐색하기: 경험한 내용을 학생들이 일상생활에서 어떻게 적용할 수 있을지 논의한다. 예를 들어, 학교폭력 상황을 목격했을 때 대처할 수 있는 구체적인 행동 방법을 정리하거나, 평소 친구들 간에 존중하는 태도를 실천하는 방법을 함께 이야기한다.

역할극 운영 시 주의 사항

역할극을 운영할 때 교수자가 주의해야 할 사항들은 다음과 같다.

안전한 학습 환경 조성

학생들이 역할극 과정에서 심리적, 정서적으로 안전하다고 느끼는 환경을 만들어야 한다. 비판적이거나 조롱하는 분위기가 없도록 하고, 서로 존중하는 태도를 유지하도록 지도해야 한다. 학생들이 자신감 있게 참여할 수 있는 분위기를 조성하는 것이 중요하다. 또한 역할극 중에는 신체적인 행동이 동반될 수 있으므로 학생들이 안전하게 움직일 수 있는 공간을 마련하고, 과격한 행동이 나오지 않도록 주의시켜야 한다.

실제 상황과의 연관성 고려

학생들이 더 쉽게 공감하고 참여할 수 있도록 역할극에서 다루는 상황은 학생들이 실제로 경험할 수 있는 현실적인 문제를 바탕으로 해야 한다. 비현실적이거나 지나치게 복잡한 상황은 학생들의 몰입도를 떨어뜨릴 수 있다.

사전 지식과 충분한 안내 제공

역할극에 필요한 배경 지식과 목표를 학생들에게 충분히 설명해야 한다. 학생들이 각자 맡은 역할의 의미와 역할극의 목적을 이해할 수 있도록 사전 안내가 필요하다. 이로 인해 역할극의 진행이 더 원활해지고, 학습 목표에 맞게 활동이 이루어질 수 있다.

적절한 역할 분배

역할극에서 학생들이 자신에게 부여된 역할을 수행할 때 지나치게 부담을 느끼지 않도록 해야 한다. 가령, 특정 역할이 특정 학생에게 불편하거나 지나치게 감정적인 반응을 요구한다면 역할을 조정하거나 다른 학생에게 부여하는 것이 좋다. 학생의 성향과 감정 상태를 고려한 역할 배정이 필요하다.

다양한 참여 기회 제공

모든 학생들이 역할극에 골고루 참여할 수 있도록 배려할 필요가 있다. 소수의 학생들만 주도하는 수업이 되지 않도록 다양한 학생들이 역할을 맡거나 관찰자 역할을 하며 학습에 참여할 수 있도록 한다.

학생들의 감정 관리

역할극 중에는 학생들이 맡은 역할에 지나치게 몰입하여 감정적으로 영향을 받을 수 있다. 가령, 가해자 역할을 맡은 학생이 죄책감을 느끼거나 피해자 역할을 맡은 학생이 불편함을 느낄 수 있으므로, 교수자는 수업 중 학생들의 감정을 세심하게 관찰하고 필요시 개입하여 감정적인 부담을 덜어주어야 한다.

역할극 후 충분한 토론과 피드백 제공

학생들이 다른 관점을 이해하고 자신이 배운 내용을 확실히 내면화할 수 있도록 역할극 후에는 일어난 일에 대해 충분히 토론하는 시간을 가지도록 한다. 이 과정에서 교수자는 학습자들이 논의에 적극적으로 참여하도록 유도하고, 그 과정에서 적절한 피드백을 제공해야 한다.

역할극 시간과 활동 분배 조정

역할극 활동은 적절한 시간 배분이 중요하다. 활동이 너무 짧거나 길면 학생들이 집중력을 잃거나 피로감을 느낄 수 있으므로, 역할극 진행 시간과 토론 시간을 균형 있게 분배해야 한다. 필요한 경우 다시 실연하는 시간도 고려하여 수업 계획을 세워야 한다.

역할극의 장단점

역할극의 장단점은 다음과 같다.

가. 역할극의 장점

- 자유로운 놀이와 토의로 학습자들의 적극적인 참여를 유도할 수 있다.
- 경제적인 부담이 크지 않으므로 교실 내에서 쉽게 활용 가능하다.
- 강의법이나 보통의 토의법보다 정의적 영역의 학습에 효과적이다.
- 학생의 사회성 발달, 긍정적인 학습태도, 말하기·듣기·쓰기 등 언어기능 발달, 긴장 완화, 자아개념 향상에 효과적이다.

나. 역할극의 단점

- 현실을 그대로 재현하기 어렵다.
- 시간이 많이 소모되고 학습자들의 능력수준과 참여 의욕에 따라 그 성패가 크게 좌우될 수 있다.
- 학생들이 산만해질 경우 학습 효과가 저하될 수 있다.

참고문헌

- 가토 마사하루(2003). **생각의 도구**. 박세훈 역. 21세기북스.
- 권성연, 김혜정, 노혜란, 박선희, 박양주(2018). **교육방법 및 교육공학**. 파주: 교육과학사.
- 변영계, 김광휘(2002). **협동학습의 이론과 실제**. 서울: 학지사.
- 소효정 외(2023). **(미래사회를 위한) 교육의 방법과 테크놀로지**. 파주: 교육과학사.
- 신나민, 하오선, 장연주, 박종향(2019). **이판사판 교육방법 및 교육공학 제2판.** 박영스토리.
- 윤광보, 김용욱, 최병옥(2003). **교육방법과 교육공학의 이해**. 파주: 양서원.
- 윤서희(2007). Jigsaw 쓰기 과업이 중학생의 영어 쓰기 능력과 글의 응집성 및 영어 쓰기 태도에 미치는 영향. 이화여자대학교 교육대학원 석사학위논문.
- 이신동, 조형정, 장선영, 정종원(2012). **(알기 쉬운) 교육방법 및 교육공학**, 파주: 양서원.
- 이지연(2008). **예비교사를 위한 실제적 교육방법 및 교육공학**. 서현사.
- 전성수, 고현승(2015). **질문이 있는 교실**. ㈜경향비피.
- 전성연, 최병연, 이흔정, 고영남, 이영미(2010). **협동학습 모형 탐색**. 서울: 학지사.
- 채정현, 박미정, 김성교, 유난숙, 한주, 허영선(2019). **가정과 수업 방법과 수업실연**, 파주: 교문사.
- 최원경(1990). 강의법(Lecture Method)에 대한 소고, **대구산업정보대학 논문집**, 4, 138-149.
- 최정임, 이지은, 장선영(2024). **최신 교수·학습 이론 및 방법**. 서울: 학지사.
- Arends, R. (2004). *Learning to teach (6th ed)*. McGraw-Hill.
- de Bono, Edward. (1985). *Six Thinking Hats. London*: Penguin Books.
- Kent, O. (2008). *Interactive text study and the co-construction of meaning: Havruta in the DeLeT BeitMidrash*. Unpublished Doctoral Dissertation, Brandeis University.

🔍 | 챗하듯이 질문하기

Q. 이런 방법들을 학교 현장에서 다 써볼 수 있나요?

A. 음… 그건 교수자의 역량이죠. 하하… 일단 이런 방법은 한국의 학교 상황에 맞다, 안 맞다, 이렇게 판단하지 마시고 좀 열린 마음으로 배웠으면 해요. 실제로 다양한 교수–학습 방법을 교실 수업에서 활용하기 위해서는 두 가지가 필요한 것 같아요. 첫째는 이론적인 것, 즉 책에서 보고 배우는 것이죠. 둘째는 실천적인 것, 자신이 그런 방법을 한 번이라도 경험해 보는 것. 그래야 자기도 나중에 자신의 학생들에게 다양한 방법을 시도해 보게 되어요. 그러니 이번 장과 다음 장은 교수님과 상의하셔서 여러 가지 방법으로 재밌게 공부해 보세요. 하브루타를 배울 때는 하브루타 방법으로, 그것도 좋겠네요.

교수-학습방법 II

교수-학습방법 II

학습목표
1. 다양한 교수-학습방법의 개념과 특징을 설명할 수 있다.
2. 다양한 교수-학습방법의 주요 단계를 설명할 수 있다.
3. 학습자 중심 수업을 위해 적절한 교수-학습방법을 선택할 수 있다.

일단 해보자
X축과 Y축의 특징을 고려하여 <보기>의 교수-학습방법들을 사분면에 배치해 봅시다.

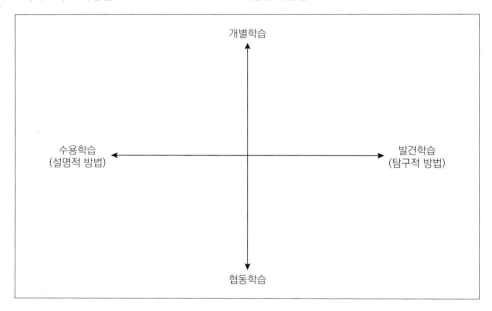

<보기>

도제제도, 연습, 시범, 독학, 동료학습, 문제기반학습(PBL), 토의, 실험, 세미나,
현장학습, 실천학습, 프로젝트 수업, 강의, 팀기반학습(TBL), STAD

5장에 이어 이번 장에서도 몇 가지 교수-학습 방법들을 살펴볼 것이다. 이 장에서 소개될 교수-학습 방법들은 5장에서 소개된 방법들에 비해 학습자 중심 수업 방법으로 상대적으로 최근에 강조되고 있는 방법들이라고 할 수 있다.

1절. 프로젝트 수업

개념 및 특징

프로젝트 수업이란 학습자가 학습의 전 과정에 주도적으로 참여하며 주제, 제재, 쟁점 등에 관한 탐구활동과 그 결과에 대해 표현하는 활동이다(김대현 외, 2001). 보통 학습자가 관심 있어 하는 주제에 대하여 소집단 혹은 개별적으로 깊이 있게 탐구하는 형태를 띠며, 학습자가 주제나 문제 선정에서부터 대안 제시, 정책의 실행과 검증, 결과 분석 등의 단계를 통해 자기주도적으로 문제를 해결하도록 장려하는 교수법이다. 현대적 의미의 프로젝트 학습은 존 듀이의 실험학교에서 출발했다고 본다(김대현 외, 2001). 그리고 킬패트릭(Kilpatrick)이 듀이의 주장을 옹호하며 1918년 '프로젝트법'이라는 논문을 발표한 후 많은 연구들이 진행되었다(지옥정, 1998). 킬패트릭은 학습자들이 과제에 능동적으로 참여함으로써 주체적인 역할을 수행하고 스스로 내적 동기화되어 활동에 전념하게 된다고 강조하였다. 프로젝트 수업은 '프로젝트 학습', '프로젝트 접근법', '프로젝트 기반학습' 등의 용어들과 혼용되어 사용된다.

프로젝트 수업의 특성은 프로젝트 주제를 학습자가 직접 선정한다는 것과 전시 활동을 실시한다는 것이다. 학습자는 프로젝트 주제를 직접 선정하고 선정된 주제를 해결하기 위해 실행계획을 세우고 실천하는 과정을 통해 내재적인 동기를 갖게 된다. 또한 만들어낸 결과물을 다른 학습자나 교수자 앞에 전시해야 하므로 프로젝트를 수행하는 과정에서 누구를 대상으로, 어떤 형태로 결과물을 전시할 것인가를 고려하여 학습 활동을 진행하게 된다. 교수자는 프로젝트 수업을 총체적으로 조망하며 학습자들과의 상호작용과 상황에 따라 안내자, 조력자, 조정자, 촉진자 등의 역할을 수행한다.

프로젝트 수업의 주요 단계

프로젝트 수업 절차는 정형화된 하나의 틀이 존재하는 것이 아니라 수업이 진행되는 실제상황과 맥락에 따라 다양하게 이루어질 수 있다. 학자에 따라 다양한 절차를 제시하고 있지만 프로젝트 수업은 공통적으로 다음과 같은 단계로 구분된다.

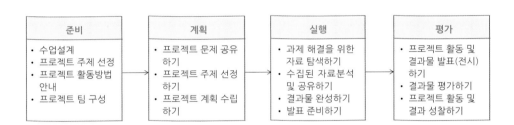

그림 6-1 프로젝트 수업 절차

준비	계획	실행	평가
• 수업설계 • 프로젝트 주제 선정 • 프로젝트 활동방법 안내 • 프로젝트 팀 구성	• 프로젝트 문제 공유하기 • 프로젝트 주제 선정하기 • 프로젝트 계획 수립하기	• 과제 해결을 위한 자료 탐색하기 • 수집된 자료분석 및 공유하기 • 결과물 완성하기 • 발표 준비하기	• 프로젝트 활동 및 결과물 발표(전시)하기 • 결과물 평가하기 • 프로젝트 활동 및 결과 성찰하기

준비 단계

교수자의 입장에서 수업을 준비하고, 학습분위기를 조성하며, 수업 절차에 대해 안내함으로써 프로젝트를 준비시키는 단계이다. 학습자가 프로젝트를 수행하기 위한 충분한 동기를 갖게 하는 것이 중요하다.

계획 단계

팀이 프로젝트의 내용과 범위를 설정하고 프로젝트 실행 계획을 수립하는 단계이다. 학습자 자신들이 토론하고 학습할 사항과 학습을 전개해 가는 순서를 확인하여 문제 해결을 위한 면밀한 계획을 세울 수 있도록 지도해야 한다.

실행 단계

프로젝트 수행을 위해 필요한 정보를 탐색하고, 수립된 자료를 분석하고 공유하여 프로젝트 결과물을 만드는 단계이다. 교수자는 학습자의 친절한 조력자가 되어 프로젝트의 해결에 필요한 재료를 가능한 많이 이용할 수 있도록 배려해야 한다. 또한 프로젝트 수행의 어려움으로 학습자가 좌절하지 않도록 하며, 학습자의 작품이나 활동이 비록 온전하지 않더라도 비판하기보다는 학습자 스스로 더 나은 방향을 탐색하도록 도와주는 자세가 필요하다.

평가 단계

프로젝트 결과를 전시, 보고, 요약의 형태로 학급에 게시하고 완성된 작업에 대하여 그 가치를 평가하는 단계이다. 완성된 작품이나 활동결과에 대해서 전통적인 수업에서처럼 교수자가 혼자 평가하기보다는 학습자 상호간의 평가를 도입하여 다양한 관점을 반영하는 것도 효과적이다.

프로젝트 수업의 교육적 의미

프로젝트 수업은 다음과 같은 다양한 교육적 함의를 갖는다.

학습자의 내적 동기 유발을 통한 학습에 대한 의욕을 고취

프로젝트 수업은 수업의 주제가 학습자의 흥미나 관심에 부합될 뿐만 아니라 탐구 및 표현 활동 그리고 결과물의 전시 과정에서 학습자들에게 만족감이나 성취감을 제공한다. 따라서 학습의 내적 동기가 강화되고 학습 효과가 높아지며 후속 학습에 대한 강한 의욕이 발생하게 된다.

학습에 대한 책임감 부여

학습자는 프로젝트 수업의 모든 과정에서 동료 학습자와 함께 선택과 의사결정의 과정을 계속해야 한다. 따라서 만약 어떤 학습자가 소극적으로 수업에 참여하게 되면 그 피해가 모든 학습자들에게 미치기 때문에 프로젝트 수업에 참여하는 학습자는 학습에 대한 책임감을 가져야 한다.

긍정적인 자아개념 형성

프로젝트 수업에서는 학습자의 자발적인 참여를 유도하므로 학습자 스스로가 만족감을 경험하고 수업의 단계마다 이루어지는 결과물을 통하여 성취감을 맛볼 수 있다. 또한 자신의 아이디어가 교사와 동료 학습자들에게 수용될 기회가 많아지므로 자신에 대해 긍정적인 생각을 갖게 된다.

문제해결력 신장

프로젝트 수업의 과제는 보통 실생활에서 일어나는 현상이나 문제이므로 학습 내용과 실생활과의 관련성을 인식할 기회를 제공하고 문제해결능력을 신장시킬 수 있다.

사고의 유연성 향상

프로젝트 수업에서 학습자의 선택과 결단은 매우 중요한 역할을 한다. 학습의 진행 방향이 잘못되었거나, 더 중요한 학습 내용이 떠오르거나, 더욱 효과적인 학습방법이 제안된다면 언제든지 그 방향과 내용으로 수정될 수 있다. 또한 교수자와 동료 학습자와의 상호작용을 통해 학습자는 자기 생각의 한계를 인식하는 기회를 갖게 되므로 사고의 유연성을 기를 수 있다.

교수자에게 새로운 교수 경험 제공

전통적인 강의 중심 수업과 달리, 프로젝트 수업은 학습자 주도성과 다양한 요구를 충족시키기 위해 교수자가 조력자로서 새로운 역할을 수행해야 한다. 프로젝트 수업을 통해 학습자의 학습 잠재력을 확인하게 되며, 자신의 철저한 준비, 유연한 진행, 학습자에 대해 헌신하는 자세가 학습자의 잠재력을 현실화시킬 수 있다는 것을 경험하게 된다.

2절. 문제기반학습

개념 및 특징

문제기반학습(Problem-Based Learning: PBL)은 문제를 활용하여 학습자 중심으로 진행되는 교수-학습 방법이다. PBL은 1970년대 중반 의과대학 교육의 문제점을 개선하기 위해 의대 교수인 바로우(Barrows)에 의해 개발되었다(정주영 외, 2012). 즉, 의대생들은 전공 지식을 암기하여 방대한 지식을 갖고 있음에도 불구하고 실제 환자를 진단해야 하는 상황에서는 지식을 연계하고 적용하는 능력이 부족하다는 문제점을 해결하고자 고안된 방법이다. PBL은 고차적 추론과 문제해결능력, 자기주도적 학습능력 등을 신장시킬 수 있는 방법으로 제안되었다. 이처럼 PBL은 의과대학의 독특한 교육적 요구 상황에 대응하기 위해 개발된 학습 방법이지만, 최근에는 의학뿐만 아니라 공학, 경영, 교육, 법률 등 다양한 전문 영역에서 교육적 효과를 내고 있다. 특히 지식의 구성과 학습자 중심의 학습을 강조하는 교육 풍토에서는 PBL의 역할이 더욱 주목 받고 있다. PBL은 문제, 학습자, 교수자 측면에서 다음과 같은 특징을 갖는다(최정임, 장경원, 2010).

가. 문제로부터 시작

문제기반학습은 개념이나 원리를 학습하기 전에 문제가 제시되고 그 문제를 해결하기 위한 활동으로 학습이 시작된다. 이는 전통적인 수업에서 개념이나 원리를 학습한 후에 이를 확인하기 위해서 문제를 푸는 형식과는 다른 것이다. PBL 문제는 학습을 위한 핵심이며, 문제를 이해하려고 시도하는 과정에서 학습자들은 학습해야 할 내용이 무엇인지를 깨닫게 된다.

나. 학습자 중심의 학습 환경

문제기반학습에서는 교수자의 일방적인 강의를 통해 지식이 전달되는 것이 아니라 학습자의 활동을 통해 학습이 진행된다. 학습자는 문제 상황에서의 당사자가 되어 자신이 해결해야 하는 문제를 이해하고 관리하기 위해 필요한 정보를 확인하고 획득하는 방법을 자기주도적으로 결정해야 한다. 학습자는 이러한 문제해결과정을 통해 관련된 개념과 원리를 배우게 되며 필요한 정보를 수집하고, 수집된 정보를 분석, 종합, 정리함으로써 문제해결능력을 기르게 된다.

다. 교수자는 학습 촉진자 역할 수행

교수자는 학습자의 의견에 대해 조언하고 학습자가 탐구할 수 있도록 안내하며 깊은 수준의 이해를 촉진하는 학습 환경을 조성해야 한다. 즉, 학습자들 스스로가 문제를 해결할 수 있도록 돕는 역할을 수행해야 하는 것이다. 수업의 주도권이 학습자에게 있음을 인정하고 그들이 학습을 수행할 수 있도록 방향을 안내하고 적절한 시기에 필요한 도움을 주는 역할을 수행한다.

PBL의 주요 단계

PBL은 계획된 일련의 절차를 거쳐서 운영된다. 보통 수업 전에 문제를 개발하고 수업 시에는 문제 제시, 문제 분석 및 계획 세우기, 문제해결활동, 문제해결안 평가의 과정으로 진행된다.

가. PBL 문제 개발

PBL은 문제에서 출발하기 때문에 PBL 특성을 고려한 문제를 개발해야 하며 문제 개발을 위해 교육과정 목표와 내용을 탐색하고 학습자에게 도전적인 문제를 제시하기 위해 학습자의 특성과 흥미를 분석하고 문제 해결자를 위한 역할과 상황을 설정한 문제를 작성한다.

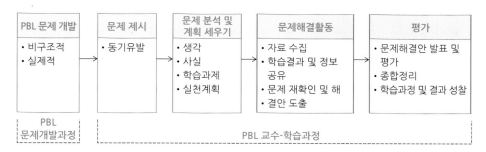

그림 6-2 **PBL 수업 절차**

PBL 문제 개발	문제 제시	문제 분석 및 계획 세우기	문제해결활동	평가
• 비구조적 • 실제적	• 동기유발	• 생각 • 사실 • 학습과제 • 실천계획	• 자료 수집 • 학습결과 및 정보 공유 • 문제 재확인 및 해 • 결안 도출	• 문제해결안 발표 및 평가 • 종합정리 • 학습과정 및 결과 성찰

PBL
문제개발과정

PBL 교수-학습과정

PBL 문제의 특징

PBL에서 문제는 일반적으로 지금까지 우리가 수업 상황에서 경험해 왔던 문제와는 차이가 있다. 일반적 의미에서 문제는 학습 후에 학습 내용을 제대로 이해하고 있는지를 파악하기 위한 연습의 기회로 주어지는 것이었다. 하지만 PBL 문제는 이와 다른 특징을 갖는다. PBL에서 사용되는 문제는 학습내용의 이해도를 묻는 질문(question)이 아니라 학습내용의 조합과 적용을 통해 해결해야 하는 문제(problem)이다. 따라서 PBL 문제는 학습자들의 학습 동기를 유발해야 하고, 학습해야 하는 내용을 포함하고, 가능한 실제 상황에 가까운 문제여야 하며, 학습에 대한 통합적 접근이 이루어지도록 해야 한다. 즉, PBL 문제는 비구조성과 실제성을 갖춰야 한다(최정임, 2004).

비구조성

PBL 문제는 비구조화된(ill-structured or ill-defined) 문제이다. 이는 문제와 관련된 상황이나 요소가 잘 정의되어 있지 않고, 문제 상황이나 문제 진술에 문제 해결 시 필요한 정보가 충분히 포함되어 있지 않다는 의미이다. 따라서 비구조화된 문제는 다양한 해결책, 다양한 해결 경로, 다양한 평가 기준이 가능하기 때문에 정형화된 답을 찾기 어렵다. 또한 비구조화된 문제는 어떤 특정한 맥락에서 발생하기 때문에 맥락의 역할이 아주 중요하다. 따라서 일반적인 문제해결 기술에 의존하는 구조화된 문제와는 다르게 비구조화된 문제는 상황에 따른 판단에 의존한다.

실제성

PBL 문제는 학습 상황만을 위해 인위적으로 만들어낸 문제보다는 실제 생활에서 일어날 수 있을 법한 문제여야 한다. 일반적, 물리적, 인지적 실제성을 포함하는 문제를 개발해야 한다.

일반적 실제성은 실세계에서 발견되는 '진짜' 문제여야 하며, 물리적 실제성은 PBL 문제를 해결하는 과정이 실제적인 물리적 환경에서 이루어질 수 있어야 하며, 인지적 실제성은 학습자가 실제적 실천과 관련된 사고를 하도록 고무하는 것이다.

이상과 같은 문제의 특징 때문에 교수자와 학습자는 다음과 같은 사항을 고려할 필요가 있다. 첫째, PBL 문제는 초기에 제공되는 정보만으로는 문제를 해결하는 데 충분하지 않고 문제의 본질을 명확하게 정의하기 어렵다. 따라서 문제를 정의하고 해결하기 위해서는 추가적인 정보가 필요하고 문제를 명확하게 만들어가는 절차가 필요하다. 둘째, 문제해결의 방법이 하나만 존재하는 것이 아니므로 다양한 접근을 시도할 필요가 있다. 셋째, 학습자들이 다양한 해결 방법들 중에서 옳은 방법을 선택했는지 100% 확신할 수 없다. 왜냐하면 여전히 정보들은 불충분하고, 상반되는 자료나 의견들이 존재하기 때문이다. 하지만 비구조화된 상황이 학습자가 세상에 나가 실제 접하게 될 상황이기 때문에 정보가 불충분하더라도 어떠한 결정을 내려야 한다는 사실을 이해할 필요가 있다.

표 6-1 **PBL 문제 분석 기준표**

		항목
문제의 역할		문제로부터 학습이 시작되는가?
		학습에 필요한 지식과 기능을 충분히 포함할 정도로 포괄적인가?
		문제에 지식이 사용되는 맥락이나 상황이 제시되어 있는가?
		학습자의 역할이 제시되어 있는가?
		학습자 중심의 학습 활동을 유도하는가?
		문제가 목표에 부합하는가?
		문제가 참신한가?
비구조성		문제해결에 필요한 일부의 정보만이 포함되어 있는가?
		문제해결을 위해 문제를 분석하고, 정보를 찾고, 계획하는 과정이 필요한가?
		문제에 대한 다양한 해결책이 존재하는가?
		문제해결을 위한 접근 방법이 다양한가?
		논쟁이나 토론의 여지가 있는가?
실 제 성	일반적 실제성	실제 사례인가?
		일상생활에서 발견될 수 있는 문제인가?
	물리적 실제성	현실적인 사물이나 자료를 사용하는가?
		문제해결에 활용되는 사물이나 자료가 다양한가?
	인지적 실제성	일상적이고 자연스러운 사고 과정을 반영하는가?
		문제해결에 요구되는 사고 과정이 그 분야의 전문가나 직업인에 의해 사용되는 것인가?
	관련성	학습자의 수준에 적절한가?
		학습자의 경험과 관련이 있는 문제인가?
	복잡성	현실과 같이 복잡한 문제인가?
		둘 이상의 문제해결 단계가 필요한가?

출처: 최정임(2004: 49)

나. 문제 제시

PBL을 시작할 때 개발한 문제를 제시한다. PBL 문제는 학습자의 학습동기를 부여하는 데 기여한다.

다. 문제 분석 및 계획 세우기

이미 배운 지식을 활용하는 것이 아니라 정보와 지식을 더 알아야 해결할 수 있는 문제를 제공하기 때문에 문제 해결을 위한 계획 과정이 필요하다. 학습자가 해결해야 하는 문제가 무엇인지를 확인하고 해결안을 찾기 위한 계획을 수립해야 한다. 바로우와 메이어(Barrows & Myers, 1993)는 문제 분석 단계로 생각, 사실, 학습과제, 실천계획을 제안했다.

표 6-2 문제 분석 단계

생각	• 문제 이해(내용, 요구사항, 결과물 등) - 문제가 학습자에게 요구하는 역할이 무엇인지 파악하기 - 어떤 결과물을 도출해야 하는지 파악하기 • 해결책에 대한 가설, 추측 - 문제의 원인, 결과, 해결안에 관해 떠오르는 생각들을 자유롭게 검토하기
사실	• 문제에 제시되어 있는 사실과 학습자가 알고 있는 사실 • 문제해결에 필요하지만 빠져 있는 사실
학습과제	• 문제해결을 위하여 학습자들이 학습해야 할 내용 - 학습과제가 잘 도출되어야 성공적인 해결안을 만들 수 있음
실천계획	• 학습과제가 도출된 후 학습을 어떻게 진행할 것인지 계획 수립 - 역할분담, 정보 및 자료 검색 방법, 시간 계획 등

라. 문제해결활동

자료수집(개별학습)

실천계획에서 분담한 학습과제를 해결하기 위해서 자기주도적인 개별학습을 수행한다. 정보를 찾고 학습한다.

학습결과 및 정보 공유

개별학습 후 학습자들은 다시 팀별로 모여 학습결과를 공유함으로써 문제해결안을 모색한다.

문제 재확인 및 해결안 도출

문제 분석 단계에서 확인한 생각, 사실, 학습과제, 실천계획 등을 재평가하고 문제를 다시 확인하며, 이를 통해 최적의 진단과 해결안을 도출한다. 최종적인 해결안이 나올 때까지 자료수집, 학습결과 및 정보공유, 문제 재확인 및 해결안 도출 과정을 반복한다.

마. 평가

문제해결안 발표 및 평가

다양한 해결책을 공유하고 평가하기 위한 마무리 단계이다. 발표를 통해 다른 팀들의 아이디어를 공유하고 최종해결안을 모색하게 된다. 문제해결안 발표 시 문제해결안의 타당성과 효과성에 관해 평가가 진행된다. 도출한 문제해결안은 실제 주변에서 발생하는 문제를 대상으로 하기 때문에 해결책도 실제적으로 이루어질 수 있는 것이 바람직하다.

종합정리

발표가 끝난 후 교수자는 학습결과 및 PBL 수업 과정을 종합적으로 정리한다. 문제해결안과 관련된 주요 개념 등을 미니강의를 통해 제공할 수 있다.

학습과정 및 결과성찰

학습자들이 자신의 학습결과를 정리하며 학습결과 및 수행에 대한 성찰을 실시한다. 성찰일지는 교수자가 원하는 내용으로 구조화하여 서식을 제공할 수도 있고 학습자가 자유롭게 기술하게 할 수도 있다. 성찰일지는 수업의 효과성을 점검하고 수업의 개선점을 제공하는 자료로 유용하다.

PBL의 교육적 의미

PBL의 교육적 의미를 살펴보면 다음과 같다.

자기주도학습 촉진

PBL은 학습자가 문제 해결을 위해 스스로 필요한 정보를 찾아 학습하는 과정에서 학습의 주도권을 가지도록 하여 학습자는 스스로 목표를 설정하고 학습을 조절하는 자기주도적 학습 능력을 기를 수 있다.

실제적 문제 해결 경험

학습자가 학습에 주체적으로 참여할 수 있도록 현실적이고 관련성 있는 문제를 중심으로 수업이 구성된다. 이러한 과정에서 학습자는 학습 내용을 실제 상황에 적용하고, 문제 해결을 위한 다양한 접근 방식을 탐색하며 학습 내용을 더 깊이 이해하게 된다.

협력과 의사소통 능력 강화

PBL은 보통 팀 기반으로 진행되어 학습자 간의 협력을 장려한다. 학습자들은 서로의 아이디어를 공유하고 문제를 함께 해결하는 과정을 통해 협력적 학습과 의사소통의 중요성을 체험하며, 학습자 간 상호작용을 통해 지식을 함께 구축한다.

탐구적 사고와 비판적 사고 개발

PBL은 학습자가 스스로 문제의 원인을 분석하고 해결 방법을 찾도록 유도하여, 탐구적 사고와 비판적 사고 능력을 자연스럽게 기르도록 한다. 학습자는 주어진 정보를 비판적으로 검토하고, 논리적으로 해결책을 개발하는 과정을 통해 깊이 있는 사고 능력을 배양할 수 있다.

3절. 플립드러닝

개념 및 특징

플립드러닝(Flipped Learning)이란 기존 방식을 '뒤집는(Flip)' 학습을 의미하며, 전통적으로 학생들이 집에서 과제로 하던 응용연습이나 심화학습 등은 학교에서 하는 반면 학교에서 하던 강의 듣기는 수업 전에 하고 오는 방식을 취한다(하오선, 김수영, 2019). 플립드러닝은 미국 콜로라도 우드랜드파크 고등학교 화학교사인 샘(Sam)과 버그만(Bergmann)에 의해 시도된 이래 미국 K-12와 고등교육으로까지 확산되고 있다. 샘과 버그만은 학생들이 수업을 들을 때보다 혼자서 응용·심화 문제를 풀 때 더 어려움을 느끼며 이때 교사나 동료 학생들의 즉각적이고 밀착된 도움이 필요하다는 사실을 발견하고 플립드러닝 모형을 제안하였다(하오선, 김수영, 2019). 플립드러닝 네트워크 위원회(FLN's board)에 따르면, 플립드러닝의 목표에 부합하는 효과적인 수업 설계를 위해서는 유연한 학습환경, 학습문화의 변화, 의도된 계획, 전문성을 갖춘 교사의 네 가지 요소를 고려해야 한다(Hamdan et al., 2013).

유연한 학습환경

플립드러닝은 보다 탄력적이고 다양한 학습의 형태를 허용하며 학습 시간이나 공간에 대해서도 유연한 환경을 인정한다. 따라서 교수자는 기존의 강의식 수업에 비해 소란스러운 교실 수업 환경을 받아들일 수 있어야 한다.

학습문화의 변화

플립드러닝 교실에서는 교수자 중심의 수업에서 학습자 중심 수업으로의 변화가 필수적이다. 따라서 학습자는 교수-학습 과정에서 학습내용을 받아들이는 존재가 아니라 자신에게 의미 있고 개별화된 내용을 바탕으로 스스로 지식을 구성해나가는 학습의 주체로 상정된다.

의도된 계획

플립드러닝을 수행하는 교수자는 수업시간에 어떤 내용을 가르칠 것인지, 학습자로 하여금 사전에 어떤 내용을 배워서 오게 할 것인지에 대해 분명한 계획이 있어야한다. 또한 학습자가 교실 수업을 통해 학습 내용을 체계적으로 이해하고 충분한 지식을 습득할 수 있도록 지속적으로 고민해야 한다.

전문성을 갖춘 교사

플립드러닝에서 교수자는 기존의 전통적인 수업에서 하던 지식 전달자의 역할뿐만 아니라 학습 촉진자와 가이드의 역할을 수행해야 한다. 이를 위해서는 교수 활동뿐만 아니라 가르치는 행위를 스스로 성찰하여 지속적으로 개선해나갈 수 있는 전문성이 필요하다.

플립드러닝의 원리

플립드러닝을 구현하기 위한 핵심 원리는 여덟 가지로 정리할 수 있다(김영배, 2015).

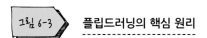

플립드러닝의 핵심 원리

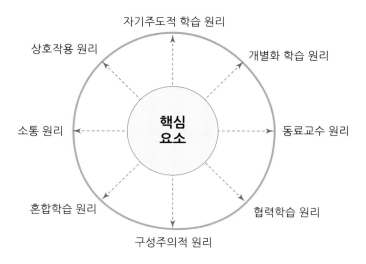

교육방법 및 교육공학: 기초부터 AI 활용까지

자기주도적 학습 원리

플립드러닝에서 학습자는 자신의 학습에 대해 책임감을 갖고 적극적으로 참여해야 한다. 사전학습에서는 교수자 없이 스스로 학습해야 하며, 교실에서는 교수자 및 동료 학습자들과 의미 있는 상호작용을 할 수 있도록 노력해야 한다.

개별화 학습 원리

플립드러닝에서는 개인의 학습 속도, 학습 유형을 고려한 맞춤형 학습이 가능하다. 교수자는 수업시간 동안 학습 활동을 모니터링하여 학습자가 무엇을 알고 무엇을 모르고 있는지를 파악하고 개별 지도를 할 수 있다.

동료교수 원리

여기에서 동료교수(peer instruction)란 교실 수업에서 학습자들이 서로 가르치고 배우는 것을 의미한다. 학습자들은 읽고, 듣고, 보는 방식의 전통적인 강의식 교수법보다 발표하고, 토론하고, 서로 설명하면서 더 많은 것을 배우게 된다.

협력학습 원리

교실 활동에서는 팀별로 주어진 과제를 효율적으로 해결하기 위하여 지식, 기술, 태도를 서로 공유하고 공동 작업을 하게 된다. 이러한 과정을 통해서 학습자는 개념에 대한 깊은 이해와 사회적 기술을 발달시킬 수 있다.

구성주의적 원리

구성주의적 원리란 학습자에게 풍부한 학습 자원을 제공하며 주제에 대해 깊이 있는 탐구를 하도록 유도함을 의미한다.

혼합학습 원리

학습자는 수업 전의 온라인 학습과 수업 중의 오프라인 학습, 이 둘이 적절히 배합된 혼합학습 환경을 경험하게 된다.

소통 원리

플립드러닝은 교수자와 학습자, 학습자들 간의 소통을 통해 학습이 이루어지는 것을 전제로 한다. 교수자는 강의식 수업에서보다 좀 더 많은 시간을 학습자와 소통하는 데 할애할 수 있고 학생들도 수업 시간 중에 동료 학생들과 좀 더 자유롭게 상호작용할 수 있다.

상호작용 원리

플립드러닝에서는 교수자와 학습자, 학습자와 학습자 간, 그리고 콘텐츠와의 상호작용을 통해 더욱 성공적으로 학습이 이루어지게 되며 그 범위가 확장되어 간다.

플립드러닝의 주요 단계

플립드러닝은 시간의 흐름에 따라 수업 전, 중, 후의 활동으로 구분된다. 플립드러닝 수업을 효과적으로 운영하기 위해서는 학습 목표 및 내용 선정, 사전 학습, 강의실에서의 학습 활동, 수업 후 활동, 평가 활동 등이 체계적으로 설계되어야 한다. 이를 위해 고려해야 할 환경 요소와 도구 그리고 교수 활동 지침 등은 다음과 같다(김연경, 2016).

가. 수업 전 활동(Before-Class)

플립드러닝을 수행할 교과목과 그에 맞는 주제를 어떤 것으로 해야 할지를 결정한 후에 그에 맞는 수업목표와 내용을 선정하고 사전학습에 대한 계획을 세워야 한다. 특히 이 수업에서는 '과제'를 강의실로 가져오고, 수업 전에 '강의'를 듣도록 전환하므로 사전학습과 교실을 어떻게 연계할 것인지에 대해 구상이 필요하다. 교실에서 이루어지는 활동이 적극적이고 역동적으로 이루어지기 위해서는 학습자가 수업 전에 사전 학습을 수행해야 한다. 이를 위해 교수자는 온라인 콘텐츠를 제작하거나 기존의 콘텐츠를 제공할 수 있다. 온라인 강의는 플립드러닝 모델과 결합되어 있어야 하며 전통적인 교재는 그에 맞게 재구성되어야 한다.

나. 교실에서의 학습 활동(During-Class)

교실에서의 학습 활동으로는 사전학습 평가, 미니강의, 팀 활동, 관찰 및 피드백, 발표 및 평가 등이 활용될 수 있다.

 전통적인 강의식 수업과 플립드러닝의 진행과정 비교

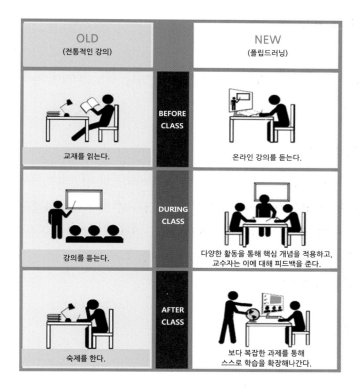

사전학습 평가

수업 전 학습과 교실에서의 활동 간의 분명한 연결을 제공하는 과정으로 학습자가 동영상 및 읽기 자료를 학습하여 내용을 정확하게 이해했는지를 점검하는 활동이다. 보통은 강의 전 학습내용 이해도 점검을 위해 퀴즈를 실시한다.

미니강의

요약 강의, 핵심 정리, 개요 강의 등 다양한 형태로 불리는데 온라인으로 제공되는 동영상 강의 내용을 정리해주거나 동영상에 포함되어 있지 않은 부가적 내용을 설명해 주는 활동이다. 수업내용 중 핵심을 안내하기 위한 목적으로 활용된다. 미니강의는 주요 개념을 바탕으로 가능한 10분 이내로 짧게 진행한다.

학습자 간 팀 활동

토의, 토론, 역할극, 프로젝트 학습, 탐구학습, 문제해결, 동료 교수법, 사례연구, 실험, 게임, 시뮬레이션 등의 방법을 적용할 수 있다. 활동 목적에 따라 적절한 방법을 선택한다.

관찰 및 피드백

개별 학습자의 이해도 및 팀 과제 진도를 지속적으로 점검하고 개입이 필요한 개인 또는 팀에게는 피드백을 제공하거나 질의응답을 수행한다. 학습내용의 이해 수준이 낮은 학습자가 관찰될 경우 컴퓨터나 모바일 기기를 이용하여 동영상 및 읽기 자료를 재학습하게 하고, 팀 과제 진도 점검 시에는 학습자의 참여도, 의사소통, 과제 해결 과정 등을 평가한다.

발표 및 평가

팀 과제 결과물을 팀별로 발표하도록 한다. 모든 학습자가 고루 참여할 수 있도록 주차별로 다른 조별 발표자가 배치되게끔 지도한다. 팀별 발표는 수업 상황에 따라 일부 조만 선택하여 진행할 수도 있다. 이때 팀별 활동 관찰 및 과제물 수준을 점검하여 지정하는 것이 효과적이다. 전체 팀의 발표 종료 후, 핵심 내용을 간략히 정리하고 세부 내용들의 관계를 구조화하여 설명한다.

다. 수업 후 활동(After-Class)

수업 후에는 수업에서 했던 작업을 정리하고 학습자의 학습 목표 달성을 돕기 위하여 다음과 같은 활동을 수행한다.

결과물 업로드

주차별로 팀이 수행한 모든 과제의 결과물을 탑재하도록 한다. 학습관리시스템이 있다면 학습자가 학습관리시스템에 수업 당일 내에 과제 결과물을 업로드하도록 수업 마지막 단계에서 미리 안내한다.

학습 활동 성찰

학습자들이 교실 밖과 안에서 이루어진 학습 활동에 대해 성찰하도록 권장한다. 성찰 활동은 성찰일지 양식을 배포하여 배운 점, 학습과정, 학습내용의 적용 가능성, 팀 활동 소감 등의 작성으로 이루어질 수 있다. 단, 학습 활동 성찰에 너무 많은 시간을 할애하는 것은 피해야 한다.

피드백 평가

과제 결과물을 모니터링하면서 학습자의 반응 및 상호작용 수준, 사전 학습, 과제 수행의 어려움을 확인한다. 또한 심화학습이 필요할 경우 학습자들에게 별도의 자료를 제공해 줄 수 있다.

최종 평가

플립드러닝에서는 다양한 수업 방식으로 수업을 진행하는 만큼, 다양한 요소를 종합하여 평가하는 방식이 고려되어야 한다. 평가 요소에는 퀴즈 평가, 결과물 평가, 팀 활동 평가, 발표평가, 학습내용 성취도 및 목표달성 여부 확인을 위한 중간 및 기말고사 등이 포함된다.

플립드러닝의 교육적 의미

플립드러닝은 '교사와 학생이 만나는 시간을 어떻게 하면 의미 있게 보낼 것인가' 라는 문제의식에서 출발했다(Bergmann & Sams, 2012). 따라서 기존의 전통적 수업 방식의 한계를 보완해 줄 수 있는 접근으로써, 다양한 교육적 의미를 살펴볼 수 있다.

수업의 주체로서 능동적인 학습자

플립드러닝은 학습자의 자기주도적인 참여활동을 기본 전제로 한다. 학습자는 수업 전에 주어진 동영상이나 자료를 통하여 학습 내용을 미리 숙지하고 교실에서는 해당 과제와 관련된 학습 활동을 수행한다. 이 과정이 원활하게 이루어지기 위해서는 학습자가 자발적이고 능동적인 수업의 주체가 되어야 한다.

다양한 상호작용 및 커뮤니케이션 활동 증진

교수자는 수업 전 학습 활동을 하고 온 학습자들과 질의 응답 활동을 수행하거나 팀별로 학습 진행상황을 점검하고 피드백 하는 과정에서 수업의 상호작용성을 높일 수 있다. 학습자 역시 전통적인 수업에서보다 교수자 혹은 동료 학습자들과 더욱 다양한 형태의 상호작용과 커뮤니케이션을 경험하게 된다.

반복 학습 및 심화 활동 가능

수업 전에는 대개 온라인 동영상 자료가 주어지게 되는데 이 매체는 특성상 반복해서 학습이 가능하므로 학습자들이 내용을 반복 심화하는 데 도움을 줄 수 있다. 또한 교실 내에서는 학습한 내용을 바탕으로 심도 있는 토론이나 응용 혹은 문제해결 활동 등을 수행하기 때문에 학습 내용을 보다 깊이 있게 이해할 수 있게 된다.

수업 집중도 향상 및 긍정적 태도 변화

수업 시간에는 강의보다는 보통 활동 중심의 교수—학습이 진행되므로 학습자는 수업에 몰입하게 되고 수업 태도도 적극적이며 능동적으로 변모하게 된다.

학습자의 자기주도학습 능력 신장

학습자는 수업 전에 제공되는 자료들을 미리 학습하기 위해서 자신의 시간을 조정할 줄 알아야 한다. 또한 학습자는 교실에서도 누군가의 강의를 듣는 것이 아니라 학습 내용을 이해하고 팀별 활동의 주체로서 참여해야 하기 때문에 이런 과정에서 자기주도학습 능력이 증진될 수 있다.

학습자의 능력을 고려한 수준별 학습이나 개별화 학습 가능

교수자는 학습자들의 이해 수준을 기반으로 수준별로 팀을 나눈 뒤 팀별 수준에 따라 교정수업, 보충수업, 혹은 심화수업 등을 상황에 맞춰 적절히 수행할 수 있다. 또한 학습자는 미리 학습하면서 이해가 잘 되지 않았던 부분에 대해 수업시간에 교수자에게 질문하고 개별 지도를 받을 수 있다.

4절. 적응형 학습

개념 및 특징

적응형 학습(Adaptive Learning)은 학생 개개인의 학습 스타일, 학습 속도, 학습 환경 등을 고려하여 학습 내용을 조정하고, 최적화된 학습 경험을 제공하는 교수-학습방법이다. 적응형 학습은 학습자가 학습 과정에서 겪는 어려움을 실시간으로 파악하고, 필요한 경우 학습 경로를 조정함으로써 학생의 이해를 높이고, 학습 성과를 극대화하는 것을 목표로 한다. 주로 인공지능(AI)과 데이터 분석 기술을 활용하여, 학습자의 행동을 분석하고 그에 맞는 학습 자료와 활동을 제공하는 방식으로 구현된다. 적응형 학습은 교육 기술의 발달과 함께 디지털 학습 환경에서 점점 더 중요한 역할을 하고 있다.

적응형 학습은 기술을 활용한 개별화 학습으로 분류되기도 한다(최정임 외, 2024). 개별화 학습은 학습자의 흥미, 필요, 학습 스타일에 맞추어 학습 경로를 설계하는 방식이다. 학습자는 자신의 속도와 선호도에 따라 학습할 수 있으며, 교사는 학습자의 요구에 맞는 자료와 활동을 제공하고 지원한다. 하지만 개별화 학습은 학습경로, 교사의 역할, 기술사용에서 적응형 학습과 차이가 있다. 개별화 학습은 학습 경로에서 고정된 학습 경로가 설정되어 있으며, 학생의 필요에 따라 맞춤형 자료가 제공되는 반면, 적응형 학습은 학습 경로가 동적이며 학습자의 실시간 반응에 따라 지속적으로 조정된다. 교사의 역할에서 개별화 학습은 교사가 학습자의 필요를 파악하고, 그에 맞는 자료와 활동을 제공하는 데 중점을 둔다면, 적응형 학습은 시스템이 주도적으로 학습자의 데이터를 분석하고, 교사는 이를 바탕으로 추가 지원을 제공한다. 기술사용에서 개별화 학습은 기술의 사용이 필수적이지 않으며, 교사의 역할이 더 중요한 반면, 적응형 학습은 인공지능과 데이터 분석 기술이 핵심적인 역할을 한다. 결론적으로 개별화 학습은 교사가 중심이 되어 학습자의 필요에 맞춘 학습 경로를 설계하는 반면, 적응형 학습은 기술이 중심이 되어 학습자가 학습 과정에서 보이는 성과에 따라 실시간으로 학습 경로를 조정하는 방식이다.

적응형 학습의 주요 요소

개인화된 학습 경험

학습자의 현재 수준과 학습 스타일에 맞추어 학습 내용을 개인화하여 제공한다. 예를 들어, 특정 개념에 어려움을 겪는 학생에게는 추가적인 설명이나 예제 문제를 제공하고, 해당 개념을 잘 이해한 학생에게는 더 어려운 문제나 다음 단계의 학습 내용을 제시한다.

실시간 피드백

적응형 학습 시스템은 학습자에게 실시간 피드백을 제공한다. 학생이 문제를 틀렸을 때 즉시 피드백을 제공하고, 올바른 답변을 제공하거나 다른 방식으로 문제를 설명하여 학습 효과를 높인다.

데이터 기반의 학습 경로

적응형 학습은 학생들의 학습 데이터를 수집하고 분석하여, 학습 경로를 개인화한다. 이 데이터는 학습자의 성과, 이해도, 학습 속도 등을 반영하며, 교사는 이를 바탕으로 학생의 학습 진도를 효과적으로 관리할 수 있다.

학습자의 자기주도성

학습자가 스스로 학습을 조절하고, 자신의 학습 경로를 관리할 수 있도록 도와준다. 이는 학습자가 더 책임감 있게 학습에 임하도록 유도하고, 장기적으로는 자기주도적 학습 능력을 기르는 데 기여한다.

적응형 학습의 주요 단계

그림 6-5 **적응형 학습의 수업 절차**

사전평가 → 개인화된 학습경로 설정 → 학습 진행 및 피드백 제공 → 중간 평가 및 조정 → 최종 평가 및 피드백

사전 평가

수업 시작 전, 학습자의 현재 수준을 평가한다. 이를 통해 학습자가 이미 알고 있는 것과 앞으로 학습해야 할 내용을 파악하고, 적절한 학습 목표를 설정한다. 사전 평가는 퀴즈, 설문지, 인터뷰 등의 방법을 통해 이루어질 수 있다.

개인화된 학습 경로 설정

사전 평가 결과를 바탕으로 각 학습자에게 맞는 학습 경로를 설정한다. 이 경로는 학습자가 익숙한 주제와 어려워하는 주제를 반영하여, 필요한 학습 자료와 활동을 맞춤형으로 제공한다. 학습자는 자신의 학습 속도에 맞추어 이 경로를 따라가며 학습을 진행한다.

학습 진행 및 피드백 제공

학습자는 자신의 학습 경로에 따라 학습을 진행하며, 시스템은 학습자의 진도와 성과를 실시간으로 분석한다. 학습 과정에서 어려움을 겪는 부분이 나타나면 즉각적인 피드백이 제공되며, 필요한 경우 학습 경로가 조정된다. 예를 들어, 학생이 특정 문제를 반복해서 틀린다면, 시스템은 이 문제에 대한 추가 설명이나 비슷한 문제를 더 제공할 수 있다.

중간 평가 및 조정

학습 중간에 학습 진행 상황을 평가하고, 필요한 경우 학습 경로를 조정한다. 중간 평가는 퀴즈나 프로젝트와 같은 형식으로 이루어질 수 있으며, 이를 통해 학습자가 어느 정도 이해했는지, 어떤 부분에서 더 많은 학습이 필요한지를 파악한다.

최종 평가 및 피드백

수업이 끝나면 학습자의 성과를 평가하고, 종합적인 피드백을 제공한다. 이 단계에서는 학습자가 목표를 얼마나 달성했는지, 학습 경로에서 어떤 부분이 효과적이었는지, 어떤 부분이 개선될 수 있는지에 대해 평가가 이루어진다. 이 피드백은 다음 학습 단계에서의 계획을 수립하는 데에도 사용된다.

적응형 학습의 교육적 의미

적응형 학습은 개인화된 학습 경험을 제공함으로써 학생들의 학습 효과를 극대화할 수 있는 강력한 교수-학습 방법이다. 적응형 학습은 학생 개개인의 학습 스타일과 학습 속도에 맞춘 맞춤형 학습을 통해, 학습 격차를 줄이고, 자기주도적 학습을 촉진하며, 교육의 질을 향상시키는 데 중요한 역할을 한다. 적응형 학습이 점점 더 널리 활용됨에 따라, 미래의 교육은 더욱 개별화되고 효과적인 학습 환경으로 발전할 것으로 기대된다.

학습 격차 해소

적응형 학습은 학생 개개인의 수준에 맞춘 학습을 제공함으로써 학습 격차를 줄일 수 있다. 모든 학생이 동일한 학습 속도로 학습하지 않는다는 점을 인정하고, 각자의 수준에 맞게 지원함으로써 더 많은 학생이 학습 목표를 달성할 수 있도록 도와준다.

효율적인 학습 관리

교사들은 적응형 학습 시스템을 통해 학생들의 학습 데이터를 실시간으로 확인할 수 있다. 이를 통해 개별 학생의 학습 진행 상황을 효과적으로 관리하고, 필요한 경우 즉각적으로 개입할 수 있다.

자기주도적 학습 촉진

적응형 학습은 학생들이 자신의 학습을 스스로 조절할 수 있도록 돕는다. 학습자가 자신의 학습 수준에 맞는 방법으로 학습할 수 있게 함으로써, 자기주도적 학습 능력을 향상시킬 수 있다. 이는 학생들이 장기적으로 더 효과적인 학습자가 되는 데 기여한다.

개인 맞춤형 교육 강화

적응형 학습은 개인 맞춤형 교육의 이상을 실현하는 데 중요한 도구로 작용한다. 학생 개개인의 필요와 특성을 반영한 맞춤형 학습을 제공함으로써 학습의 효과성을 극대화하고 교육의 질을 높일 수 있다.

참고문헌

- 김대현, 왕경순, 이경화, 이은(2001). **프로젝트 학습의 운영**. 서울: 학지사.
- 김연경(2016). **대학수업을 위한 활동이론 기반 플립드러닝 수업모형 개발**. 중앙대학교 박사 학위논문.
- 김영배(2015). **플립드 러닝 지원시스템 설계원리 개발**. 부산대학교 박사학위논문.
- 정주영, 홍광표, 이정아(2012). **술술 풀리는 PBL과 액션러닝**. 서울: 학지사.
- 지옥정(1998). **유아 교육 현장에서의 프로젝트 접근법**. 서울: 창지사.
- 최정임(2004). 사례분석을 통한 PBL의 문제설계 원리에 대한 연구. **교육공학연구**, 20(1), 37-61.
- 최정임, 이지은, 장선영(2024). **최신 교수 · 학습 이론 및 방법**. 서울: 학지사.
- 최정임, 장경원(2015). **PBL로 수업하기**. 서울: 학지사.
- 하오선, 김수영(2019). **톡톡 찾아가는 교수법**. 박영스토리.
- Barrows, H. S. , & Myers, A. C. (1993). *Problem-based learning in secondary schools. Springfield*, IL: Problem-Based Learning Institute, Lanipher High School, and Southern Illinois Medical School.
- Hamdan, N. P. McKnight, McKnight, K and Arfstrom K. M. (2013). *The flipped learning model: A Review of Flipped Learning*, Arlington, VA: Flipped Learning Network.

🔍 | 챗하듯이 질문하기

Q. 이걸 다 외워야 해요?

A. 어휴, 책을 쓴 사람한테 그런 걸 물으면 어떡해요? (크크) 일단 제 대답은 임용고사나 중간, 기말고사 등 시험을 보셔야 할 분은 외우는 게 좋아요. 안 그런 분들은 필요할 때마다 찾아보면 되니까 외우지 마시구요. 하지만 이런 이론들이 있다는 것은 기억하셔야겠죠? 그래야 찾아볼 수가 있으니까요. 외우는 것을 흔히 암기라고 하는데 암기와 기억이 뭐가 다르죠? 「우리는 어떻게 생각하는가」와 「클루지」라는 책을 보면 둘 다 뇌과학에 기반하여 생각과 창의성에 대한 통찰을 주는데요. 결론은 창의성이란 생각의 재조합이라는 겁니다. 생각이 어떻게 나죠? 내가 가지고 있는 기억에 기반해서 어떤 목적을 달성하기 위해 떠오르는 것이죠. 즉, 가지고 있는 재료가 있어야 뭔가가 나온다는 겁니다. 기억에 없으면 없는 거예요. 그러니 중요한 것은 꼭 기억하세요!

학습자 중심 수업

CHAPTER 07

학습자 중심 수업

학습목표 1. 학습자 중심 수업이 등장하게 된 배경을 설명할 수 있다.
2. 학습자 중심 수업의 주요 특징을 설명할 수 있다.

일단 해보자 '학습자 중심'을 듣고 떠오르는 단어들을 옆 사람과 번갈아 말하며 세 가지를 적어 봅시다. 정리한 단어들을 보며 학습자 중심 수업이 무엇인지 생각해 봅시다.

1절. 학습자 중심 수업의 개념

학습자 중심 수업(Learner-Centered Instruction)의 정의

학습자 중심 수업은 수업의 초점을 교사에서 학습자로 전환하여, 학생들의 적극적인 참여를 유도하고, 깊이 있는 학습을 촉진하며, 지지적이고 상호작용적인 학습환경을 조성하는 접근 방식이다(Blumberg, 2008). 학습자 중심은 "개별 학습자(유전, 경험, 관점, 배경, 재능, 관심, 능력 그리고 요구)에 중점을 두는 것과 학습(학습에 관한 최고의 지식과 학습이 어떻게 일어나는지, 그리고 모든 학습자들에게 최고의 동기, 학습 및 성취를 달성할 수 있는 교수법)에 중점을 두는 것을 결합한 관점"(McCombs, & Whsler, 1997)을 의미한다.

학습자 중심 수업의 등장

가. 학습자 중심 수업의 배경

2000년도부터 시행된 제7차 교육과정에서 '자율성과 창의성을 신장하기 위한 학생중심 교육과정', '학습의 능력, 적성, 진로에 적합한 학습자 중심 교육'을 표방하는 학습자 중심 수업 개념이 강조되었다. 학습자 중심 수업의 등장은 개인적 측면과 사회적 측면에서 살펴볼 수 있다(Reigheluth, & Karnopp, 2013),

개인적 측면은 학습자들이 모두 다른 속도로 학습하기 때문에 발생하는 학습격차에서 찾아볼 수 있다. 예를 들어, 진도가 느린 학습자는 진도가 끝나기도 전에 새로운 학습 내용을 습득해야 하고, 진도가 빠른 학습자는 느린 수업 진도로 인해 지루함을 느껴 학습에 집중하지 못할 수 있다. 따라서 학습자 중심 수업에서는 교수자가 교육목표를 달성하기 위해 시간을 기준으로 두고 진도를 나가기보다는 개별 학습자의 개인적 수준을 염두에 두고 수업을 진행해야 한다.

사회적 측면에서 볼 때 학습자 중심 수업은 산업화 시대가 지나가고 지식 정보화 시대가 도래함으로써 요구된다고 할 수 있다. 산업화 시대에는 학습자들이 동일한 내용을 동시에 배우고 같은 방식으로 평가되는 대량생산 방식으로 교육이 진행되었다. 그러나 지식 정보화 시대에는 학습자들이 언제 어디서나 학습할 기회를 가질 수 있는 기술적 환경이 가능하기 때문에 학습자 역할이 강조되는 교육방식으로 변화하고 있는 것이다.

나. 학습자 중심 수업의 이론적 근거

학습자 중심 수업의 기본 전제는 인간은 누구나 정보와 경험을 자신의 방식대로 이해하고 의미를 만들어 낸다는 것이다. 즉 인간은 서로 다른 특성을 가진 독특한 존재로 사물에 대해 느끼고 생각하고 인지하고 행동하는 모든 방식이 다르다는 것이다. 이 근거는 인지주의, 구성주의, 인본주의에서 시작된다(Reigeluth et al., 2017). 인지주의 이론에서는 학습자가 선행 경험과 지식을 바탕으로 정보를 처리한다는 기본 개념을 바탕으로 학습자 개인이 어떻게 정보를 획득, 구축, 처리, 분석, 조직, 인출하고 적용하는지 등을 다룬다. 구성주의는 학습자가 주관적이고 개별적으로 지식을 구성한다는 인식론적 신념을 두고 있기에 학습자 중심 수업의 기본 근거가 된다. 인본주의를 대표하는 심리학자인 칼 로저스(Carl Rogers)는 사람은 자신의 문제를 스스로 해결할 수 있도록 잠재력을 발현하는 것이 필요하다고 보았다. 따라서 학습에서도 인간의 본성적 학습 욕구를 활용하여 동기를 부여해야 하며, 학습자가 학습에 전적으로 참여하는 것이 필요하다고 강조했다.

인지주의, 구성주의, 인본주의와 같은 학습자 중심 수업의 이론적 기반 이외에도 듀이(Dewey)의 진보교육, 몬테소리(Montessori)의 유아교육, 캐롤과 블룸(Carroll, & Bloom)의 완전학습 이론이 학습자 중심 수업을 이끄는 데 영향을 미쳤다.

학습자 중심 수업의 기본 원리와 특징

가. 학습자 중심 수업의 기본 원리

학습자 중심 교육 패러다임에서는 기본적으로 아래의 가치들을 중요시한다 (Reigeluth et al., 2017).

학습목표에서 중시되는 부분

- 내적 동기와 학습에 대한 애정을 개발하는 것
- 효율성보다는 효과성
- 학습자의 자기조절기술
- 다양한 현실 세계로의 연계를 통한 지식과 기술의 완전학습

교수 방법에서 중시되는 부분

- 교수 속도는 학습자의 성취 속도 및 진도에 따라 조정된다.
- 교수 내용은 학습자의 개별 요구, 흥미, 재능, 목표 등에 따라 조정된다.
- 교수 방법은 개별 학습자의 선호도에 따라 조정된다.
- 교수 평가는 학습자의 개별 요구, 흥미, 재능, 목표 등에 맞춰 조정된다.
- 학습자는 과제를 중심으로 학습한다.
- 학습자는 학습하는 중 적시에 교수지원을 받는다.

- 학습자들은 협력을 통해 동료들로부터 많이 배운다.
- 학습자는 가능한 자신이 목표를 세우고, 자신이 학습을 관리하도록 가르쳐야 한다.
- 학습자는 자신의 학습을 평가하는 데 관여해야 한다.

나. 학습자 중심 수업의 특징

학습자 중심 수업의 특징은 다음과 같다(권낙원, 2000; 손승남, 2004). 첫째, 학습의 주도권이 학습자에게 주어진다. 전통적인 수업에서 교수자는 지식 전달자, 통제자, 지시자로 역할을 수행하며 수업은 교수자의 관점에서 이루어졌었다. 반면 학습자 중심 수업에서는 학습자가 스스로 학습 과정의 주도권을 갖는다. 다만 학습자 중심 수업에서 학습자에게 지나친 자유를 허용하여 실패한 사례도 존재한다(손승남, 2004). 이러한 사례는 학습자에게 무한한 학습의 자유가 주어지는 것만이 항상 바람직한 것은 아니라는 점을 시사한다. 학습자 중심 수업에서는 자유를 제공하는 동시에 필요한 경우 적절한 제한과 방향 제시가 이루어져야 한다는 점도 고려해야 한다.

둘째, 학습자를 신뢰하고 존중하는 교육이다. 학습자의 능력이나 인격에 대한 신뢰는 학습자 능력을 계발하는 데 있어 필수적인 전제 조건이다. 학습자 중심 교육에서는 이러한 신뢰를 바탕으로 수업이 이루어지며, 교수자는 학습자의 가능성과 잠재력을 존중하는 태도로 교육활동을 설계하고 실행해야 한다.

셋째, 개별화 수업을 지향한다. 교수자는 학습자의 개인적 특성과 학습 속도를 고려해 맞춤형 학습목표를 설정하고 각 학습자가 무엇을 학습해야 하는지 섬세하게 지원한다. 개별화 수업은 학습자의 수준, 흥미, 학습 방식에 따라 차별화된 학습 경험을 제공하는 것을 목표로 한다.

넷째, 내용과 경험의 통합을 강조하는 교육이다. 학습자는 학교교육에서 이루어지는 여러 형태의 학습경험을 개별적으로 받아들이는 것이 아니라, 지식과 경험들을 관련짓고 조화롭게 통합해 나갈 수 있어야 한다. 통합교육과정에서 교과 주제가 유기적으로 연결되며, 통합된 주제를 중심으로 학습활동이 조직된다. 이러한 접근 역시 학습자 중심 교육의 일환으로 해석될 수 있다.

다섯째, 교수자와 학습자의 적극적인 참여가 요구된다. 수업 설계, 전개, 평가에 이르는 전 과정에서 학습자가 학습의 주체로서 역할을 한다. 교수자는 학습자가 자율적으로 학습할 수 있도록 조력자와 촉진자의 역할을 수행하며 단순히 지켜보는 것을 넘어서 적극적으로 지원하고 조력해야 한다. 특히 학습자의 수준, 관심, 흥미 등을 반영한 개별화 수업을 운영하기 위해 교수자는 전통적인 수업보다 더 많은 노력과 인내가 필요하다.

학습자 중심 수업의 실천

학습자 중심 수업의 실천을 위해서는 교수자와 학습자뿐만 아니라 테크놀로지의 역할 변화도 필요하다. 테크놀로지가 학습자 중심 수업을 어떻게 지원하는지, 그리고 어떤 교수—학습 방법이 적용될 수 있는지 구체적으로 살펴보자.

가. 테크놀로지의 역할

앞서 제시된 원리와 특징들이 학습자 중심 수업에 적용되기 위해서 테크놀로지는 교사 중심에서 학습자 중심의 도구로 바뀌어야 한다. 즉, 테크놀로지는 학습자의 학습을 지원하는 것을 주요 목적으로 삼아야 한다. 그러기 위해서 테크놀로지는 학습을 위한 기록, 학습을 위한 계획, 학습을 위한 기능, 그리고 학습을 위한 학습평가의 기능을 할 수 있어야 한다.

학습기록 관리

테크놀로지를 통해 학습자의 학습에 대한 기록을 남길 수 있다. 학습자 개개인의 성취에 대한 진행 사항과 개인적 특성을 기록할 수 있다.

학습계획

학습목표 달성을 위한 방법을 명시한 학습계획을 수립한다. 장기 학습목표, 단기 학습목표, 과제 계획, 팀 구성 등 학습계획을 세우기 위한 도구로서 기능을 할 수 있다.

학습을 위한 기능

과제 안내, 과제 관리 및 모니터링, 의사소통 및 협력도구 제공 등 과제 환경에 관여할 수 있도록 몰입적, 실제적, 가상적 과제 환경을 제공하는 기능을 한다. 또한 과제를 수행하는 동안 적시에 개별화 코칭 및 피드백을 제공할 수 있다.

학습에 대한 평가

형성평가를 통해 학습자 수행에 대한 즉각적인 피드백을 지원하고, 총괄평가에서는 학습자가 완전학습의 기준에 도달했는지를 알아볼 수 있다.

나. 학습자 중심 수업의 교수−학습방법

학습자 중심 교육에서 학습자는 교수자의 내용 전달을 수동적으로 수용하기보다는 학습과정에 활동적으로, 자기주도적으로 참여할 필요가 있다. 학습자 중심에 부합하는 교수−학습방법으로는 과제중심수업, 문제중심수업, 프로젝트 수업, 토론기반수업, 협동수업, 개별화수업, 개인화학습, 수준별수업, 게임기반수업 등을 들 수 있다. 자세한 교수−학습방법은 본서의 5장과 6장을 참고한다.

2절. 학습자 특성

수업을 설계하기 전에 학습자 특성을 이해하는 작업은 매우 중요하다. 모든 학습자들은 개별적으로 고유한 특성을 가지고 있기 때문에 학습자의 다양성을 이해하기 위해서는 특별한 노력이 필요하다.

학습자 특성의 유형

학습자의 특성은 다양한 방법으로 구분되어 왔다. 하이니히와 동료들(Heinich, Molenda, Ruseel, & Smaldino)(1999)은 교수설계 과정에서 학습자 특성을 일반적 특성, 출발적 특성, 그리고 학습스타일의 세 가지로 학습자를 구분하였다. 일반적 특성에는 나이, 성별, 직업 경험, 문화적 다양성, 개인적, 사회적 특성, 신체적 학습장애 등이 포함된다. 출발적 특성은 학습자가 가진 기본 지식, 기술, 태도 등을 의미한다. 수업을 설계하는 사람은 학습 주제와 관련하여 학습자가 이미 알고 있는 수준을 확인함으로써, 적절한 난이도로 수업을 준비할 수 있다. 따라서 학습자의 출발점에 대한 이해는 수업 설계에서 중요한 요소로 작용한다. 특히 테크놀로지가 활용되는 온라인 수업에서는 학습 주제에 대한 사전 지식뿐만 아니라 매체를 다루는 능력도 출발적 특성에 포함된다. 학습스타일은 학습자가 학습내용을 지각, 처리, 반응하는 방식으로 시각, 청각, 운동, 감각적 학습자 등의 유형이 있다. 예를 들어, 시각적 학습자는 이미지나 동영상을 선호하는 학습자이며, 청각적 학습자는 오디오 콘텐츠를 선호하는 학습자이다(신나민 외, 2019).

콜브(Kolb)의 학습스타일

학습스타일은 학습자가 선호하거나 효과적으로 학습하는 방식이다. 학습 스타일은 시각적, 청각적, 감각적으로도 구분되기도 하지만 본 장에서는 콜브(Kolb)의 네 가지 학습스타일을 소개하고자 한다. 콜브의 학습스타일에 따르면 학습자들은 구체적인 경험, 반성적 관찰, 추상적 개념화, 능동적 실험 단계를 순환하며 학습을 발전시킨다.

- 구체적인 경험은 실제 경험을 통한 학습의 시작 단계이다.
- 반성적 관찰은 앞선 경험을 되돌아보고 관찰하여, 자신의 경험을 성찰하는 단계이다.
- 추상적 개념화는 관찰한 내용을 토대로 개념을 정리하고, 일반적인 원리나 이론을 도출하는 단계이다.
- 능동적 실험은 학습한 개념을 실제 상황에서 적용하고 새로운 경험을 통해 학습을 심화하는 단계이다.

이러한 네 단계는 특정 수업 시기에만 일어나는 과정이 아니라 일상 생활에서도 일어날 수 있으며, 순환적 구조를 통해 학습자는 지속적으로 학습을 발전시키고 새로운 지식을 창출하게 된다. 콜브는 각 단계에서 강조된 특성을 갖춘 학습자를 적응자, 분산자, 융합자, 수렴자라고 명명하였다. [그림 7-1]에서 보듯이 적응자는 구체적인 경험(CE)과 능동적 실험(AE)을 결합한 특징을 가지고 있다. 분산자는 구체적 경험(CE)과 반성적 관찰(RO), 융합자는 반성적 관찰(RO)과 추상적 개념화(AC), 수렴자는 추상적 개념화(AC)와 능동적 실험(AE)의 결합적 특징을 가진다. 각 학습양식의 유형별 특징은 <표 7-1>과 같다.

 **콜브의 학습양식**

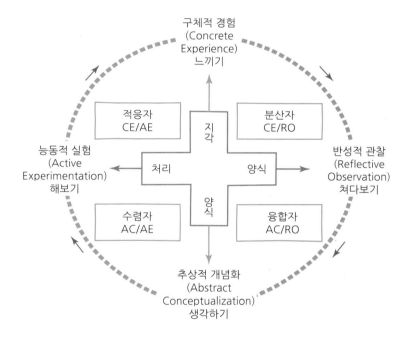

출처: 신나민 외(2019; 188)

표 7-1 학습양식의 유형별 특징

학습양식 유형	특징
적응자 (Accommodator) CE-AE 융합	• 구체적인 경험을 통해서 학습을 경험 • 문제를 해결하는 과정에서 기술적인 분석보다 다른 사람이 제공해 준 정보와 직감에 의존하는 경향이 강함
분산자(Diverger) CE-RO 융합	• 다양한 관점으로 구체적인 상황을 관찰하는 학습을 선호 • 폭넓은 영역의 정보를 수집하는 데 능함
수렴자(Converger) AC-AE 융합	• 개념과 이론에 대한 분석 및 종합을 선호 • 문제상황에서 결정하는 능력이 뛰어나 문제나 과제가 제시될 때 정답을 찾기 위해 아주 빠르게 움직임
융합자(Assimilator) AC-RO 융합	• 다양한 정보를 통합하고 그것을 이론적 모형으로 조직하는 능력이 뛰어남 • 추상적인 개념에 관심이 많지만 이를 실제적으로 적용하는 데는 별로 관심이 없음

출처: 권정희, 이재경(2002: 116)

지능의 다양성

지능은 보통 IQ(Intelligence Quotient) 테스트에 의해 한 개인이 또래의 연령 그룹에 비해 인지적 능력이 어느 정도인지를 표준화된 검사를 통해 측정한 점수이다. 일반적으로 지능검사는 언어능력, 공간지각, 수리영역 등을 측정하며 지능 지수는 평균을 100으로 하고 정상분포 곡선으로 분포하도록 가정된다.

인지적 영역에 초점을 두었던 고전적인 지능에 대하여 하워드 가드너(Howard Gardener)는 다중지능이론을 제안하였다. 다중지능이론은 지능이 보다 더 다양한 관점에서 조망될 수 있음을 보여준다. 그가 제안한 다중지능에는 다음과 같은 아홉 가지 능력이 포함된다(Gardener, 1993; 신나민 외, 2019).

- 논리/수학 능력
- 언어 능력
- 공간 능력
- 음악 능력
- 운동 감각 능력

- 대인 관계 능력
- 자기 내적 통찰력
- 자연친화 능력
- 실존 능력

다중지능 이론에 따르면, 모든 개인은 고유한 강점과 약점을 지니고 있으며, 특정 영역에서 뛰어난 능력을 발휘할 수 있다. 이러한 관점은 학생을 이해하고 교육할 때 다양성과 개인차를 존중하는 데 큰 도움이 된다. 예를 들면, 아인슈타인은 논리·수학 능력은 뛰어났지만 운동·감각 능력은 그만큼 뛰어나지 못했을 수 있다. 학생들과 함께 자신의 강점과 약점을 찾아보는 것도 서로를 이해하는 좋은 방법이 될 수 있을 것이다.

스타인버그(Steinberg, 1996)도 두뇌의 다양성을 허락해야 한다고 주장한다. 『성공적인 지능』이라는 책에서 그는 두뇌를 분석력 두뇌, 창의력 두뇌, 적용력 두뇌의 세 가지로 구분한다. 그리고 고전적인 IQ 테스트가 주로 분석력 두뇌의 능력을 보는 것이었다면 21세기의 두뇌는 분석력뿐만 아니라 창의력, 적용력이 함께 발달해야 한다는 것이다. 특히 창의력과 적용력은 기계의 인공지능이 아닌 인간의 자연지능이 더 뛰어난 역량을 보일 수 있는 영역이 될 것이다.

주의력

주의력(attention)은 다른 일에 방해받지 않고 하나의 과제에 몰두하는 능력을 말한다. 주의력이 없이는 학습과 기억이 일어날 수 없기 때문에 교사는 학습자의 주의력을 이해할 필요가 있다.

주의 지속시간은 산만해지기 전까지 작업에 집중하는 데 소요되는 시간으로 정의된다(Beger, 2018). 연구에 따르면, 주의 지속시간은 아동기에 빠르게 발달하며, 10세 전후로 크게 향상된 후 안정기에 접어들고 40대 초반에 정점에 도달한 뒤 서서히 감소하는 경향을 보인다(Carriere et al., 2010). 일반적으로 아동의 주의 지속시간은 젊은 성인에 비해 짧게 나타나며, 수업 시작 후 10~15분이 지나면 학생들의 주의가 감소한다고 한다(Simon et al., 2023; 이찬승, 2021). 그러나 상호작용 요소가 포함된 수업에서는 이러한 주의력 감소가 완화되며, 학생들의 주의 집중 시간이 더 길게 유지된다. 이러한 주의 지속시간의 일반적인 경향은 유튜브 강의(평균 15~20분), TED 강연(평균 18분), K-MOOC 콘텐츠 권장 길이(15분 내외)에서도 확인할 수 있다.

하지만 대부분 학교 현장의 수업은 40~50분으로 이루어져 있기 때문에 수업시간 중 학생들의 주의 집중력의 변화에 대해 대응할 필요가 있다. [그림 7-2]와 같이 수업에서 앞부분과 마지막에 제시된 내용은 중간에 제시된 내용보다 기억률이 높게 나타나는데 이를 기억의 '초두-최근 효과(primacy-recency effect)'라고 한다. 이 효과는 수업의 처음과 마지막 시간대에 학습한 내용이 중간에 학습한 내용보다 더 잘 기억된다는 것을 의미한다. 특히 기억의 초두 효과가 최근 효과보다 더 오래 지속되는 이유는, 처음 제시된 정보가 더 깊이 처리되며 장기 기억으로 전환될 가능성이 높기 때문이다. 반면, 최근 효과는 마지막에 접한 정보가 단기 기억에 남아 즉각적인 회상에는 유리하지만, 시간이 지나면 쉽게 사라질 수 있다. 이러한 효과를 수업에 적응한다면, 수업의 처음과 마지막에는 중요한 학습요소를 배치하는 것이 기억에 효과적이다. 또한 설명 중심의 수업에서는 학생들의 주의 집중력이 평균 10~20분 정도 지속되므로, 집중력을 유지하기 위해서는 20분마다 수업에 변화를 주어 학생의 주의를 환기시켜 줄 필요가 있다.

 기억의 초두-최근 효과

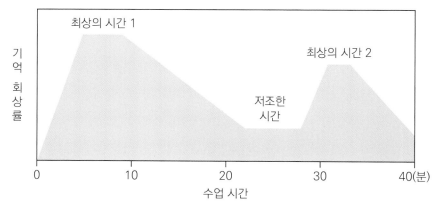

출처: David(2017)

교육방법 및 교육공학: 기초부터 AI 활용까지

3절. 학생 주도성

학생 주도성(student agency)은 학습자 중심 수업을 실천하기 위한 필수적 역량으로 학습과정에서 학습자가 주도적이고 적극적인 역할을 수행하는 데 중요한 요소이자 사회에서 요구되는 태도이다. 또한 학생 주도성은 학생이 스스로 자기 삶의 목표를 설정하고 그것을 달성하기 위해 학습하고 책임 있게 결정하고 행동하는 역량으로 정의되기도 한다(OECD, 2019). 즉, 자신의 삶과 학교, 사회 생활에서 스스로 목표를 정하고 그것을 주체적, 능동적으로 성취하고 책임지는 역량이라고 할 수 있다(박상준, 2020).

학습자의 주도적 학습 행위는 학습 과정에서 자기평가를 수행하고, 교수자와 생성형 인공지능 같은 외적 자원을 효과적으로 활용하는 데 있어 점점 더 중요한 요소로 주목받고 있다(안화실, 2024). 2022 개정 교육과정에서 제시한 핵심 역량 중 하나인 자기관리 역량은 자아 정체성과 자신감을 바탕으로 자신의 삶과 진로를 주체적으로 설계하고, 필요한 기본 능력과 자질을 갖추어 스스로 삶을 이끌어갈 수 있는 자기관리 능력을 말한다.

OECD(2019)는 교육이 학생들로 하여금 자신의 비전을 명확하게 설정하고 그 비전에 비추었을 때 자신들의 현재 위치가 어디인지 찾을 수 있게 하며, 학생들이 확신을 가지고 미래를 향하여 나갈 수 있도록 방향을 제시해야 한다는 의미로 [그림 7-3]과 같은 학습의 나침반을 제시하였다. 미래 교육의 지향점을 웰빙으로 제시하며 여기에는 학생의 지식, 태도, 가치, 기술, 역량이 방향을 잡아가는 요인들 이외에도 학생 주도성과 협력적 주도성이 필수적 역량으로 포함되었다(김종윤 외, 2021).

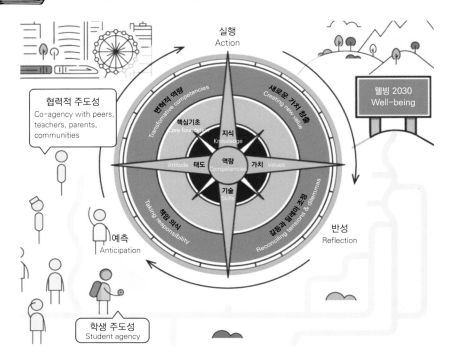

그림 7-3 학습 나침반 2030(learning compass 2030)

출처: OECD(2019); 김종윤 외(2021)

이러한 학생 주도성 강화를 위한 교수-학습방법으로는 협동학습이 대표적이다. 그룹 활동을 통해 팀원들의 직접적인 상호작용, 팀원 각각의 개별적인 책임, 팀 소속 감과 그룹 내에서의 사회적인 능력, 그리고 성찰과 평가 활동을 통해 학습자의 자기 주도성은 훈련되고 강화될 수 있다. 따라서 학생의 자기주도성은 삶과 연계하거나 다양한 교과를 융합한 프로젝트 학습 등의 학교 교육과정과 수업 활동을 통해 훈련되고 증진되어야 한다.

참고문헌

- 권낙원(2000). 학습자중심 교육의 성격과 이론. **한국교원대학교 교수논총**. 16(1), 1-11.
- 권정희, 이재경(2002). 웹기반 학습환경에서 학습양식이 학업성취 및 웹기반 학습자 지원 기능 선호에 미치는 영향. **교육공학연구**, 18(4), 111-138.
- 김종윤, 이미경, 최인선, 배화순, 유금복, 박일수(2021). **OECD Education 2030 프레임워크에 기반한 우리나라 교사의 역량 개발 방향 탐색: 학생 주도성 및 협력적 주도성을 중심으로.** 한국교육과정평가원 연구보고.
- 박상준(2020). 학생 주도성에 기초한 교육의 혁신 방안: 교육 패러다임의 전환. **학습자중심교과교육연구**, 20(12), 765-787.
- 손승남(2004). **학습자중심의 대안적 교수법.** 내일을 여는책.
- 신나민, 하오선, 장연주, 박종향(2019). **이판사판 교육방법 및 교육공학 제2판.** 박영스토리.
- 안화실(2024). 초등 고학년의 자기주도성과 성격특성이 질문행동에 미치는 영향분석: 혁신학교 사례 중심으로. **학습자중심교과교육연구**, 24(18), 969-985.
- 이찬승(2021). 학습과학의 이해와 적용: 아동의 평균적인 주의 지속 시간은 10~20분이기 때문에 주의를 계속 유지시키기 위해서는 20분마다 수업에 변화를 줄 필요가 있다., 21세기교육연구소. https://21erick.org/column/6456/
- Beger, R. (2018). *Present-day corporate communication: A practice-oriented, state-of-the-art guide*. Singapore: Springer.
- Blumberg, P. (2008). Developing learner-centered teaching: A practical guide for faculty. Jossey-Bass.
- Carriere, J., Cheyne, J., Solman, G., & Smilek, D. (2010). Age trends for failures of sustained attention. *Psychology and Aging*, 25(3), 569-74 . https://doi.org/10.1037/a0019363.
- Davis, S. (2017). *How the brain learns*. 5th editon. Corwin Press.
- Gardner, H. (1993). *Multiple intelligences: The theory in practice*. New York: Basic Books.
- Kolb, D. A. (1984). *Experiential learning: Experience as the source of learning and development*. Englewood Cliffs, NJ: Prentice Hall.
- McCombs, B. L., & Whisler, J. S. (1997). *The learner-centered classroom and school:*

Strategies for increasing students motivation and achievement. Sanfrancisco: Jossey-Bass.

- Mcspadden, K. (2015, May, 30). *You now have a shorter attention span than a goldfish*. Retrieved from https://time.com/3858309/attention-spans-goldfish

- OECD (2019). *OECD Future of education and skills 2030 conceptual learning framework: A series of concept notes*. Paris: OECD.

- Reigeluth, C. M. & Karnopp, J. R. (2013). *Reinventing schools: It's time to break the mold*. Lanham, MD: Rowman & Littlefield.

- Reigeluth, C. M., Beatty, B. J., & Myers, R. D. (2017). *Instructional-design theories and models: The learner-centered paradigm of education (Vol. IV)*. 변호승, 박인우, 이상수, 임걸, 임규연, 임병노, 임철일, 최욱(역), (2018), **교수설계이론과 모형**, Volume IV. 아카데미프레스.

- Smon, A. J., Gallen, C. L., Ziegler, D. A., Mishra, J., Macro, E. J., Anguera, J.A., & Gazzaley, A. (2023). Quantifying attention span across the lifespan. *Frontiers in Cognition*, 2, https://doi.org/10.3389/fcogn.2023.1207428

Q. 학습자 중심 수업을 하려는데 학습자가 공부하기 싫어하면 어떡하죠?

A. 와우, 이건 정말 사이다 맛 질문이네요. 학습자 중심 수업은 기본적으로 학습자의 자발성과 학습에 대한 주도성을 어느 정도 전제하는 것인데 이게 떨어지는 학생들은 어떻게 지도하면 좋을까요? 그냥 교수자 중심 수업으로 갈까요? 이것도 하나의 방법입니다. 사실 어떤 수업 방법을 써도 공부하기 싫어하는 학생들은 있습니다. 그런데 여기서 하나 짚어봐야 할 것은 학습자 중심 수업이 왜 최근에 이렇게 강조되느냐는 거죠. 실제로 임용시험에도 최근에 자주 출제되었습니다. 많은 이유가 있겠지만 저는 역설적이게도 공부하기 싫어하는 학생들에게 적응형 학습 등 학습자 중심 수업 방법들이 더 필요하다고 생각해요. 자신의 관심이나 수준에 맞지 않는 학습을 시키면 공부는 더 싫어지겠죠. '학습자 중심'이 무조건 옳다기보다는 일종의 트렌드처럼 느껴지기도 하는데요. 이 말을 너무 사전적 의미로만 생각하지 말고, 교수자가 개별 학습자를 지원하는 데 더 노력해야 한다는 유연한 의미로 받아들였으면 좋겠네요.

온라인 수업

1절. 온라인 수업 설계 및 개발
2절. 온라인 수업과 관련된 학습자 특성
3절. 온라인 수업에서 고려해야 할 상호작용들

온라인 수업

CHAPTER 08

학습목표
1. 온라인 수업의 유형을 설명할 수 있다.
2. 성공적인 온라인 학습자의 특성에 대해 말할 수 있다.
3. 온라인 수업에서 중요한 상호작용의 유형 네 가지를 말할 수 있다.

일단 해보자
옆 사람과 함께 온라인 수업을 좋아하는 이유와 싫어하는 이유를 하나씩 이야기해 봅시다. 그리고 자신이 온라인 수업을 설계한다면 가장 중요하게 고려하고 싶은 것이 무엇인지 이야기해 봅시다.

1절. 온라인 수업 설계 및 개발

COVID-19로 인하여 대면 교육만 실시하던 학교교육에서도 온라인 수업이 도입되었다. 이 경험은 비상시나 필요한 경우에는 교사들이 수업의 모드를 온라인으로 변경할 수 있는 역량을 요구하게 되었다. 온라인 수업을 설계하고 개발하기 위해서는 온라인 수업의 다양한 유형에 대해 살펴볼 필요가 있다.

온라인 수업의 유형

온라인 수업은 그 유형에 따라 교수 설계나 교수 방법 그리고 교수자와 학습자의 역할이 달라지기 때문에 각 유형의 특징을 분명히 알아둘 필요가 있다. 여러 가지 유형 가운데 가장 대표적인 유형 몇 가지만 알아보도록 한다.

가. 동시적 학습(Synchronous learning)

동시적 학습에서는 교수자와 학습자가 음성과 비디오 화면을 통해 실시간으로 소통하며 수업이 가능하다. 주로 화상회의 플랫폼(예: Zoom)을 통해 이루어지며 교실 수업과 가장 유사한 형태를 재연할 수 있다. 즉각적 피드백이 가능하다는 장점이 있지만 학습자들이 다른 공간에 있으면서 정해진 시간에 참여해야 한다는 점에서 시간적 제약이 있다. 공간적으로는 자유롭지만 모든 학습자가 수업에 적합한 기술적, 사회적 환경에 있으리라는 보장이 없다. 따라서 원활한 수업 진행을 위해서는 교수자와 학습자 모두에게 상당한 노력이 요구된다. 일단 학습자가 모두 화상회의 플랫폼에 접속하여 수업을 정시에 시작하는 것이 가장 큰 도전이라고 알려져 있다.

나. 비동시적 학습(Asynchronous learning)

비동시적 온라인 학습에서는 교수자와 학습자가 시간과 장소의 제약을 받지 않는 수업이 가능하다. 학습자는 자신이 원하는 시간에 원하는 장소에서 수업 자료나 사전에 녹화된 강의를 수강할 수 있다. 즉각적인 피드백은 어렵지만 시간적 자율성을 원하는 학습자들에게 적합할 수 있다. 그러나 자기주도성이 낮은 학습자들은 진도(pacing) 조절에 실패하기 쉽다는 단점이 있다. 즉, 규칙적으로 학습 일정을 따라가지 않고 미루게 되면 후에는 학습량에 압도되어 제대로 학습 목표를 달성하기 어렵게 되는 것이다.

다. 블렌디드 러닝(Blended learning)

블렌디드 러닝은 대면 수업과 온라인 수업을 결합하여 이 두 모드가 상호 보완적으로 운영되는 방식을 말한다. 예를 들면, 대면 수업을 기반으로 하고 온라인 활동은 대면 수업을 심화하는 방식으로 학습 자료를 탑재하거나 토론방으로 활용할 수 있다. 혹은 온라인 수업을 기반으로 하고 필요에 따라 대면 수업을 실시할 수도 있다.

라. 하이브리드 러닝(Hybrid learning)

하이브리드 러닝은 대면 수업과 온라인 수업을 결합하여 각각의 장점을 극대화한 방식이다. 실제 하이브리드 러닝의 설계는 물리적(강의실, 온라인), 시간적(실시간, 비실시간) 환경에 따라서 다양한 유형을 보일 수 있다. 따라서 "두 개 이상의 교수법이 동시적으로 병행되거나 비동시적으로 교차되는 형태의 교수학습법"으로 정의되기도 한다(이경자 외, 2023). 즉, 다양한 형태의 대면, 비대면의 결합이 있을 수 있다는 의미이다. 하이브리드 러닝의 경우, 수업 모드의 결정이 교수설계에 포함되어 있어 교수자에 의해 주로 이루어진다. 이에 비해 하이플렉스 러닝의 경우 대면, 비대면이 동시에 이루어지고 참여의 선택권이 주로 학습자 편의에 의해 결정된다.

마. 하이플렉스 러닝(HyFlex learning)

하이플렉스는 하이브리드(Hybrid)와 플렉서블(Flexible)의 복합어로 하이브리드 러닝을 좀 더 유연하게 한다는 뜻이다. 즉, 대면 수업과 온라인 수업을 동시에 제공하여 학습자가 둘 중 한 가지 방식을 선택하여 학습할 수 있도록 하는 방식이다(최보라, 김현우, 윤혜진, 2024). 예를 들어, 일부 학습자는 교실에서 수업에 참여하고 교실에 오기 힘든 학습자들은 다른 지역에서 화상 회의와 같은 원격교육으로 같은 수업에 참여할 수 있도록 하는 것이다. 하이플렉스 러닝을 위해서는 대면 수업이 실시간 온라인으로 송출될 수 있는 장비가 갖추어진 교실 혹은 강의실이 필요하다. 또한 교수자는 같은 교실에 있는 학생뿐만 아니라 로컬 사이트에 있는 학생들에게도 관심을 가지면서 수업을 진행할 필요가 있다.

온라인 수업의 설계

대면 수업과 마찬가지로 온라인 수업 역시 다양한 방식으로 설계될 수 있다. COVID-19 기간 동안 국내의 경우, 초·중등학교에서 실시된 온라인 수업은 크게 다음 네 가지 유형으로 구분되는 것으로 나타났다(박상훈 외, 2020).

가. 콘텐츠 활용 중심 수업

사전에 제작된 콘텐츠를 활용하여 진행하는 수업 방식이다. 지난 COVID-19 기간에 교사들이 주로 사용한 콘텐츠는 EBS, e-학습터 등에서 제공하는 콘텐츠나 교사 자신이 직접 제작한 콘텐츠 등이었다. 학습자들은 학습사이트에서 제공하는 콘텐츠를 시청한 후 퀴즈나 토론을 통해 온라인으로 피드백을 받을 수 있다. 이 수업의 경우, 학습 동영상 시청이 주된 활동이지만 이후 퀴즈나 피드백, 온라인 토론 등을 통하여 학생들이 수업 활동을 돌아보고 학습 결과를 점검해 볼 수 있게 설계할 수 있다.

사전 준비 → 학습동영상 시청 → 퀴즈/토론 및 피드백 → 마무리

나. 과제 수행 중심 수업

과제 수행 중심은 교사가 제시한 과제에 대하여 온라인 학급방에 학생들이 수행한 과제물을 업로드 하고 이에 대하여 교사와 학생들이 서로 피드백 하며 상호작용하는 방식으로 이루어진다. 경우에 따라서는 온라인 실시간 토론이 이루어질 수도 있다. COVID−19 기간 동안 학습관리시스템(Learning Management System: LMS)이 구축되어 있지 않은 단위 학교에서는 교사들이 주로 위두랑, 네이버밴드, 구글 클래스룸 등 무료 플랫폼에 많이 의존한 것으로 나타났다(박상훈 외, 2020). 이 수업의 경우, 개별적 혹은 그룹별 과제 수행이 주된 활동이 되고 이를 제출한 후 평가 및 피드백을 받는 것으로 설계될 수 있다.

사전 준비 → 과제 수행 → 평가 및 피드백 → 마무리

다. 실시간 쌍방향 수업

실시간 쌍방향 수업은 줌(Zoom)과 같은 화상회의 플랫폼을 통하여 실시간으로 교수자와 학습자가 소통하면서 진행할 수 있는 수업 방식이다. 이 수업은 대면 수업과 가장 유사한 방식으로 수업 진행이 가능하다. 하지만 모든 학습자가 수업에 집중하고 참여하게 하기 위해서는 교수설계와 수업 진행 면에서 상당한 노력을 요한다. 수업을 강의나 설명으로 오래 진행 하기보다는 퀴즈나 소모임 토론 등 학습자를 참여시킬 수 있는 활동을 포함시키는 것이 좋다.

사전 준비 → 수업 활동 (강의, 설명, 퀴즈, 소모임 토론 등) → 마무리

라. 혼합형

혼합형은 위 세 가지 유형을 적절히 섞어서 수업을 설계하는 방식이다. 조사에 따르면, COVID-19 기간의 온라인 수업 중에 교사들은 콘텐츠 활용 수업과 과제 수행 중심 수업을 혼합하여 설계하는 경우가 가장 많은 것으로 나타났다(계보경 외, 2020). 초·중등 교사들이 원격수업에 대한 준비가 충분히 되지 않은 상태에서 선택했던 온라인 수업 방식은 <표 8-1>과 같다.

표 8-1 COVID-19 원격교육 상황에서 교사들이 사용한 온라인 수업 방식

수업 유형		비율(%)	
① 콘텐츠 활용 중심		45.14	
② 과제 수행 중심		7.98	
③ 실시간 쌍방향		5.96	
④ 혼합형	① + ②	78.4	40.93
	① + ③	10.45	
	② + ③	5.59	
	① + ② + ③	5.56	

출처: 계보경 외(2020; 28)

온라인 수업을 위한 콘텐츠 개발

콘텐츠란 동영상 자료뿐만 아니라 수업에 사용되는 모든 자료를 포괄하여 지칭하는 것이다. 이는 앞서 살펴 본 콘텐츠 활용 중심 수업을 위해서만 콘텐츠 개발이 필요하다는 것이 아니라는 의미이다. 과제 수행 중심과 실시간 쌍방향 수업에서도 콘텐츠는 필요하다. 그런데 모든 콘텐츠를 교사가 개발할 필요는 없다. 콘텐츠는 교사가 직접 개발하는 경우와 타인이 개발한 자료를 사용하는 경우, 혹은 타인의 자료를 수

정하여 사용하는 경우의 세 가지로 구분해 볼 수 있다.

COVID−19 팬데믹 기간 동안 교사들이 콘텐츠 개발을 위해 많이 활용한 자료들은 [그림 8−1]과 같이 나타났다. 실제로 교사들이 직접 개발한 자료나 보유하고 있는 자료를 활용하는 경우는 20.34%였고 나머지는 기존에 개발되어 있는 다양한 자료들을 활용하는 것으로 나타났다. 자신의 수업에 가장 적절한 자료를 개발하기 위해서는 교사가 스스로 콘텐츠를 개발하는 것도 필요하지만 여러 가지 콘텐츠 제공 사이트와 관련 정보들을 검색하고 확보해 두는 것도 중요한 작업이라고 할 수 있다. 구체적으로 콘텐츠 개발 부분은 본서의 4장 교수설계 부분을 참고하도록 한다.

그림 8-1 **원격수업 자료 제작 시 주 활용 콘텐츠(중복선택)**

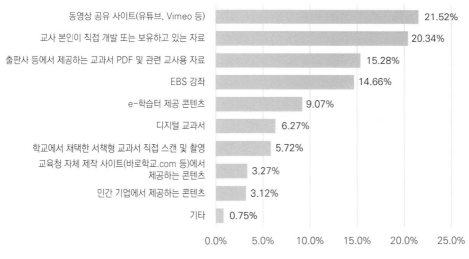

출처: 계보경 외(2020; 30)

2절. 온라인 수업과 관련된 학습자 특성

온라인 수업은 교실 수업과는 다른 방식의 교수–학습 방법을 요구한다. 따라서 성공적인 온라인 수업을 위해서 교수자는 온라인 수업과 관련된 학습자 특성을 이해할 필요가 있다.

성공적인 온라인 학습자 특성

일반적으로 성공적인 온라인 학습자의 특성은 다음과 같다(NCVPS, 2024). 보통 이런 학습자 특성은 성인 원격학습자 연구에서 밝혀진 내용들이었다(신나민, 이선희, 김수연, 2021).

- 자기 동기가 강한 사람
- 독립적인 학습자
- 컴퓨터 활용 능력이 있는 사람
- 시간 관리를 잘 하는 사람
- 의사소통을 잘 하는 사람
- 학업에 대한 열의가 강한 사람
- 학업에 대한 준비가 되어 있는 사람
- 기술적으로 준비가 된 사람

초·중등 온라인 학습자 특성

어린 학습자들도 위에서 밝힌 성공적인 온라인 학습자의 특성을 가질 수 있다. 그러나 초·중등 학습자들은 온라인 학습에 참여하는 동기가 성인과 다르므로 여러 측면에서 차이가 난다. 그리고 각 항목에 있어 학습자들 간의 개인차도 고려해야 할 것이다.

- 자기 동기가 강한 사람: 학교교육은 의무교육이므로 성인학습자들만큼 학습에

대한 자기 동기가 높기는 힘들다.

- **독립적인 학습자**: 마찬가지 이유로, 독립성도 어린 학습자들이 갖추기 힘든 역량이다. 따라서 온라인 수업의 참여나 지속을 위해서는 부모님이나 주변 조력자의 도움이 필요할 수 있다.

- **컴퓨터 활용 능력이 있는 사람**: 이 부분에 대해서는 청소년들이 성인보다 더 나은 수행을 보일 수도 있다. 그러나 수업이 이루어지는 플랫폼에 접속하고 과제를 제출하는 등의 기본 사항에 대해서는 사전 오리엔테이션을 통한 학습이 필요하다.

- **시간 관리를 잘 하는 사람**: 시간 관리는 학습자 자율성과 관련된다. 역시 어린 학습자들에게는 어려운 과제이다. 주변의 조력이 필요할 수 있다. 수업 시간에 맞추어 접속하는 것이 어려운 학습자도 있을 수 있다. 알람이나 공지를 통해 수업 일정을 지키도록 독려하는 것이 필요하다.

- **의사소통을 잘 하는 사람**: 온라인에서 말하고, 글 쓰고, 소통하는 방법과 에티켓에 대해 학습할 필요가 있다.

- **학업에 대한 열의가 강한 사람**: 이 항목은 온라인과 직접적인 관련이 없는 부분이지만 공부하고자 하는 열의가 강한 학습자가 온라인 수업에서도 성공적인 것은 사실이다(황현석, 김민정, 2022).

- **학업에 대한 준비가 되어 있는 사람**: 준비도(readiness) 역시 온라인이나 대면교육 모두 성공적인 학습을 위해 필수적인 요건이다.

- **기술적으로 준비가 된 사람**: 컴퓨터 활용 능력과는 별개로 SNS 계정 개설 및 사용, 각종 파일 작성 및 송출 등 과제를 온라인으로 처리하고 제출할 수 있는 기술적 능력이 필요하다.

위와 같은 학습자 특성 외에도 초등학생의 경우, 자녀 학습에 대한 부모의 관심 그리고 온라인 학습이 이루어지는 가정 환경 등도 온라인 수업이 포함된 블렌디드 러닝에서 학습격차를 가져올 수 있는 변인으로 나타났다(황현석, 김민정, 2022). 참고로 지난 팬데믹 기간의 조사에 따르면, 초등학생 학부모의 약 80%가 자녀의 원격수업에 도움을 주고 있다고 답한 반면 중·고등학교 학부모의 경우는 이 수치가 약 42% 정도 인 것으로 나타났다(계보경 외, 2020).

3절. 온라인 수업에서 고려해야 할 상호작용들

상호작용은 학습동기를 부여하고, 학습자의 인지적 정교화에 도움을 주고, 수업 구성원들 사이의 관계를 협력적으로 이끄는 등의 기능을 한다. 상호작용은 교수법 전반에서 다루어지는 보편적인 주제이지만 온라인 수업에서는 특히 중요하게 고려되어야 한다. 그 이유는 온라인 수업에서는 대면수업에서 일어날 수 있는 것과 같은 즉각적이고 자연스러운 상호작용을 기대하기 힘들기 때문이다. 즉, 온라인 수업에서의 상호작용은 교수자가 면밀히 계획하고 설계해야 제대로 실행될 수 있다.

상호작용의 유형들

온라인 수업에서 고려되는 상호작용은 크게 네 가지 유형으로 나누어 볼 수 있다. '학습자−교수자', '학습자−학습자', '학습자−내용', '학습자−인터페이스' 상호작용이 이에 해당된다. 앞에 나온 세 가지 유형의 상호작용은 무어(Moore, 1989)가 원격교육에서의 상호작용을 논의하면서 '세 가지 유형의 상호작용'이라고 소개한 것에서 시작되었다. 이후 다른 연구자들이 '학습자−인터페이스' 상호작용을 원격교육에 필요한 '제4의 상호작용'으로 추가하게 되었다(Hillman, Willis, & Gunawardena, 1994). 각 상호작용의 의미와 기능을 알아보도록 하자.

가. 학습자−교수자 상호작용

전통적으로 학습자들이 가장 중요하게 생각하는 상호작용이다. 수업이란 교수자로부터 무언가를 배우는 것이라고 생각하는 인식론적 신념을 가진 학습자는 대개 이 유형의 상호작용을 중요하게 여긴다. 콘텐츠 활용 중심 수업이나 과제 수행 중심 수업을 진행하는 경우에라도 교수자는 그 활동의 의미를 설명하고 피드백을 직접 해줌으로써 학습자—교수자 상호작용이 간과되지 않도록 하는 것이 필요하다.

나. 학습자—학습자 상호작용

학습자 간의 상호작용은 통신 기술의 발달로 인해 촉진된 상호작용이다. 독립학습(Independent study) 위주로 이루어지던 원격교육이나 동영상 시청을 중심으로 이루어지는 콘텐츠 활용 중심 수업에서는 학습자—학습자 상호작용이 설계되기 어렵다. 그러나 학습자—학습자 상호작용은 학습자의 고립감을 낮추고, 협업 기회를 제공하며, 학습 동기에도 영향을 주기 때문에 온라인 수업에서도 중요한 상호작용으로 고려되어야 한다.

다. 학습자—내용 상호작용

학습자—내용 상호작용은 학습자에게 학습이 일어나는 내면화 과정을 말한다. 즉, 학습자가 교과 내용을 인지하고 습득하는 과정이라고 할 수 있다. 다른 모든 상호작용은 결국 이 학습자—내용 상호작용을 조력하기 위한 활동이라고 할 수 있다. 즉, 수업 목표를 달성하고 실질적인 학습 결과가 있기 위해서는 학습자—내용 상호작용이 필수적이다.

라. 학습자—인터페이스 상호작용

학습자—인터페이스 상호작용은 학습자가 교수자, 다른 학습자, 그리고 내용에 접근하기 위해 거쳐야 하는 매체와의 상호작용을 일컫는다(Hillman, Willis, & Gunawardena, 1994). 예를 들어, 온라인 수업을 위해서는 특정 플랫폼에 접속해야 하고 이를 위해서는 컴퓨터나 스마트폰 등의 기술 매체가 필요하다. 이런 매체와 학습자의 접점을 학습자—인터페이스 상호작용이라고 한다. 따라서 인터페이스 디자인에 따라서 학습자들의 매체 활용이 편리해지기도 하고 그렇지 않기도 하다.

사용자 인터페이스 디자인(User Interface Design: UI Design)이 중요한 이유가 이 때문이다. UI 디자인은 웹사이트나 모바일 앱 등과 상호작용할 때 사용자가 보는 화면, 버튼, 아이콘, 텍스트, 이미지 등 시각적 요소를 설계하는 과정이라고 할 수 있다. 학습자-인터페이스 상호작용을 높이기 위해서는 사용자 편의성을 고려한 UI 디자인을 선택하는 것이 좋다. 좋은 UI 디자인은 그 매체와의 긍정적인 사용자 경험(User Experience: UX)을 높이는 데 기여하기 때문이다(Hellweger & Wang, 2015).

온라인 학습자 참여를 위한 수업전략

교실 수업과 비교해 볼 때 온라인 학습자들은 공간적으로 분리되어 있어 고립감을 느끼기 쉽다. 동시에 학습 이외의 활동, 즉 '딴짓'을 할 가능성도 높다(김수연, 신나민, 2019). 따라서 학습자들이 온라인 공간에서 교수자나 다른 학습자와 함께 있다는 느낌을 갖게 하는 것이 중요하다. 온라인 학습자들의 수업 참여를 위해 다음과 같은 전략들을 고려해 볼 수 있다.

가. 수업 참여와 관련된 지침을 명확히 준다.

예를 들어, 수업과 동시에 비디오를 켠다든지, 질문에 대한 답변을 채팅창에 입력하거나 마이크를 켜고 말하도록 하는 등 학습자들이 언제 어떻게 참여할 것인지에 대해 지침을 명확히 주는 것이 좋다.

나. 활동 중심 수업을 설계한다.

온라인 수업에서는 게임, 퀴즈 풀기, 소규모 토론 참여 등 학생들이 직접 참여하는 활동을 반드시 포함시키는 것이 좋다. 다양한 활동 중심으로 수업을 설계한다.

다. 개별적인 피드백을 제공한다.

수업 시간에 전체 학생에게 제공하는 피드백 외에도 학생들에게 개별적인 피드백을 제공하면 수업 참여를 높일 수 있다.

라. 온라인 게시판을 활용한다.

수업 시간에 적극적으로 발언하지 않는 학생도 비동시적 상호작용이 가능한 온라인 게시판에서는 질문을 하거나 토론에 참여할 수 있다. 온라인 수업에의 참여 방식을 다양화하는 것이 좋다(Hrastinski, 2008).

마. 실시간 응답 도구를 활용한다.

퀴즈나 투표 등 실시간 응답이 가능한 앱 등을 활용하면 학생들의 수업 참여를 높이고 즉각적 피드백이 가능하도록 할 수 있다(Wang & Tahir, 2020). 카훗(Kahoot!), 소크라티브(Socrative), 패들렛(padlet) 등 다양한 도구들이 있다. 여러 가지 학습 도구들 가운데 학생들의 연령과 기호, 사용자 편의성, 인터페이스 디자인, 비용 등 다양한 요소들을 고려하여 선택하도록 한다.

온라인 수업에서 상호작용을 방해하는 요인들

온라인 수업에서의 상호작용은 학습을 촉진하는 데 중요한 기능을 한다. 그러나 온라인이라는 수업 환경에서는 상호작용을 촉진하기보다 방해하는 요인들이 더 많다. 교수자는 이런 요인들을 사전에 파악하여 대비할 필요가 있다. 그 방해 요인들은 다음과 같은 몇 개의 측면으로 나누어 볼 수 있다.

가. 수업 설계 요인

수업 설계 자체에 상호작용이 고려되어 있지 않으면 어떤 유형의 상호작용도 일어나기 힘들다. 교수자는 각 유형의 상호작용에 활용될 수 있는 플랫폼이나 애플리케이션을 점검하고 사전 테스트 후 수업에 적절히 사용할 필요가 있다. 또한 온라인 수업에서의 상호작용은 실시간, 비실시간 상호작용으로 나뉘어질 수 있기 때문에 상호작용의 목적과 온라인 수업의 유형을 모두 고려하여 설계할 필요가 있다(Berge, 1995).

나. 학습자 요인

학습자의 연령, 성숙도, 학습동기, 학습 준비도, 집중력, 성격 특성 등 다양한 개인적 요인들도 온라인 수업의 상호작용에 영향을 미칠 수 있다. 특히, 대인 간의 상호작용은 공감과 소통 능력을 전제로 하기 때문에 사회적 관계도 상호작용의 참여에 영향을 미칠 수 있다. 즉, 교수자나 다른 학습자와의 관계나 수업의 분위기 등이 학습자들이 다양한 유형의 상호작용에 참여하는 데 영향을 줄 수 있다. 또한 자신이 직접적인 상호작용을 하지 않더라도 동료 학습자들의 질문과 교수자의 피드백 등 활발한 상호작용을 관찰한 학습자들은 그 수업의 상호작용성이 높다고 인식하는 것으로 나타났다. 이것을 대리적 상호작용(vicarious interaction)이라고 한다(Sutton, 2001).

다. 기술, 환경적 요인

온라인에서의 상호작용은 여러 가지 기술 매체로 중재되기 때문에 개인 학습자의 기술 환경적 측면도 상호작용 참여에 영향을 미칠 수 있다. 실제로 온라인 수업에서 비디오를 켜지 않는 이유 중에 개인의 사적인 공간을 노출하기 싫다는 의견도 있었고(박서진, 신나민, 2023), 팬데믹 기간에 이루어진 온라인 수업에서는 컴퓨터 사양의 문제, 인터넷 접속의 문제, 컴퓨터를 다른 형제나 가족들과 함께 사용해야 하는 문제 등으로 수업 참여가 어렵다고 하는 의견도 있었다(황현석, 김민정, 2022). 따라서 교수자는 학습자가 어떤 애로점 때문에 수업에의 상호작용 참여가 어려운지를 파악하고 그에 맞는 적절한 조력을 제공하는 것이 좋다.

참고문헌

- 계보경 외(2020), Edutech Trend #10 **COVID-19에 따른 초·중등학교 원격교육 경험 및 인식 분석**, 한국교육학술정보원.
- 김수연, 신나민(2019). 동영상 강의 중 딴짓과 몰입의 세대 간 비교, **교육정보미디어연구**, 25(2), 273-298.
- 박상훈, 김은협, 김태우, 유미경, 양선환(2020). **원격교육 수업 실행 방안**. 한국교육학술정보원 연구보고서, RM 2020-11.
- 박서진, 신나민(2022), 실시간 온라인 수업에서 대학생의 비디오 사용에 영향을 미치는 변인 연구, **교육정보미디어연구**, 28(4), 959-982.
- 신나민, 이선희, 김수연(2021), **교사와 예비교사를 위한 원격교육론**, 박영스토리.
- 이경자, 연석정, 김미경, 류수연, 교양교과 하이브리드 러닝 모델 개발, **문화교류와 다문화교육**, 12(2), 481-507.
- 최보라, 김현우, 윤혜진(2024), 하이플렉스(HyFlex) 기반 대학 간 공유협력 수업 개발 연구, **대학 교수-학습 연구**, 17(1), 61-79.
- 황현석, 김민정(2022). 초등학교 5-6학년군의 블렌디드러닝에서 학습 격차가 심화되는 과정에 관한 근거이론 연구. **교육공학연구**, 38(1), 69-108.
- Berge, Z. L. (1995). Facilitating computer conferening: recommendatations from the field, *Educational Technology,* January-February, 22-30.
- Hellweger, S. & Wang, X. (2015), *What is User Experience Really: towards a UX Conceptual Framework*, https://doi.org/10.48550/arXiv.1503.01850
- Hillman, C. A., Wills, D. J., & Gunawardena, C. N. (1994), Learner-interface interaction in distance education: an extension of contemporary models and strategies for practitioners. *The American Journal of Distance Education*, 8(2), 30-42.
- Hrastinski, S. (2008). A study of asynchronous and synchronous e-learning methods discovered that the purpose of each differs. *Educause Quarterly*, 31(4), 51-55.
- Moore, M. G. (1989). Editorial: Three types of interaction. *American Journal of Distance Education*, 3(2), 1-6.
- NCVPS (2024). *Characteristics of a successful online learner*, https://ncvps.org/characteristics-of-a-successful-online-learner/
- Sutton, L., A. (2001). The principle of vicarious interaction in computer-mediated communications. *International Journal of Educational Telecommunications*, 7(3), 223-242.
- Wang, A. I., & Tahir, R. (2020). The effect of using Kahoot! for learning-A literature review. *Computers & Education*, 149, 103818.

Q. 온라인 수업은 비상시에만 필요한 것 아닌가요?

A. 음… 그렇게 생각할 수도 있겠네요. 국내의 경우, 초·중·고등학교에서의 온라인 수업은 COVID−19로 인해 도입되기 시작했으니까요. 그러나 이 경험으로 인해 이제 한국뿐만 아니라 전 세계가 대면, 비대면이 공존하는 소통 방식을 '뉴 노멀'로 받아들이게 된 것도 사실입니다. 즉, 감염병이나 전쟁, 자연재해 등의 비상시에만 등장했던 원격교육이나 비대면 소통 방식이 일상생활에서도 필요에 따라 얼마든지 통용되기 시작했다는 거죠. 따라서 교사들이 온라인 수업을 설계하고 운영할 수 있는 역량은 앞으로 더욱 강조될 것 같아요. 여러분은 '비상시'에 온라인 수업을 하기 위해서 이 장을 배운다기보다는 온라인 수업에 대한 이해는 이 시대 교사의 기본 역량이라고 보는 게 타당할 것 같습니다.

교육공학에서의 평가

1절. 프로그램 평가
2절. 학습자 평가

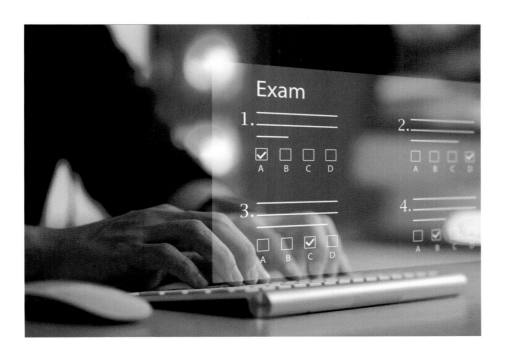

CHAPTER 09

교육공학에서의 평가

학습목표

1. 교육 프로그램 평가에 사용될 수 있는 모형의 예를 들 수 있다.
2. 학습자 평가 시 평가의 목적에 적합한 평가 방법을 선택할 수 있다.
3. 수행평가의 목적에 맞게 사용할 수 있는 루브릭을 개발할 수 있다.

일단 해보자

한 학기 수업의 결과를 어떻게 평가하는 것이 바람직하다고 생각하는지 옆 사람과 함께 이야기해 봅시다.

평가(evaluation)는 가치(value)를 판단하는 아주 민감하고 중요한 사안이다. 교육활동에서 평가와 관련된 전문적인 지식은 교육학의 하위 영역인 교육평가라는 분야에서 심도 있게 다루고 있다(예: 백순근, 2019; 성태제, 2019). 따라서 본서에서는 교육공학분야에서 필수적으로 알아두어야 할 프로그램 평가와 학습자 평가 부분에 대해서만간략하게 다루기로 한다. '평가＝시험'이라는 인식에서 벗어나서 평가의 종류, 목표, 방법 그리고 평가와 관련된 중요한 쟁점들에 대해 학습하도록 한다.

1절. 프로그램 평가

여기서 프로그램이란 교육 프로그램 전반을 가리킨다. 한 차시 수업일 수도 있고특정 교육 활동을 위해 기획된 프로그램일 수도 있다. 프로그램 평가를 위한 방법은다양하지만 여기서는 교육공학 분야에서 대표적인 모형들을 소개한다.

타일러(Tyler)의 목표 중심(Goal Oriented Evaluation) 모형

교육의 목표를 설정하고 그것이 달성되었는지를 평가하는 가장 고전적인 평가 모형이다. 타일러(Tyler, 1942)에 의해 제기되었고 교육 분야에서 평가를 체계화했다고 알려져 있다. 이 모형은 1940년대 출현했다. 행동주의 심리학의 영향을 받았고, 교육목표는 주로 행동적 진술과 관찰, 측정이 가능한 형태로 설정되어야 한다고 본다. 이 모형의 특징은 다음과 같다.

가. 절차

교육목표 설정, 교수-학습활동 그리고 평가로 진행된다.

나. 장점

• 교육목표를 중심으로 명확하게 평가 기준을 세울 수 있다.
• 수업 설계와 평가를 교육목표를 중심으로 체계적으로 연결시킬 수 있다.
• 적용이 비교적 용이하다.

다. 단점

• 교육목표로 설정된 이외의 부수적 효과는 평가에서 누락될 수 있다.
• 행동적으로 관찰이나 측정이 힘든 정의적 영역의 경우 평가가 힘들 수 있다.

라. 예시

• 목표: 학생들이 특정 수학 단원을 학습한 후, 평균 70% 이상의 점수를 달성한다.

• 실행: 교사가 수업을 하고 연습 문제를 통해 학습을 강화한다.

• 평가: 단원 시험을 통해 학생들의 평균 점수가 70% 이상인지 확인한다.

• 결과: 평균 점수가 70% 미만이라면 교수 방법이나 교재를 개선한다.

커크패트릭(Kirkpatrick)의 4단계 평가 모형

커크패트릭(Kirkpatrick, 1959)에 의해 제안되었으며 주로 기업교육 또는 교육훈련 프로그램의 효과성을 평가하는 데 사용된다.

가. 절차

다음 4단계를 포함한다.

- 반응(Reaction): 주로 프로그램 만족도로 측정된다. 만족도는 강사, 수업 내용 및 방법, 시설, 수업 운영 등 다양한 측면을 다룰 수 있다. 그러나 만족도가 학습 결과를 담보하지는 않는다.

- 학습(Learning): 학습자가 프로그램을 통해 실제로 새로운 지식, 기술, 태도를 습득했는지를 평가한다. 프로그램 종료 후 시험이나 시연 등으로 측정할 수 있다.

- 행동(Behavior): 학습의 결과로 학습자의 행동 변화가 일어났는지를 평가한다. 즉, 학습의 전이(transfer)가 일어났는지를 파악하는 것이다. 이 행동 변화는 교육 프로그램 참여 후 현업으로 돌아가서 학습한 바를 업무에 적용하는 과정에서 나타나므로 단기간에 평가하기는 힘들다.

- 결과(Results): 프로그램이 조직의 목표에 기여했는지를 평가하는 것이다. 이 결과는 조직의 생산성 향상이나 투자수익률(Return on Investment: ROI)로 측정되기도 한다. 여기서 투자는 교육프로그램에의 투자가 되고 수익은 그로 인해 발생한 이익을 의미한다(Phillips, 1997).

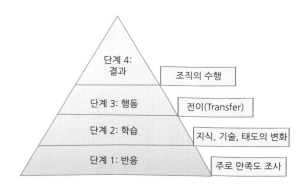

그림 9-1 커크패트릭의 4단계 평가모형

단계 4: 결과 — 조직의 수행

단계 3: 행동 — 전이(Transfer)

단계 2: 학습 — 지식, 기술, 태도의 변화

단계 1: 반응 — 주로 만족도 조사

나. 장점

- 프로그램의 효과를 다층적인 면에서 평가할 수 있다.
- 프로그램에 참여한 개인 학습자와 조직에 미친 영향을 모두 평가할 수 있다.
- 정량적, 정성적 방법 등 다양한 방법을 활용하여 평가할 수 있다.

다. 단점

- 직무나 조직에 미친 영향을 양적으로 평가하기 쉽지 않다.
- 4단계 평가를 모두 실시하기에는 시간과 비용이 많이 든다.

라. 예시

- 기업 교육 프로그램: 자동차 회사 영업 사원들의 직무 교육 후 교육만족도, 학습 결과, 업무 수행에서의 행동 변화(영업 전략 및 수행 등) 및 결과(전년도 대비 자동차 판매 수익) 등을 평가할 수 있다.

스터플빔(Stufflebeam)의 CIPP 모형

CIPP는 맥락(Context), 투입(Input), 과정(Process), 결과물(Product)의 약어이다. 1960년대 스터플빔에 의해 제안된 모형으로 프로그램 개발의 각 단계에서 필요한 의사결정을 도울 수 있다는 점이 특징이다(Stufflebeam, 2003).

가. 각 단계에서의 평가 목적과 내용

- 상황(Context): 프로그램의 목적과 필요성을 평가하는 것이다. 프로그램이 필요한 배경과 맥락 분석을 주 내용으로 한다. 문헌검토, 설문조사, 관련자들 인터뷰를 통해 이루어질 수 있다.

- 투입(Input): 프로그램의 목적을 달성하기 위해 필요한 자원을 평가하는 것이다. 가용 가능한 자원과 실행가능성 등을 분석한다. 비용-효과 분석, 전문가 검토 등을 통해 이루어질 수 있다.

- 과정(Process): 프로그램의 실행 과정이 제대로 되고 있는지를 평가하는 것이다. 프로그램이 설계대로 진행되고 있는지를 관찰하며 중간 보고서 등을 통해 과정을 평가한다. 실행 과정에서 문제점과 개선 사항이 도출될 수도 있다.

- 결과물(Product): 프로그램이 목표를 달성했는지 그 성과를 평가하는 것이다. 프로그램의 효과성을 단기, 장기로 나누어 파악할 수도 있다. 성과 지표 분석, 학습자 평가, 설문조사 등 다양한 방법을 사용할 수 있다.

나. 장점

- 프로그램 개발의 전 과정을 평가함으로써 질 관리가 가능하다.
- 다양한 이해관계자의 요구를 반영할 수 있다.
- 자료 중심의 의사결정을 지원할 수 있다.

다. 단점

- 각 단계의 평가에 소요되는 시간과 자원이 많이 든다.
- 복잡한 평가 과정으로 인해 피로감을 느낄 수 있다.

교육방법 및 교육공학: 기초부터 AI 활용까지

라. 예시: 도서 산간 지역 학교들의 원격교육 자원 부족 문제 해결을 위한 프로젝트

- 상황 평가: 도서 산간 지역 학교들의 원격교육 자원 부족 문제를 확인한다.

- 투입 평가: 온라인 인프라 및 학습관리시스템(LMS) 도입과 자원을 분석한다.

- 과정 평가: 온라인 및 LMS 활용도 및 학생과 교사의 피드백을 수집한다.

- 산출 평가: 학습 효과와 시스템 만족도를 평가한다.

스테이크(Stake)의 반응적 평가 모형

반응적 평가모형은 전통적인 목표 중심 평가 모형의 한계를 극복하기 위하여 스테이크(Stake, 1975)에 의해 제안되었다. 여기서 반응적(responsive)이라는 말은 프로그램 이해 당사자의 관심사에 반응하여 이를 평가 과정에 포함하겠다는 의미이다. 교육 프로그램에 있어서 이해 당사자란 학습자, 교수자, 학부모, 학교행정가, 교육정책가 등 다양한 집단을 아우를 수 있다. 목표 중심 평가 모형이 설정된 목표 외의 예상치 못한 결과나 환경적 요인들을 간과할 수 있는 반면, 반응적 평가는 이러한 요인들도 평가에 포함 시킬 수 있는 여지가 있다.

가. 절차

반응적 평가모형의 절차는 단계적이기보다 순환적이고 유연하다. 스테이크(Stake)는 이 절차를 '12개의 반복되는 이벤트(12 recurring events)'로 표현하고 시계처럼 나타내었다([그림 9-2] 참조). 그리고 이 12개의 이벤트는 평가가 끝날 때까지 시계 방향으로 진행될 수도 있고, 반시계 방향으로 진행될 수도 있고, 크로스 방향으로 진행될 수도 있다고 밝히고 있다(Stake, 1973; 351). 즉, 이 12개의 단계가 순차적으로 진행되는 것이 아니라는 점을 분명히 하고 있다. 필요에 따라서 여러 단계가 동시에 진행되기도 하고, 생략될 수도 있다는 점에서 이 모형이 유연하다는 평가를 받는 것이다. 12개의 이벤트를 단순화시켜 보았을 때, 반응적 평가는 상황에 대한 이해, 주요 쟁점 도출, 다양한 관점 수집, 평가 설계 및 실행, 그리고 피드백 제공의 순으로 진행됨을 알 수 있다.

그림 9-2 반응적 평가모형의 주요 이벤트들

출처: Stake(1973; 352)

나. 장점

- 프로그램 목표 외에도 실제 상황에서 중요한 요소들을 반영하여 평가할 수 있다.
- 여러 이해 당사자들의 상대적 가치와 다양한 목소리를 반영하여 평가할 수 있다.
- 양적, 질적 자료를 모두 사용하여 복잡한 사안에 대한 분석이 가능하다.

다. 단점

- 평가의 범위가 넓고 복잡해서 시간과 자원 소모가 클 수 있다.
- 평가의 기준과 결과의 해석이 주관적일 수 있다.

라. 예시

"Stake의 반응적 평가에 의한 음악과 창의적 체험활동을 통한 인성교육 활성화

방안에 대한 평가"(김미숙, 허수연, 2013) 이 논문을 참고하여 스테이크의 반응적 평가 모형이 실제 프로그램 평가에 어떻게 적용될 수 있는지를 파악하도록 한다. 특히 이 논문에서는 스테이크의 반응적 평가 모형의 목표를 '프로그램의 질 개선'과 '사회 발달'의 두 측면으로 조망하고 있다.

2절. 학습자 평가

학습자 평가는 그 목적과 방법, 시기에 따라 다양한 관점에서 살펴볼 수 있다.

진단평가, 형성평가, 총괄평가

교수－학습 활동과 관련하여 가장 기본적으로 이해해야 할 평가들이다. 각 평가의 시기와 목적이 서로 다른 점에 주목하여 각 평가의 특징을 살펴보자.

가. 진단평가(Diagnostic Assessment)

진단평가는 학습 시작 전에 학습자의 현재 수준을 파악하는 것을 목적으로 실행되는 평가이다. 이 평가는 학습자의 학습 준비도(readiness)나 선행 학습 수준을 파악하여 그 수준에 맞추어 교육 프로그램을 제공하거나 교수 전략을 설계하는 데 도움을 줄 수 있다. 즉, 진단평가는 교수 설계를 위한 기초 자료를 제공해 줄 수 있다 (Bloom, Hastings, & Madaus, 1971).

나. 형성평가(Formative Assessment)

형성평가는 학습 과정에서 학습의 진행 상황에 대한 상태를 파악하기 위해 실행되는 평가이다. 주로 퀴즈나 과제, 수업 시간 중의 질의, 응답 등을 통해 이루어질 수 있다. 평가의 결과에 대해 피드백을 주거나 교수 전략 등을 바꿈으로써 학습을 촉진할 수 있다. 즉, 학습 진행 과정을 모니터링하기 위한 평가라고 할 수 있다(Black & Wiliam, 1998).

다. 총괄평가(Summative Assessment)

총괄평가는 학습을 마친 후 학습 목표가 달성되었는지를 최종적으로 판단하기 위한 평가이다. 기말고사나 졸업 시험 등이 이에 해당한다고 할 수 있다. 평가의 결과는 학습 결과나 교수법의 효과성에 대한 종합적인 판단 근거로 사용될 수 있다 (Bloom, Hastings, & Madaus, 1971).

준거지향평가와 규준지향평가

가. 준거지향평가(Criterion-Referenced Evaluation)

준거(criterion)를 달성했는가를 평가하는 것을 목적으로 한다(Glaser, 1963). 준거란 설정된 학습 목표나 기준을 의미한다. 평가의 초점이 개별 학습자가 어느 정도 학습 목표를 달성했는가에 있기 때문에 다른 학습자와의 비교는 중요하지 않다. 즉, 개별 학습자의 역량이 특정한 기준에 도달했는지 아닌지를 파악하는 것이 목적이다. 운전면허시험을 그 예로 들 수 있다.

나. 규준지향평가(Norm-Referenced Evaluation)

규준(norm)이란 측정, 평가에서 개인의 성취를 비교할 수 있는 집단의 평균을 의미한다(Ebel & Frisbie, 1991). 규준지향평가는 집단의 성취 분포 가운데 학습자의 상대적 위치를 파악하게 해 주는 평가이다. 예를 들어, 표준화된 시험에서 학생의 점수는 집단의 평균 점수에 비추어 어느 정도인지로 표시해 줄 수 있다. TOEFL 같은 평가에서는 응시자가 상위 혹은 하위 몇 퍼센트에 있는지를 보여줄 수 있다. 즉, 규준지향평가는 학습자가 학습 목표에 어느 정도 도달했는가보다는 같은 시험에 응시한 사람들과 비교하여 어느 수준에 위치하는가를 나타내는 데 초점이 있다.

지필평가와 수행평가

시험의 형식에 따른 구분이다.

가. 지필평가(Paper-and-pencil test)

지필평가는 학습자의 학습 결과를 서면으로 확인하는 평가 방법이다(Popham, 2020). 주로 시험지에 질문이 주어지고 학습자가 답변을 작성하는 형태로 진행된다. 지필평가의 대표적인 유형을 살펴 보자.

- 선다형(Multiple choice): 보기로 정답과 오답이 섞여 제시되며 정답을 고르라고 하는 형태로 제시된다.
  예시: 다음 중 대한민국의 수도는? ① 서울 ② 대전 ③ 경주 ④ 전주

- 진위형(True-False): 진술의 참, 거짓을 답하도록 한다.
  예시: 대한민국의 수도는 서울이다.

- 결합형(Matching): 서로 관련되는 것끼리 연결하도록 한다.
  예시: 각 문항 유형에 맞는 특성을 서로 연결시켜 보세요.
    1. 선다형   A. 답이 둘 중 하나
    2. 진위형   B. 보기에 정답과 오답이 섞여 있음
    3. 결합형   C. 같은 수의 문항과 선택지가 제시됨

- 단답형(Short-answer): 짧은 단어나 문장을 직접 쓰도록 한다. 예시 2를 완성형 이라고 칭하기도 한다.
  예시 1: 대한민국의 수도는 어디인가?
  예시 2: 대한민국의 수도는 (   )이다.

- 논술형(Essay): 특정 주제에 대한 작문을 요하는 문제이다. 다른 유형에 비해 창 의력, 비판력, 분석력 등 학생들의 고등 정신 능력을 평가할 수 있다.
  예시: 인공지능 기술의 등장이 학생의 학습에 가져올 긍정적, 부정적인 측면을 기술하고 이와 관련하여 미래 교사의 역할에 대해 논하시오.

논술형의 경우 채점에 시간이 오래 걸리고 평가의 신뢰도를 위해 복수의 채점자를 요하기도 한다. 반면, 지필형의 경우 논술형을 제외하고는 모두 답이 정해져 있어 출제와 채점이 비교적 용이하다는 장점이 있다. 그러나 학습자의 창의력이나 실제 수행 능력을 평가하기는 힘들다는 단점이 있다. 따라서 지필평가 문항 개발 시에는 평가의 목표, 다양한 문항 유형별 장단점, 출제 및 채점에 소요 되는 시간 및 평가의 신뢰도와 타당도를 모두 고려할 필요가 있다.

나. 수행평가(Performance Assessment)

학습자의 실제 수행 또는 산출물을 제작하는 과정과 결과를 포괄적으로 평가할 수 있는 방법이다. 지필 평가가 주로 정답이 정해져 있는 문제나 개인 학습자의 평가에 초점을 둔 반면, 수행평가는 창작물에 대한 집단 평가도 가능하다. 결과물은 포트폴리오, 발표, 시연, 보고서 등 다양한 형태로 제시될 수 있다(Wiggins, 1998).

장점

• 창의력, 협업 및 소통 능력, 문제해결 능력, 비판적 사고력 등 고등 정신 능력 평가가 가능하다.
• 학습의 결과뿐만 아니라 과정에 대한 평가도 가능하다.

단점

• 평가의 신뢰도와 타당도를 확보하기 위해서는 루브릭 개발 등 별도의 시간과 노력이 필요하다.
• 평가에 시간과 비용이 많이 소요된다.
  예시: 루브릭 평가
• 루브릭(rubric) 평가는 정해진 평가 기준과 성취 수준에 따라 학습자의 수행을 평가하는 방법이다(Moskal, 2000). 학습자는 사전에 마련된 평가 기준과 성취 수준을 참고하여 보다 효율적으로 학습 목표를 달성할 수 있고, 교수자는 명확한 기준에 따라 평가하게 되므로 평가의 효율성과 공정성을 도모할 수 있다. 루

브릭은 다양한 형태로 개발될 수 있고 그 개발에는 교수자뿐만 아니라 학습자도 참여할 수 있다. 그리고 학습자의 수준과 평정 척도를 고려하여 기존 루브릭을 활용할 수도 있다. 아래에서 배드민턴 수행 평가를 위한 루브릭의 예시를 살펴 보자.

표 9-1 배드민턴 수행 평가를 위한 루브릭 예시 1

수준	평가내용
상	1. 교사에게 배운대로 모든 샷을 좋은 자세로 민첩하게 구사한다. 2. 코트의 모든 부분을 지키며 움직이고 원래 위치로 일관되게 돌아온다. 3. 서브순서와 교체에 대한 규칙을 정확히 알고 적용하며 다른 사람의 좋은 플레이를 시종 칭찬한다.
중	1. 배드민턴의 샷과 서브에서 실수가 가끔 엿보인다. 2. 코트를 지키고 대개 원래 위치로 되돌아온다. 3. 배드민턴 경기 규칙을 알고 즐겁게 참여하나 동료와 조화롭게 하는 것보다는 동료에 앞서 처리하려는 모습이 가끔 나타난다.
하	1. 자세가 흐트러져 셔틀콕을 정확히 라켓에 맞추지 못하는 일이 많다. 2. 샷을 하기 위해 움직이고 그 곳에 남아있다. 3. 배드민턴 경기 규칙에 어긋 나는 행동이 발견되고, 제자리를 지키지 못하여 동료와의 팀워크가 자주 어긋난다.

출처: 곽태근, 조한무(2012; 5)

이번에는 루브릭의 평가 기준을 기술 숙련도, 전략 이해도, 태도와 협동으로 정하고, 평정 척도를 우수, 양호, 보통, 미흡의 4점 척도로 한 루브릭을 만들어 보자. <표 9-2>에 소개된 내용은 그 평가 기준과 척도에 대한 설명이라고 할 수 있다.

표 9-2 | 배드민턴 수행 평가를 위한 루브릭 예시 2

평가 기준	우수(4점)	양호(3점)	보통(2점)	미흡(1점)
기술 숙련도	기본 기술(서브, 드라이브, 클리어, 스매시 등)을 정확하고 부드럽게 구사하며, 상황에 맞는 기술 선택이 뛰어남	기본 기술을 대부분 정확하게 구사하며, 상황에 맞는 기술 선택이 적절함	기본 기술을 구사할 수 있으나 정확도가 떨어지거나 부드럽지 못함	기본 기술을 구사하지 못하거나, 기술 사용이 매우 부정확함
전략 이해도	게임 상황에 따라 적절한 전략(공격 및 수비 전환, 빈 공간 활용 등)을 완벽히 이해하고 실행함	게임 상황에서 적절한 전략을 이해하고 실행하지만, 일부 미흡한 부분이 있음	전략을 부분적으로 이해하고 게임 상황에서 실행이 어렵거나 효과적이지 않음	전략을 이해하지 못하거나, 게임 상황에서 실행하려는 시도가 전혀 보이지 않음
태도와 협동심	적극적이고 성실한 태도로 경기에 임하며, 팀원과 협력하여 긍정적인 경기 분위기를 만듦	성실한 태도로 경기에 임하며, 팀원과 협력하려는 노력이 있음	경기 태도가 다소 소극적이거나 팀원과의 협력이 부족함	경기 태도가 매우 소극적이며, 팀원과의 협력이 전혀 이루어지지 않음

객관식 평가와 주관식 평가

객관식 평가와 주관식 평가를 구분하는 기준은 평가에 채점자의 주관이 개입되는가, 아닌가에 있다. 지필평가의 유형에서 보았던 단답형이나 완성형의 경우 답이 이미 정해져 있으므로 평가에 있어 평가자의 주관이 개입되지 않는다. 따라서 이는 객관식 평가로 분류된다(한정선 외, 2014). 그런데 논술형은 평가자에 따라 다른 점수를 줄 수도 있으므로 주관식으로 분류된다. 주관식 평가의 경우에도 평가의 공정성을 보장하기 위하여 복수의 평가자를 선정하고 평가자들이 선정된 평가 기준을 공유하도록 하는 등의 노력을 해야 한다.

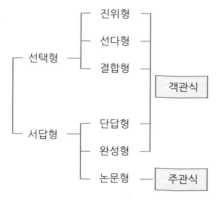

그림 9-3 평가 문항의 분류

```
                          ┌── 진위형 ──┐
                          │            │
                 ┌ 선택형 ─┼── 선다형 ──┤
                 │        │            │
                 │        └── 결합형 ──┤── [객관식]
                 │                     │
                 │        ┌── 단답형 ──┤
                 └ 서답형 ─┤            │
                          ├── 완성형 ──┘
                          │
                          └── 논문형 ──── [주관식]
```

출처: 한정선 외(2014; 311)

참고문헌

- 곽태근, 조한무(2012). 루브릭(rubric)을 활용한 관찰평가 도구의 적용 경험. **홀리스틱교육연구**, 16(3), 1-21
- 김미숙, 허수연. (2013). Stake의 반응적 평가에 의한 음악과 창의적 체험활동을 통한 인성교육 활성화 방안에 대한 평가. **음악교육공학**, (17), 267-282.
- 백순근(2019). **교육평가의 이론과 실제**. 교육과학사.
- 성태제(2019). **교육평가의 기초**. 학지사.
- 신나민, 하오선, 장연주, 박종향(2019). **이판사판 교육방법 및 교육공학 제2판**. 박영스토리.
- 한정선 외(2014). **21세기 교사를 위한 교육방법 및 교육공학**. 교육과학사.
- Black, P., & Wiliam, D. (1998). Assessment and classroom learning. Assessment in *Education: Principles, Policy & Practice*, 5(1), 7-74.
- Bloom, B. S., Hastings, J. T., & Madaus, G. F. (1971). *Handbook on Formative and Summative Evaluation of Student Learning*. McGraw-Hill.
- Ebel, R.L., & Frisbie, D. A. (1991) *Essentials of Educational Measurement*. 5th Edition, Prentice-Hall, Englewood Cliffs.
- Glaser, R. (1963). Instructional technology and the measurement of learning outcomes. *American Psychologist*, 18(8), 519-521.
- Kirkpatrick, D. L. (1959). Techniques for evaluating training programs. *Journal of the American Society of Training Directors*, 13(3), 21-26.
- Moskal, B. M. (2000). Scoring Rubrics: What, When and How? *Practical Assessment, Research and Evaluation*, 7(1), 3.
- Phillips, J. J. (1997). *Return on investment in training and performance improvement programs*. Houston: Gulf Professional Publishing.
- Popham, W. J. (2020). *Classroom Assessment: What Teachers Need to Know* (9th ed.). Pearson Education.
- Stake, R. E. (1973). Program evaluation, particularly responsive evaluation. *Journal of Research and Development in Education*, 7(1), 34-37.
- Stake, R. E. (1975). *Evaluating the arts in education: A responsive approach*, Columbus, OH: Merrill Publishing.

- Stufflebeam, D (2003). CIPP model, in T. Kellaghan & D.L. Stufflebeam (eds.)., *International Handbook of Educational Evaluation*, 31-62. Dordrecht: Kluwer Academic Publishers.
- Tyler, R. W. (1942). *General statement on evaluation*. In Smith, T. & Tyler, R. W. (Eds.), Evaluation in Education: Progress Report of the Cooperative Study of Evaluation in General Education. American Council on Education.
- Wiggins, G. (1998). *Educative Assessment: Designing Assessments to Inform and Improve Student Performance*. Jossey-Bass.

Q. 이건 교육공학과 상관없는 건데요. 시험 불안은 어떻게 하면 좋을까요?

A. 아, 괜찮아요. 충분히 이해가 가는 질문입니다. 누구나 시험 보기 전에는 불안하지요. 그런데 이 불안이 도를 지나치면 성적에 나쁜 영향을 주지만 어느 정도 있는 것은 오히려 좋은 성과로 연결되기도 한답니다. 그래도 불안한 건 불쾌하지요. 그럴 때는 명상을 해보세요. 유발 하라리가 쓴 「21세기를 위한 21가지 제언」이라는 책을 보면 마지막 21번째가 명상입니다. 치열한 자아성찰이 필요한 시대에 자신의 내면을 돌아보는 힘은 몸과 마음의 회복을 위해 아주 중요하답니다. 시험 불안도 그 원인이 무엇인지, 어떻게 하면 극복할 수 있는지, 실제로 자신이 그 답을 알고 있어요. 조용히 자신의 내면을 들여다보고 명상을 해보면 답이 나올 겁니다. 안 나오면… 흠, 저한테 연락하세요. 하하…

교수-학습 지도안

교수-학습 지도안

학습목표
1. 교수-학습 지도안의 구성요소에 대해 설명할 수 있다.
2. 교수-학습 지도안을 작성할 수 있다.

일단 해보자
〈보기〉는 교수-학습 지도안을 작성할 때 포함해야 할 내용들입니다. 이를 기본요소, 필수요소, 선택요소로 구분해 보고 그렇게 구분한 이유에 대해 함께 이야기해 봅시다.

〈보기〉

학수번호와 이수구분, 교과목명, 교수자명, 수강대상, 강의개요, 강의시간, 강의장소,
강의목표, 강의일정, 강의내용, 강의방법, 평가방법 및 비율, 교재, 과제, 교수자의 연락처,
상담가능시간, 출석규정, 결시규정, 학습윤리, 수강자 유의사항, 선수과목

기본요소	필수요소	선택요소

1절. 교수-학습 지도안의 개념 및 의의

교수-학습 지도안은 조직된 수업내용에 따라 단위 시간 안에 효율적으로 지식을 전달할 수 있도록 하는 전반적인 수업계획으로 학습의 내용과 이에 따른 교사의 전략을 제시한 것이다. 교수-학습 지도안은 '교수-학습 과정안' 혹은 '학습지도안'이라고도 불리는데 최소 기본 단위시간(예를 들면, 50분) 수업을 중심으로 계획을 수립하기 때문에 이를 다시 수업(단위시간수업) 혹은 차시 수업안이라고도 한다. 이러한 교수-학습 지도안은 건축에서의 설계도나 항해사의 나침반과 같은 역할을 수행하므로 수업목표와 이를 달성할 수 있는 내용과 방법으로 구성되어야 한다.

교수-학습 지도안은 수업설계 원리를 바탕으로 자세하게 작성하는 세안(細案)과 간략히 작성하는 약안(略案)으로 구분할 수 있다. 세안은 학습 목표, 내용, 방법 등을 상세하게 작성한 지도안으로, 학습 목표와 단계별 수업 흐름, 교사와 학생의 역할, 준비물, 예상되는 학습자의 반응과 이에 대한 대처 방안까지 구체적으로 제시된다. 이는 주로 교사의 수업 준비나 교생 실습, 교수 평가 등에서 사용되며, 수업의 체계성과 완성도를 높이는 데 기여한다. 반면, 약안은 수업 설계의 핵심 요소만을 중심으로 간략하게 작성한 지도안이다. 학습 목표, 주요 활동, 학습 자료 등 필수적인 정보만을 포함하며, 수업 시간의 흐름을 빠르게 점검하거나 실무적이고 반복적인 수업 준비를 위해 활용된다.

교수-학습 지도안은 수업목표를 달성하기 위한 교사의 전략을 정리한 것이다. 그러나 수업을 진행하다 보면 처음 계획한 대로 진행되지 않는 경우도 발생할 수 있다. 교수자는 이러한 경험을 바탕으로 교수-학습 지도안을 개선하면서 점점 더 좋은 수업을 위한 교수-학습 지도안을 완성해 갈 수 있다. 교수자에게 교수-학습 지도안은 다음과 같은 의의를 갖는다.

첫째, 교수-학습 지도안은 누군가에게 보여주기 위해서 작성하는 것이 아니라 교수자 본인의 수업을 위해 작성하는 것이다. 따라서 형식에 너무 얽매일 필요 없이 자신에게 가장 효과적인 양식을 활용하면 된다. 교재에 나온 양식은 여러 가지 양식 중 일부에 불과하다.

둘째, 새로운 교수방법을 적용하고자 할 때 교수-학습 지도안을 미리 작성해봄으로써 실수를 줄일 수 있다. 교수-학습 지도안을 작성하는 과정은 수업을 시뮬레이션해보는 과정이기 때문이다. 즉, 교수자는 교수-학습 지도안을 작성하면서 미리 학습자들의 행동과 반응을 예상하고 주어진 시간 내에 내용과 활동들을 구성해 보는 과정을 거치는 것이다. 또한 시연을 통해 동료 교사와 함께 교수-학습 지도안을 미리 점검해볼 수도 있다.

셋째, 교수-학습 지도안을 바탕으로 수업을 진행하면 강의의 질에 있어 편차를 줄일 수 있다. 지도안이 없다면 교수자의 컨디션에 따라 강의내용과 운영 방법이 달라질 수도 있고 중요한 부분을 다루지 못하는 경우도 발생할 수 있다. 교수자는 교수-학습 지도안 작성과 활용을 통해 강의의 질을 관리할 수 있다.

2절. 교수-학습 지도안의 구성 및 양식

교수-학습 지도안은 본서에서 1장부터 지금까지 배운 교수설계 이론, 교수법, 매체활용, 평가 등의 내용을 총체적으로 적용하여 학교 교육에서 달성하고자 하는 목표를 달성할 수 있도록 구성되어야 한다.

교수-학습 지도안의 구성

교실 수업에서 사용되는 교수-학습 지도안은 수업설계를 기반으로 도입, 전개, 정리로 구성하는 것이 일반적이다(조용개, 신재한, 2011).

도입

도입은 수업이 시작되는 단계로 5~10분 정도가 적절하다. 학습자가 수업에 집중할 수 있도록 학습동기를 유발하고, 수업목표를 알리고, 이전 학습내용과 관련시켜주는 활동으로 구성한다. 수업목표는 성취목표 혹은 수행목표라고도 하며 학습자가 단시수업을 마쳤을 때 무엇을 할 수 있는지를 진술하는 것이다. 수업목표 진술은 학습의 결과로 학습자가 행동으로 보여줄 수 있는 것이 무엇인지를 구체적으로 적는 것이 좋다. 이는 차후의 평가를 위한 준거가 된다.

전개

전개단계는 수업의 중심활동으로 전체 수업의 60~70%를 차지한다. 학습내용과 자료를 제시하고 학습 목표 달성을 위해 다양한 교수방법을 활용한다. 학습내용과 자료를 효과적으로 제시하기 위해 학습자의 수준과 특성 등을 고려하여 학습내용 및 분량을 정한다. 그리고 학습내용을 어떤 순서로 제시할 것인지를 결정하고 학습내용의 이해를 도울 수 있는 적절한 예시들을 미리 준비한다. 또한 학습 목표 달성을 도울 수 있는 교수매체를 선정하고 수업방법에 적절한 자료를 준비한다. 이런 준비 사항들을 모두 반영하여 교수-학습 지도안을 작성해야 하며 학습자들의 참여와 연습할 수 있는 기회, 이에 따른 피드백을 줄 수 있는 시간들도 고려하여야 한다.

정리

정리단계는 학습 활동을 마무리하는 과정으로 파지와 전이를 촉진시킬 수 있도록 구성한다. 파지란 관찰자가 모델의 행동을 학습한 다음 모델이 없는 상황에서도 그 행동을 할 수 있도록 관찰한 것을 기억하는 것이다. 전이는 특정 장면의 학습이 새로운 학습 장면에 영향을 미치는 현상으로 개인의 선행경험이나 지식이 새로운 장면에서의 학습이나 문제해결에 영향을 미칠 때 발생한다. 또한 정리단계는 학습 내용의 주요 사항을 요약해 주고 전체적인 맥락에서 이해할 수 있도록 종합해주는 활동을 포함한다. 그리고 수업의 성과를 확인하기 위해 형성평가를 실시하고, 수업목표의 달성 여부를 판단할 수 있도록 한다. 마지막으로 차시 학습을 예고하면서 마무리한다.

교수-학습 지도안의 양식

교수-학습 지도안은 단위 학교마다 사용되는 양식이 정해져 있을 수도 있고 작성자가 직접 제작해야 하는 경우도 있다. 일반적으로 사용될 수 있는 교수-학습 지도안 양식은 다음과 같다.

그림 10-1 교수-학습 지도안 양식

교수-학습 지도안

I 단원 지도 계획

1. 학습 단원명
2. 단원의 개관
3. 단원 목표
4. 단원 지도 계획

차시	주제(단원명)	수업방법	수업자료	비고

5. 성취기준 및 평가기준

2022 개정 교육과정 성취기준		평가기준
	상	
	중	
	하	

II 본시 교수-학습과정안

교과명		차시		교과서 페이지	
지도 교사명		수업 실시일		대상학급	
단원명					
주제					
학습목표					
수업매체					

1) 평가계획

평가요소	
평가방식	

단계 (시간)	주요 학습내용 (시간)	교수-학습 활동		학습자료 및 유의점
		교사 활동	학생 활동	
도입 (　분)				
전개 (　분)				
정리 (　분)				

2) 참고자료

교수-학습 지도안(세안) 작성 예시

Ⅰ	단원 지도 계획

1. 학습 단원명

2022 개정 교육과정 중학교 기술·가정	대단원	Ⅱ. 가족의 생활과 안전
	소단원	(2) 효율적인 주거 공간 구성과 활용
	교과서	천재교육 기술·가정②(이)

2. 단원의 개관

이 단원은 개인과 가족의 건강하고 행복한 삶을 위해 안전한 식사를 준비하고, 가족에 알맞은 주거를 선택할 수 있는 올바른 주거 가치관을 정립하도록 한다. 또한, 성폭력과 가정 폭력의 예방 및 대처·지원 방안을 탐색해 봄으로써 안전한 가정생활을 영위해 나갈 수 있는 능력을 기르도록 한다.

3. 단원 목표

의식주 생활 수행 능력을 길러 자주적이고 창의적인 가정생활을 영위하고, 가정생활과 관련된 안전 수칙을 익혀 실생활 속에서 실천할 수 있도록 한다.

4. 단원의 구조

대단원 Ⅱ. 가족의 생활과 안전
소단원 (2) 효율적인 주거 공간 구성과 활용
소주제 ① 주거공간의 효율적 구성 ② 주거공간의 효율적 활용 ③ 가족생활에 적합한 주거공간 구성

5. 단원 지도 계획

차시	주제 (단원명)	수업방법	수업자료	비고
1/4	주거공간의 효율적 구성	- 강의: 주거 공간 구역화(조닝)의 필요성을 설명한다.	PPT, 교과서	
		- 질의, 응답: 영상을 시청한 후, 주거 내 동선 계획이 잘 이루어졌는지 이야기한다.	PPT, 영상	
		- 질의, 응답: 그림을 보고 생활 내용에 따른 주거공간의 구역화를 이야기한다.	PPT, 교과서	
		- 에듀테크 활용 학습: 퀴즈앤을 이용하여 효율적인 주거 공간 구성에 대해 학습한 내용을 정리한다.	PPT, 크롬북	

2/4	주거 공간의 효율적 활용	- 질의, 응답: 사진을 보고 주거 공간을 효율적으로 활용하는 방안을 생각한다.	PPT	
		- 강의: 공간 활용에 효과적인 가구에 대해 학습하고, 합리적인 가구 배치 요령을 설명한다.	PPT, 교과서	
		- 토의 학습: 모둠별로 각 공간을 제공한 후, 주거 공간의 입체적 활용과 다목적 활용 방안에 대해 토의한다.	PPT, 학습지	
3/4	가족 생활에 적합한 주거 공간 구성	- 강의: 핵가족, 확대가족, 무자녀 및 독신가족, 노인가족의 주거에 대해 예시를 통해 이해한다.	PPT, 교과서	
		- 모둠 학습: 모둠별로 다양한 가족 형태 중 하나를 선택하여 적합한 주거 공간에 대해 토의한 후 발표한다.	PPT, 모둠 학습지	
4/4	가족의 형태에 따른 효율적인 주거 공간 구성과 활용	- 퀴즈: 주거 공간의 효율적 구성 방안에 대한 복습 퀴즈를 진행한다.	PPT	
		- 질의, 응답: 영상 시청 후, 주거 공간의 효율적 구성이 이루어졌는지 이야기한다.	PPT, 영상	
		- 에듀테크 활용 학습: 제시된 가족 형태에서 가장 효율적인 주거 공간 배치를 생각한 후, 패들렛에 개인의 의견을 작성한다.	PPT, 크롬북	
		- 프로젝트 학습 1) Floorplanner(플로어플래너)를 활용하여 모둠별로 제시된 가족 형태에 적합한 평면도를 그려본다. 2) 모둠별로 평면도를 그린 이유를 발표하고, 평가한다.	PPT, 크롬북	

6. 성취기준 및 평가 계획

교육과정 성취기준		평가기준
[9기가02-06] 효율적인 주거 공간 구성 방안을 탐색하여, 가족생활에 적합한 주거 공간 구성에 활용한다.	상	가족 구성원의 요구를 충분히 반영하여 공간을 효율적이고 실용적으로 배치할 수 있다.
	중	가족 생활에 적합한 기본적인 공간 배치는 가능하나, 공간을 실용적으로 배치하지 않았다.
	하	가족 구성원의 필요와 생활 패턴을 충분히 고려하지 못하였으며, 공간배치가 비효율적이다.

7. 지도상의 유의점

- 교과서 및 학습자료를 충분히 검토한다.
- 시청각학습이 잘 이루어질 수 있도록 영상, 사진 등의 시청각 자료를 적절히 활용한다.
- 불성실한 태도의 학습자가 팀원의 성과를 공유하는 무임승차가 나타나지 않도록 사전에 개인의 역할을 부여한다.
- 학생들이 Floorplanner(플로어플래너)를 적절하게 활용할 수 있도록 사용 방법을 안내한다.
- 본시 학습 내용을 정리하여 실생활 적용 능력을 기르도록 한다.
- 차시 예고를 통해 다음 수업을 준비할 수 있도록 돕는다.

Ⅲ 본시 교수-학습과정안

교과명	가정	차시	4차시	교과서 페이지	P. 76~81
지도 교사명	김**	수업 일자	20 . . .	지도 대상	중학교 3학년
단원명	Ⅱ. 가족의 생활과 안전 (2) 효율적인 주거 공간 구성과 활용				
주제	가족의 형태에 따른 효율적인 주거 공간 구성과 활용				
학습목표	1. 가족의 형태에 맞는 효율적인 주거공간을 구성할 수 있다.				
수업매체	교과서, PPT, Floorplanner(플로어플래너), 학습지, 구글 클래스룸, 패들렛, 구글 슬라이드				

단계 (시간)	주요 학습 내용 (시간)	교수-학습 활동		학습자료 및 유의점
		교사 활동	학생 활동	
도입 (3분 50초)	수업 시작 안내 (30초)	• 인사 및 교과서 준비를 확인한다. • 모둠 활동을 위한 자리 배치를 확인한다. - 총 16명 (4명씩 4조로 구성) • 모둠 학습지를 배부한다.	• 교사와 인사 후, 교과서를 준비한다. • 수업 시작 전, 모둠을 만들어 앉는다. • 모둠 학습지를 받은 후, 모둠 번호를 작성한다.	• PPT - 자리 배치표를 사전에 안내하고 화면에도 제시한다. • 모둠학습지 - 모둠 번호를 작성하도록 한다.
	전시 학습 확인 (1분30초)	• 전시 복습 퀴즈를 통해 전시 학습 내용을 확인하도록 한다. - 퀴즈의 정답을 맞힌 학생에게 보상을 한다. • 퀴즈 1. 무자녀 가족 및 독신 가족은 ( ) 주택으로 구성하면 공간을 융통성 있게 사용할 수 있다. → 일실형 또는 원룸형 2. 확대가족은 공동생활 공간을 중심으로 세대별 공간을 분리하여 배치해야 한다. → O 3. 핵가족은 자녀가 성장함에 따라 부모 공간과 자녀 공간의 독립성을 확보한다. → O 4. 노인 가족에서는 일반 손잡이 대신 쉽게 문을 열 수 있는 ( ) 손잡이가 좋다. → 레버형	• 전시 복습 퀴즈에 적극적으로 참여한다.	• PPT
	학습목표 확인 (20초)	• 학습목표를 제시한다. - 학습목표를 함께 읽어 보도록 한다. 1. 가족의 형태에 맞는 효율적인 주거공간을 구성할 수 있다. • 교과서 76쪽을 펼치도록 안내한다.	• 학습목표를 크고 또렷하게 따라 읽는다. • 교과서 76쪽을 펼친다.	• PPT • 교과서

	동기유발 (1분 30초)	• 영상 시청 후 영상(10~55초) 속 주거 공간이 효율적으로 구 성되었는지 이야기해보도록 한다.	• 영상을 시청한 후, 영상 속 주거 공간이 효율적 으로 구성되었는지 이야 기해본다.	• PPT • 영상준비
전개 (39분 40초)	활동 (39분 40초)	〈교공중학교 3학년의 꾸며줘! 홈 즈 프로젝트〉 • 활동 순서를 설명한다. (30초) ① 주거 형태에 적합한 주거 공간 배치 생각해 보기 ② 모둠별 논의 후 하나의 공간 배 치 계획하기 ③ 플로어플래너 활용법 익히기 ④ 모둠별로 3D 평면도 만들기 ⑤ 발표 및 평가	• 활동 순서를 확인한다.	• PPT • 플로어플래너 활용법 영상 제공
		• 시작 전, 주의사항 및 모둠원의 역할을 구체적으로 설명한다. (1분10초) - 모둠원이 모두 적극적으로 맡은 역할을 수행하도록 한다. ① 이끔이: 활동 독려 및 리더 역할 수행 ② 운영이: 크롬북을 활용한 활동 운영 주도 ③ 소통이: 활동 진행 후, 발표 및 평가 ④ 기록이: 학습지 작성 - 주어진 시간 내에 활동을 마무 리할 수 있도록 한다.	• 주의사항 및 모둠원의 역할을 확인한다.	- 학생별 역할을 분담하여 모든 조원이 적극적 으로 참여하도 록 유도한다.
		• 모둠별 의뢰인의 가족 형태를 확인하고, 가장 효율적인 주거 공간 배치를 생각하여 패들렛에 작성하도록 한다. (4분) - PPT 화면에 패들렛 QR코드 및 구글 클래스룸에 패들렛 링크를 제공한다.	• 패들렛에 접속하여, 각 모둠별 주거 형태에 적 합한 주거 공간 배치 방 안을 작성한다.	

| 전개
(39분
40초) | 활동
(39분
40초) | • 패들렛에 작성한 내용을 모둠원과 논의하여 하나의 의견으로 조율한 뒤, 학습지에 해당 내용을 작성하도록 한다. (5분)
- 각 모둠의 이끔이는 논의 과정을 주도하도록 한다.
- 각 모둠의 기록이는 학습지에 논의 결과를 정리하여 작성하도록 한다.

• 〈꾸며줘! 홈즈〉 프로젝트 활동을 진행한다. (29분)
1. Floorplanner(플로어플래너)에 접속하도록 한다. (1분)
- 각 모둠의 운영이는 크롬북을 열어 Floorplanner(플로어플래너)에 접속하도록 한다.

2. Floorplanner(플로어플래너) 프로그램 사용법을 간단히 소개한다. (3분)

3. Floorplanner(플로어플래너)를 활용해 모둠별로 3D 평면도를 그려보도록 한다. (11분)
- 평가 준거를 확인하여 활동을 진행하도록 한다.
① 교과서에서 학습한 내용을 활용하였나요?
② 의뢰인의 상황에 적합한 주거 공간을 구성하였나요?
③ 효율적으로 가구를 배치하였나요?
- 10분 타이머를 PPT 화면에 제공한다.
- 활동 진행 중 어려움이 있는 학생은 교사의 도움을 받도록 한다. | - QR코드 또는 링크를 확인하여 패들렛에 접속한다.

• 패들렛에 작성한 내용을 모둠원과 논의하여 하나의 의견으로 조율한 뒤, 학습지에 해당 내용을 작성한다.
- 이끔이는 논의 과정을 주도한다.
- 기록이는 학습지에 논의 결과를 정리하여 작성한다.

• 〈꾸며줘! 홈즈〉 프로젝트에 참여한다.
1. Floorplanner(플로어플래너)에 접속한다.
- 모둠의 운영이는 크롬북을 통해 Floorplanner(플로어플래너)에 접속한다.

2. Floorplanner(플로어플래너) 사용법을 익힌다.

3. Floorplanner(플로어플래너)를 활용해 모둠별로 3D 평면도를 그린다.
- 평가 준거에 맞게 활동을 진행한다. | • 학습지
- 학습지 작성은 기록이가 주도하도록 한다.

• 크롬북
- 크롬북은 운영이만 사용하도록 한다. |

전개 (39분 40초)	활동 (39분 40초)	4. 평면도를 저장하여 구글 슬라이드에 제출한다. (2분) - 이끔이의 주도로 완성본을 검토한 후, 운영이가 구글 슬라이드에 제출한다.	- 제시된 시간 내에 활동을 마무리할 수 있도록 한다. - 활동을 진행하며 어려움이 있을 경우, 손을 들어 교사에게 도움을 요청한다. 4. 각 모둠의 운영이는 완성된 평면도를 저장하여 구글 슬라이드에 제출한다. 5. 발표 및 평가를 진행한다. - 소통이는 완성된 평면도를 바탕으로 간단히 소개한다.	- 타이머를 제시하여 주어진 시간 내에 활동을 마무리하도록 한다. - 각 모둠의 운영이는 활동이 끝난 후, 구글 슬라이드에 평면도를 제출한다. - 각 모둠의 소통이는 완성된 평면도를 소개한다.
		5. 발표 및 평가를 진행한다. (12분) - 소통이는 모둠의 평면도를 간단히 소개한다. - 평가 진행 방식에 대해 설명한다. 1. 각 모둠의 소통이가 간단히 소개해요. 2. 발표를 들은 다른 친구들은 자유롭게 피드백해요! - 평가 진행 방식을 확인하여 적절한 피드백을 제공한다. - 평가 준거에 따라 평가한다.		
마무리 (1분)	정리하기 (30초)	• 학습한 내용을 정리 및 강조한다. - 가족의 형태에 따른 효율적인 주거공간 방안 탐색하기	• 교사의 말을 경청하고 학습한 내용을 정리한다.	• PPT
	차시예고 (30초)	• 다음 차시 내용을 예고한다. - 중단원 3단원인 성폭력과 가정폭력 예방에 대해 학습할 것을 안내한다. - 구글 클래스룸을 통해 다음 차시 공지사항을 확인할 것을 강조한다.	• 교사의 말을 경청하고 다음 차시에 배울 내용을 미리 확인한다. - 다음 차시 공지사항을 확인할 것을 기억한다.	• PPT

3절. 교수-학습 지도안 작성하기

단원 학습 목표 확인과 차시별 지도 계획 작성

가장 먼저 수업을 진행할 단원을 선정한다. 그리고 선정된 단원이 2022 개정 교육과정의 어떠한 성취기준을 구현한 것인지를 분석해야 한다. 2022 개정 교육과정은 [그림 10-2]와 같이 교과(목)의 성격 및 목표, 내용체계 및 성취기준, 교수-학습 및 평가에 대한 내용을 제시하고 있다. 교과서는 2022 개정 교육과정을 구현한 교재이므로 교육과정 차원에서 교과서를 이해하는 작업이 이루어져야 한다.

 2022 개정 교육과정 설계의 개요

교육과정 설계의 개요	• 교과(목) 교육과정의 설계 방향에 대한 개괄적인 소개 • 교과(목)와 총론의 연계성, 교육과정 구성 요소(영역, 핵심 아이디어, 내용 요소 등) 간의 관계, 교과 역량 등 설명
1. 성격 및 목표	(성격) 교과(목) 교육의 필요성 및 역할 설명 (목표) 교과(목) 학습을 통해 기르고자 하는 능력과 학습의 도달점을 총괄 목표와 세부 목표로 구분하여 제시
2. 내용 체계 및 성취기준	(내용체계) 학습 내용의 범위와 수준을 나타냄 • **영역:** 교과(목)의 성격에 따라 기반 학문의 하위 영역이나 학습 내용을 구성하는 일차 조직자 • **핵심 아이디어:** 영역을 아우르면서 해당 영역의 학습을 통해 일반화할 수 있는 내용을 핵심적으로 진술한 것. 이는 해당 영역 학습의 초점을 부여하여 깊이 있는 학습을 가능하게 하는 토대가 됨 • **내용 요소:** 교과(목)에서 배워야 할 필수 학습 내용 – 지식 · 이해: 교과(목) 및 학년(군)별로 해당 영역에서 알고 이해해야 할 내용 – 과정 · 기능: 교과 고유의 사고 및 탐구 과정 또는 기능 – 가치 · 태도: 교과 활동을 통해 기를 수 있는 고유한 가치와 태도 (성취기준) 영역별 내용 요소(지식 · 이해, 과정 · 기능, 가치 · 태도)를 학습한 결과 학생이 궁극적으로 할 수 있거나 할 수 있기를 기대하는 도달점 • **성취기준 해설:** 해당 성취기준의 설정 취지 및 의미, 학습 의도 등 설명 • **성취기준 적용 시 고려 사항:** 영역 고유의 성격을 고려하여 특별히 강조하거나 중요하게 다루어야 할 교수-학습 및 평가의 주안점, 총론의 주요 사항과 사항과 해당 영역의 학습과의 연계 등 설명
3. 교수-학습 및 평가	(교수-학습) • **교수-학습의 방향:** 교과(목)의 목표를 달성하기 위한 교수-학습의 원칙과 중점 제시 • **교수-학습 방법:** 교수-학습의 방향에 따라 교과(목) 수업에서 활용할 수 있는 교수-학습 방법이나 유의사항 제시

출처: 교육부 고시 제2022-33호[별책3](2022: 6)

단원 학습목표 확인

단원의 학습목표를 효과적으로 설정하기 위해 2022 개정 교육과정에서 제시한 성취기준과 이에 대한 해설, 그리고 교수−학습 방법과 유의사항을 종합적으로 검토한다. 교과서에 제시된 학습목표는 학습자의 수준에 맞게 성취기준을 재구성한 결과이므로 교육과정의 성취기준과 유사한 경우도 있고 더 쉽게 이해할 수 있도록 표현된 경우도 있다. 지도안을 작성할 때는 교과서의 단원 학습목표를 그대로 사용할 수도 있고 필요에 따라 이를 재구성하여 제시할 수도 있다. 어떤 방식을 선택하든 단원의 학습목표가 교육과정의 성취기준을 어떻게 반영하고 있는지를 이해하는 것이 중요하다.

차시별 지도 계획 작성

차시별 지도 계획을 수립할 때에는 교육과정의 성취기준을 중심으로 교과서를 재구성하는 것이 중요하다. 교과서는 성취기준을 기반으로 설계된 교재이지만 교사는 이를 수업 상황과 학습자의 특성에 맞춰 조정할 수 있다. 필요한 내용을 선별하거나 변형하여 사용할 수 있으며, 학습 목표에 맞춘 새로운 활동을 설계해 활용하는 것도 가능하다. 이 과정에서 중요한 점은 교육과정의 성취기준이 반영된 학습 요소가 빠지지 않도록 하는 것이다.

따라서 차시별 지도 계획을 단순히 교과서 분량을 기준으로 나누어 구성하기보다는 성취기준에 대한 깊이 있는 이해를 바탕으로 교과서를 재구성하고, 학습자 수준과 수업 상황을 고려하여 계획을 세우는 것이 필요하다. 지도서에 차시별 계획이 제시되어 있더라도 이는 참고사항일 뿐이며, 교사는 각자의 수업 상황에 맞게 교육과정의 성취기준과 교과서의 재구성 방향을 종합적으로 고려하여 차시별 계획을 수립하는 것이 바람직하다. 이때 교사의 전문성이 발휘되는 것이다.

본 차시 학습목표 설정

본 차시의 학습목표는 단원의 전체 학습목표와의 연관성을 고려하여, 전체 목표가 어떻게 차시별로 구현될지에 대한 큰 그림 속에서 설정하는 것이 중요하다. 학습목표의 성격에 따라 본 차시의 목표가 단원의 목표와 거의 일치하거나 더 구체적으로 세분화될 수도 있다. 하지만 본 차시 학습목표는 단원 전체의 목표와 차시별 지도 계획에 기반하여 설정된다는 점을 염두에 두어야 한다. 학습목표는 강의가 최종적으로 도달하고자 하는 목적지로 학생들이 변화되기를 기대하는 바를 간결하게 서술하는 것이다(하오선, 김수영, 2019). 학습목표를 명확하게 진술하는 것은 교수-학습 지도안 작성에 있어서 가장 중요한 출발점이며, 이는 수업내용 및 방법, 학생 평가의 준거가 될 수 있다. 학습목표는 아래 <표 10-1>에서 에서 제시한 방법을 참조하여 설정한다.

표 10-1 학습목표 설정 방법

타일러의 진술 방식	• 교사가 아닌 학생의 행동으로 진술 • 내용 요소와 행동 요소로 진술 • 암시적 동사(느낀다, 감상한다, 안다, 이해한다 등)가 아니라 성취 행동 달성 여부를 알 수 있는 명시적 동사(설명한다, 그린다, 만든다 등)로 진술 예) 탄수화물의 기능을 설명할 수 있다.
메이거의 진술 방식	• 성취행동 / 행동이 일어나는 상황 및 조건 / 도달점 행동의 숙련도를 규정하는 기준이라는 세 요소가 포함되어 있어야 함 예) 식품 자전거를 보고(조건) / 각 식품군에 해당하는 식품의 예를 3가지 이상(기준) / 말할 수 있다(성취행동)
그론룬드의 진술 방식	• 일반 목표를 포괄적으로 진술한 다음, 구체화할 수 있는 명세 목표를 진술하는 것이 바람직함 예) 탄수화물의 특징을 이해한다(일반 목표) - 탄수화물의 체내기능을 설명한다, 탄수화물의 대사과정을 설명한다, 탄수화물의 열량을 계산한다(명세 목표)

타일러(Tyler, 1949)는 학습목표는 내용영역과 행동영역을 동시에 기술하고 교사가 아닌 학생의 입장에서 기술되어야 한다고 주장했다. '학생들이 수업을 통해 어떻게 변화할 것인가', 즉 학생을 주어로 해서 '학습내용 + 최종행동'의 형식으로 작성한다. 메이거(Mager, 1962)는 성공적으로 수업을 마친 학생들로부터 관찰될 수 있는 행위를 수업목표에 명시해야 한다고 주장하였다. 수업목표 속에는 세 가지 요소(조건, 기준, 성취행동)가 동시에 포함되어야 한다. 메이거의 수업목표 진술 방법은 타일러의 행동과 내용 영역의 2차원적인 표시방법에 비해 훨씬 더 정밀하다. 그론룬드(Gronlund, 1999)는 일반적인 수업 목표를 제시하고 그 다음으로 구체적이고 대표적인 행동목표를 제시할 것을 주장했다. 일반적인 수업 목표는 교수의 방향을 안내해 주

고, 수업 중에 지속적으로 목표를 의식할 수 있게 하는 장점이 있다. 구체적 수업목표는 일반적 수업목표를 달성하기 위해 조작적으로 정의된 명시화된 학습목표로, 목표를 달성했을 때 학습자가 보여주게 될 도착점 행위라고 볼 수 있다.

도입 단계의 교수-학습 활동 작성

본 차시의 도입 단계에서는 전 차시 확인, 동기유발, 학습 목표 제시, 학습 활동 안내와 같은 유형의 활동이 이루어질 수 있도록 구성한다.

전 차시 확인

도입에서는 전 차시의 내용을 간략히 환기하여, 학생들이 수업의 흐름을 이해할 수 있도록 돕는 것이 중요하다. 전 차시 내용으로 퀴즈를 보거나 핵심 내용을 학생들이 요약해보도록 하는 등 다양한 활동을 통해 전 차시 내용을 간단히 정리하는 방식이 효과적이다. 복습이 필요하다면 필요한 만큼 시간을 할애하여 충분히 다루는 것이 좋다. 단, 전 차시 확인이나 복습은 교사 중심이 아닌, 교사와 학생 간 상호작용을 통해 자연스럽게 진행될 때 더욱 효과적이다.

동기유발 활동

동기유발 활동은 학생들의 관심을 끌고 수업의 집중도를 높이기 위해 필수적이다. 본 차시가 단원의 첫 수업이라면, 교과서에 제시된 시작 활동을 활용할 수 있다. 그러나 단원의 첫 수업이 아닌 경우, 본 차시의 학습 목표와 내용을 반영한 창의적인 동기유발 활동을 통해 학습자의 흥미를 유도해야 한다. 예를 들어, 수업 내용과 관련된 짧은 영상을 시청하고 '생각 나누기'와 같은 활동을 통해 학생들에게 주제를 간단히 생각해보도록 유도할 수 있다.

학습목표 제시

학습목표는 도입 단계에서 명확히 제시해야 한다. 학습목표를 다 함께 읽고 확인하는 과정을 포함하여 학습자들이 학습목표를 명확히 인식하고 수업의 전 과정에서 목표를 염두에 두도록 하는 것이 중요하다. 학습목표는 칠판에 표시해 두거나 화면에 고정하여, 수업 중 언제든지 확인할 수 있게 하면 학습 효과가 높아진다.

학습 활동 안내

본 차시에서 진행할 학습 활동에 대해 간단히 설명하여 학생들이 활동을 미리 이해하도록 한다. 활동이 복잡하거나 여러 단계로 이루어지는 경우에는 상세히 안내하여 학습자들이 혼란을 느끼지 않도록 돕고, 비교적 간단한 활동이라면 간략히 설명 후 바로 전개 단계로 넘어갈 수 있다.

전개 단계의 교수-학습 활동 작성

전개 단계에서 이루어지는 활동은 유형이 일반화되어 있는 도입 단계나 정리 단계와 달리 교사의 역량에 따라 다양한 활동으로 구성이 가능하다. 학습목표와 교과의 하위 영역별 특성을 고려하여 계획하는 것이 중요하며 활동의 순서를 정하고, 학습목표를 고려하여 개별 활동 또는 모둠 활동 방식을 결정해야 한다. 전개 활동은 전후 차시의 학습 연계성을 고려하여 설계하고, 수업 맥락에 맞게 다양한 사례를 참고하여 구성해야 한다.

예를 들어, '학생들이 다항식의 곱셈 법칙을 사용하여 문제를 해결할 수 있다'가 학습목표라면, 단순한 공식 암기보다는 문제를 스스로 풀어보며 피드백을 받는 활동이 포함되어야 학습목표 달성이 가능하다. 따라서 다음과 같이 전개 단계의 활동을 구성할 수 있다.

전개 1: 다항식 곱셈의 기본 원리와 예제를 통해 개념을 설명하고, 학생들이 간단한 문제를 풀어보며 공식 적용에 익숙해지도록 연습을 제공한다. 이 과정에서 교사가 피드백을 제공하여 학생들이 올바르게 이해하고 있는지 점검한다.

전개 2: 학생들이 난이도가 조금 더 높은 문제로 개별 연습을 하도록 한다. 이후에는 모둠 활동으로 구성하여 학생들이 자신이 풀었던 문제를 서로 검토하고, 서로의 풀이 과정에서 발견한 오류나 개선점을 논의하도록 한다.

전개 3: 모둠 활동 후에는 대표 학생이 각 모둠의 풀이 방법과 발견한 핵심 포인트를 발표하고, 교사가 추가 설명 및 피드백을 제공하여 학습 목표를 더욱 명확하게 이해하도록 돕는다.

전개 단계의 활동은 수업의 맥락에 따라 구성되므로 다른 교과목이나 학습 목표와의 연계성을 고려하여 유연하게 설계해야 한다. 다양한 지도안 사례를 참고하면 교사의 의도와 수업 맥락에 맞는 효과적인 교수-학습 활동을 구상하는 데 도움이 된다.

정리 단계의 교수-학습 활동 작성

정리 단계에서는 학습 내용 정리, 차시 예고와 같은 활동이 이루어진다.

학습 내용 정리

전개 단계에서 학습한 내용을 정리한다. 학습 내용을 정리하는 방법은 학습 목표, 학습 내용, 학습자 특성 등에 따라 달라질 수 있으므로 교사와 학습자 간의 적절한 상호작용을 고려하는 것이 필요하다.

차시 예고

다음 차시에서 어떤 내용을 다룰지, 본 차시에서 다룬 내용과 어떤 관련이 있는지를 학생들에게 알려 주는 활동이다. 또한 학생들이 미리 읽어 오거나 수행해야 할 과제가 있다면 안내한다.

평가 설계

평가 설계에 있어 교사들이 고려해야 할 방법과 유의점은 다음과 같다.

평가 계획의 전반적인 설계

본 차시 평가는 단원 전체의 평가 계획 속에서 이루어지도록 계획하는 것이 중요하다. 예를 들어, 단원 전체 평가 계획에서 2차시에 수행평가를 실시하기로 했다면 이를 반영하여 설계한다.

교육방법 및 교육공학: 기초부터 AI 활용까지

타당성과 유연성의 확보

평가 계획의 수립에 있어서는 타당성을 확보하는 것이 중요하다. 먼저 평가 방법이 학습목표를 효과적으로 달성할 수 있는지를 점검하여 수업 계획에 반영하는 과정이 필요하다. 예를 들어, 특정 과제가 실제로 학생들이 배운 내용을 평가하는 데 적절한지를 검토하여, 학습목표에 직접적으로 연결되는 평가 활동을 선택하도록 한다. 또한, 평가를 정리 단계에만 한정하지 말고 필요할 경우 전개 단계나 수업 후에도 평가할 수 있도록 유연하게 설계하는 것이 좋다. 예를 들어, 정리 단계에서 시간적 여유가 부족하다면 전개 단계에서의 활동을 평가하거나, 활동지를 수합하여 수업 후 평가하는 방법을 고려해 볼 수 있다. 이러한 유연한 접근은 교수—학습 단계에서 발생할 수 있는 시간 제약 문제를 해결하는 데 도움이 되며, 다양한 상황에서도 학습목표 달성 여부를 평가할 수 있는 가능성을 열어 준다.

수업 과정 중 평가 방법 활용

학습 과정 중에도 평가를 자연스럽게 통합하도록 구성하는 것이 중요하다. 예를 들어, 발표나 토론 과정에서 교사가 학생의 참여와 표현을 관찰하여 평가하는 방식이 있을 수 있다. 이는 학습 과정 자체가 평가의 일부가 되도록 하는 것이다. 학습 과정 자체가 평가 과정이 되면, 학생들은 즉각적인 피드백을 받아 학습의 방향을 조정하거나 이해도를 높일 수 있다. 정리 단계에서 간단한 OX(참/거짓) 퀴즈로 수업을 마무리할 수도 있지만 이 방식으로는 학습 목표의 도달 정도를 정확히 확인하기 어려운 경우가 많다. 따라서 학습 목표를 충실히 평가하기 위해서는 마무리 퀴즈뿐만 아니라 수업의 전개 단계에서부터 학습 과정에 평가를 통합하는 다양한 방식이 필요하다.

백워드 설계의 활용

백워드 설계(Backward Design)는 목표를 먼저 설정하고, 이를 달성하기 위한 평가 기준을 정한 후, 목표와 평가에 맞는 학습 활동을 설계하는 교육 방법이다. 즉, '목표 설정 → 평가 계획 → 학습 활동 설계'의 순서로 수업을 진행하여, 수업의 모든 요소가 학습 목표와 일관되게 연계되도록 돕는다. 이를 통해 학습자는 수업을 통해 달성해야 할 목표를 분명히 이해하고, 목표 달성에 필요한 과정 중심의 평가와 학습 활동을 경험할 수 있다. 따라서 학습 결과를 평가하기 위해 최종 단계에서만 평가를 실시하는 것이 아니라, 학습 과정 전반에서 평가를 위한 활동을 배치하는 것이 좋다. 그러면 교수-학습과 평가가 자연스럽게 연계되어 학습 목표 달성을 돕는 과정 중심의 평가가 이루어질 수 있다.

다양한 평가 유형의 활용

진단 평가, 형성평가, 총괄 평가, 수행평가 등 다양한 유형의 평가를 적절히 배치하는 것도 중요하다. 평가의 종류에 따라 평가가 실시되는 방법과 시기는 다를 수 있다. 중요한 것은 학습자의 성취를 위해 각 평가 유형이 수업 단계별로 효과적으로 통합되는 것이다.

교수-학습 지도안의 점검과 평가

<표 10-2>는 교수-학습 지도안 작성 시 고려해야 할 단계와 요소들을 포함하고 있다. 이 표는 교수-학습 지도안을 점검하는 체크리스트로 사용할 수 있다.

| 표 10-2 | 교수-학습 지도안 내용 점검 및 평가표 |

교수-학습 지도안 내용 점검 및 평가 내용		평가결과		
		상	중	하
학습 목표	교육과정의 성취기준에 근거하여 학습목표가 설정되었는가?			
	전체 차시 계획을 고려할 때 본 차시 학습목표가 적절히 설정되었는가?			
	학습자가 도달해야 할 학습 목표가 분명하게 진술되어 있는가?			
학습 내용	대단원 또는 소단원의 차시별 지도계획이 적절히 수립되었는가?			
	학습목표 도달에 적합한 학습내용을 선정하였는가?			
	학습자의 수준과 흥미를 고려하여 학습내용을 선정하였는가?			
	학습내용의 깊이와 난이도는 학습자에게 적절한가?			
	필요한 학습내용 중 누락된 것은 없는가?			
	학습내용의 흐름이 자연스러운가?			
교수- 학습 방법	학습목표에 적합한 교수-학습방법을 사용하였는가?			
	학습 내용의 특성에 부합하는 교수-학습 방법을 사용하였는가?			
	학습자의 특성에 맞는 교수-학습 방법을 선택하였는가?			
	교사와 학생 간, 학생과 학생 간 상호작용이 적절히 일어날 수 있도록 지도안을 작성였는가?			
	학습 목표 달성에 적합한 활동을 구성하였는가?			
	학습 활동이 유기적으로 연결되어 있는가?			
	학습자의 수준과 흥미를 고려하여 활동을 구성하였는가?			
	구성된 활동의 시간을 적절히 배분하였는가?			
	지도안의 교수-학습 상황이 실제 현장의 모습을 반영하고 있는가?			
	학습자의 개인차 고려 — 개인차를 고려하기 위한 계획과 실천의 일치 정도			
	학습자의 개인차 고려 — 수준별 교육과정의 실천 정도(학습량과 학습속도 조정 등)			
	학습자의 개인차 고려 — 우수 학생 및 부진 학생에 대한 특별지도 여부			
교수- 학습 자료 및 환경	학습 목표, 학습 내용, 교수-학습 방법, 학습자를 적절히 고려하여 교재를 선정, 구성, 재구성하였는가?			
	매체 자료를 적절히 선정, 구성, 재구성하였는가?			
	교재와 매체 자료의 활용 방식이 적절한가?			
	등교 수업, 원격 수업, 교실, 학생 수 등 교수-학습 환경을 적절히 고려하였는가?			
평가	학습 목표 달성 여부를 점검하는 방법이 적절한가?			
	평가 기준을 적절하게 구성하였는가?			
	평가 도구를 적절하게 제작 및 활용하였는가?			
	평가 결과 — [진단평가] 학습자의 수준을 진단하고 그 결과를 수업 계획에 활용하였는가?			
	평가 결과 — [형성평가] 평가 결과를 교수-학습에 적절히 환류하고 있는가?			
	평가 결과 — [총괄평가] 학습자가 학습 목표에 어느 정도 도달했는지 평가하고 있는가?			
형식	지도안의 항목에 맞게 하위 내용을 기술하였는가?			
	도입, 전개, 정리 단계에서 다루어야 하는 항목 중에 누락된 것은 없는가?			
	지도안의 항목 중에 불필요한 요소가 포함되어 있지는 않은가?			
	지도안의 서술이 의미하는 바가 명료한가?			

출처: 조진수 외(2023; 48-49); 신나민 외(2019; 237) 재구성

위와 같은 체크리스트 외에도 교수-학습 지도안 작성 시 활용할 수 있는 정보 제공 사이트도 있으니 참고하도록 한다.

| 에듀넷 | 교컴 | SSEM 서울교육포털 |

참고문헌

- 조용개, 신재한(2011). **(교육실습, 수업시연, 수업연구를 위한) 교실 수업 전략**. 서울: 학지사.
- 조진수, 이종원, 박성석, 양경희, 이주영, 황혜지(2023). **국어과 수업 지도안 작성의 방법과 사례**, 서울: 사회평론아카데미.
- 신나민, 하오선, 장연주, 박종향(2019). **이판사판 교육방법 및 교육공학 제2판**. 박영스토리
- Gronlund, N. E. (1999). *How to Write and Use Instructional objectives(6th ed.)*. WA: Merrill Press.
- Manger, R. F. (1902). *Preparing instructional objectives*, Calif: Fearon Publishers,
- Tyler. (1949). *Basic principles of Curriculum and Instruction*. Chicago: The University of Chicago Press.

Q. 이대로 수업이 되나요?

A. 물론 안 될 가능성이 더 많지요. 수업이란 살아 있는 유기체 같이 움직이는 것이고 돌발 변수도 등장하지요. 그래도 수업지도안 작성은 수업하는 교사에게 많은 도움이 됩니다. 일단 자신의 수업을 처음부터 끝까지 디자인해 보는 작업 자체가 중요하구요. 그걸 일정한 양식에 맞춰 쓰다 보면 성찰을 하게 되고 수정도 하게 됩니다. 이 과정이 예비 교사에게는 학습이 되고 현장 교사에게는 좋은 실천을 위한 가이드가 됩니다. 특히 교생 실습 나가기 전에는 꼭 수업지도안 작성해 보시구요. 연습, 연습, 연습! 연습 많이 하시고 수업 하시면 훨씬 좋은 결과를 얻으실 거예요. 교생 실습 다녀온 선배들이 모두 하는 조언입니다.

교수역량 키우기

교수역량 키우기

CHAPTER
11

학습목표
1. 교사의 전문성 가운데 테크놀로지 사용 능력을 강조하는 TPACK 모형에 대해 설명할 수 있다.
2. 교수자의 커뮤니케이션 가운데 비언어적 커뮤니케이션의 주된 기능을 설명할 수 있다.
3. 교수역량 강화를 위한 노력 가운데 마이크로티칭의 절차를 설명할 수 있다.

일단 해보자
옆 사람에게 자신에게 가장 부족한 교수 역량이 무엇인지 이야기해 봅시다. 그 역량을 어떻게 키울 수 있을 것인지 그 방법에 대해 서로 조언해 봅시다.

1절. 교사의 전문성

교사의 전문성은 교육의 질을 결정하는 핵심적인 요인이다. 교사의 전문성은 교사가 수행해야 하는 업무에 대한 지식, 기술, 태도와 관련된다. 우선 교사가 수행해야 하는 업무는 다음과 같다.

교사의 업무

교사의 업무는 크게 수업 및 교육활동, 학생 지도, 행정 업무로 구분할 수 있다.

가. 수업 및 교육활동

• 수업 준비 및 실행: 교육과정에 따라 수업을 설계하고 진행한다.

- 평가 및 성적관리: 학생의 학습 성취도를 평가하고 이에 기반하여 피드백을 제공한다.

- 교육자료 개발: 수업에 사용하기 위하여 각종 교육 자료를 개발하고 제작한다.

나. 학생지도

- 생활지도: 학교에서의 생활 전반에 대한 지도를 포함한다.

- 개별상담: 학생들의 개인적인 문제에 대하여 상담하고 적절한 지원을 제공한다.

다. 행정 업무

- 담임교사 업무: 학급관리, 출결 처리, 학부모 상담 등을 포함한다.

- 학교 운영 참여: 교무회의, 학교 행사 준비 등을 포함한다.

- 문서 작성 및 보고: 학교나 교육청에서 요구하는 각종 문서를 작성하고 보고한다.

단순히 말해, 교사의 전문성이란 위와 같은 교사의 업무들을 잘 수행하는 것을 말한다. 그러기 위해서는 수업 및 교육활동, 학생지도, 행정 업무 등 각 영역에 대한 전문적 지식과 기술을 습득해야 하고 연습을 통해 경험을 쌓아야 한다. 이 가운데 교육공학에서는 주로 수업 및 교육활동에 관련된 전문성을 다룬다.

유능한 교사의 핵심 특성

유능한 교사가 되려면 어떤 자질을 갖추어야 할까? 첫째, 전공 교과에 대한 전문 지식이 있어야 한다. 둘째, 교과의 내용을 학생들에게 효과적, 효율적, 매력적으로 전달할 수 있는 강의 기술이 있어야 한다. 셋째, 수업과 학생을 어떻게 연결할 것인가를 연구하는 마음자세가 필요하다. [그림 11-1]은 유능한 교사의 핵심 특성들이 서로 연결되어 있음을 보여준다.

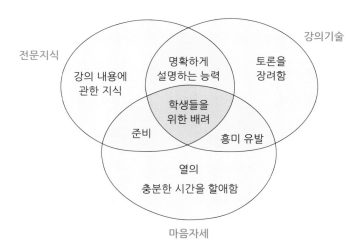

그림 11-1 유능한 교사의 핵심 특성

출처: 조벽(2001: 41)

TPACK 모형

　　TPACK(티팩) 모형이란 테크놀로지에 대한 지식이 교사의 전문성에 추가되어야 함을 전제로 한다. TPACK 모형을 이해하기 위해서는 PCK 모형을 먼저 이해할 필요가 있다. PCK 모형이란 교사의 전문 지식과 기술에 대해 연구하는 모형으로써 슐먼(Shulman, 1986)이 제시한 교수내용지식(Pedagogical Content Knowledge: PCK)을 가리킨다. 즉, 슐먼은 교사가 갖추어야 할 전문지식으로써 가르칠 내용에 대한 지식(Content knowledge)과 가르치는 방법에 대한 지식(Pedagogical knowledge)을 제시하고 이 두 영역이 상호작용하여 혼합된 지식영역인 교수내용지식(Pedagogical Content Knowledge)이라는 개념을 고안하였다. 교수내용지식이란 어떤 특정 내용을 가르치기 위해서는 그 내용에 최적화된 방법에 대한 지식을 구안해야 한다는 것이다. 예를 들어, 국어와 수학은 내용이 다르므로 가르치는 방법도 달라야 한다는 것이다. 즉, 국어교사와 수학교사는 일반적인 교수법에 관한 지식도 필요하지만 국어교육과 수학교육에 관한 PCK를 습득해야 하는 것이다.

　　TPACK 모형은 PCK 모형에 테크놀로지 지식을 더하여 테크놀로지 교수내용지식

(Technological Pedagogical Content Knowledge: TPACK)으로 구성된다. 미슈라(Mishra)와 쾰러(Koehler)(2006)에 의하여 제안된 이 모형은 교사가 갖추어야 할 전문성으로 내용지식(Content Knowledge), 교수지식(Pedagogical Knowledge) 그리고 테크놀로지 지식(Technological Knowledge)을 제시하였다. 그러면 이 세 영역의 교집합으로 이루어진 테크놀로지 내용지식(Technological Content Knowledge: TCK), 테크놀로지 교수지식(Technological Pedagogical Knowledge: TPK) 그리고 교수내용지식(Pedagogical Content Knowledge: PCK)이 생긴다. 그러면 이 TCK, TPK, PCK 세 영역의 교집합이 다시 생기는데 이 영역이 TPACK이 되는 것이다. 이 과정은 [그림 11-2]를 살펴보면 이해가 될 것이다.

 **TPACK 모형**

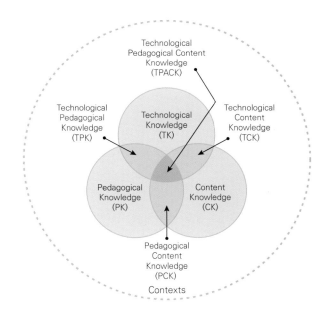

출처: 최현종, 이태욱(2015; 233)

TPACK 모형은 테크놀로지의 발달로 인하여 테크놀로지 사용에 대한 지식과 기술이 교사의 전문성 영역에 포함되어야 함을 보여준다. 즉, 첨단 테크놀로지의 등장이 교사를 대체할 수는 없어도 테크놀로지를 사용할 수 있는 교사가 그렇지 못한 교사보다 수업을 더 효과적, 효율적, 매력적으로 운영할 가능성은 높아진다는 것이다. 따라서 TPACK의 핵심은 교사의 기술준비도이다. 즉, 교사의 전문성을 기르기 위해서는 효과적으로 기술을 사용하여 교과내용을 가르치는 방법을 고안해 내는 지식을 습득해야 한다는 것이다. <표 11-1>에서 TPACK 모형과 관련된 용어를 다시 정리해 보자.

 TPACK 모델 용어 정리

	용어		의미
CK	Content Knowledge	내용 지식	각 교과목에 대한 전문 지식
	예: 수학 교사가 미분, 적분하는 방법을 깊이 이해하는 것		
PK	Pedagogical Knowledge	교수 지식	가르치는 방법, 즉 교수법에 대한 지식
	예: 프로젝트식 수업을 통해 학생들이 서로 협업하여 하나의 목표를 이루도록 수업을 설계하는 것		
PCK	Pedagogical Content Knowledge	교수내용지식	특정 교과 내용을 효과적으로 가르치기 위한 교수법에 관한 지식
	예: 법정 지식과 재판에 대해 가르치기 위해 모의재판 역할극을 기획하는 것		
TCK	Technological Content Knowledge	기술내용지식	특정 교과 내용을 효과적으로 가르치기 위해 기술을 사용하는 것에 관한 지식
	예: Padlet을 활용하여 현대 시에 대한 각자의 감상을 게시하고 공유하게 하는 것		
TPK	Technological Pedagogical Knowledge	기술교수지식	교수·학습의 과정이나 설계, 평가 시에 다양한 테크놀로지를 활용할 수 있는 지식
	예: 온라인 협업 도구(예: Google Docs, Padlet, Microsoft Teams)를 활용하여 학생들이 팀 프로젝트를 진행하도록 설계하는 것		
TPACK	Technological Pedagogical Content Knowledge	기술교수내용지식	교과 내용, 교수 방법, 기술 활용에 대한 통합적인 지식
	예: zoom을 통해 영어 원어민 화상 회의를 진행하면서 학생들에게 개인별 또는 그룹별로 실제 영어 회화 연습을 경험하게 한다.		

2절. 교수자 커뮤니케이션 능력

교수자의 커뮤니케이션 능력은 교수실행에 있어서 결정적인 역할을 한다. 교수실행이란 실제로 교수 행위를 수행하는 것이다. 잘 가르치고 싶은 것은 모든 교사나 교수자의 바람일 것이다. 교수실행에 있어 교수자의 커뮤니케이션은 크게 언어적 커뮤니케이션과 비언어적 커뮤니케이션으로 구분할 수 있다.

언어적 커뮤니케이션

대부분의 경우 교사는 말, 즉 언어로 학생들과 소통한다. 수업에서 교사의 언어적 커뮤니케이션은 다음과 같은 기능을 할 수 있다.

가. 기능

명확한 의사전달

교사의 언어는 학습 목표나 수업 내용을 명확히 전달하는 데 중요하다. 또한 수업을 진행함에 있어서 교사의 정확한 언어 사용은 학생들이 어떤 활동을 해야 하는지를 분명히 알 수 있게 해준다(Hattie, 2009).

학습 동기와 참여도 향상

교사의 칭찬과 격려는 학생들의 학습 동기를 자극하고 수업에 참여하려는 의욕을 복돋울 수 있다(Brophy, 1981). 즉, 교사는 학생들의 답변이나 행동에 긍정적 또는 수정을 요하는 피드백을 주면서 이런 효과를 가져올 수 있다.

행동 조율

교사는 언어를 통해 교실이나 수업 시간 중에 학생들이 지켜야 될 규칙과 행동을 명확히 전달할 수 있다(Marzano, 2003). 이러한 행동 조율은 건강한 교실 생태계와 수업의 분위기를 조성하는 데 결정적인 역할을 한다.

비판적 사고와 창의성 촉진

교사의 적절한 발문과 질문은 학생들이 단순히 정보 습득에 머무르지 않고 비판적 사고와 창의성을 개발하도록 유도하는 역할을 할 수 있다(Bloom, 1956). 따라서 교사는 다양한 종류의 질문을 적절하게 사용하는 기술을 익힐 필요가 있다.

나. 고려사항들

목소리

목소리와 관련해서 신경써야 할 부분은 발음의 정확성, 목소리의 크기, 말의 속도, 적절한 억양과 소리의 변화이다. 학생들은 단조로운 목소리를 힘들어하며, 차가운 언어보다 따뜻한 언어를 선호하는 것으로 알려져 있다(Bain, 2004). 목소리에 변화를 주기 위해서는 크기뿐만 아니라 고저장단에 변화를 줄 수 있어야 한다. [그림 11-3]을 보고 연습해 보자.

 목소리에 변화주기

학.생.들.은.단.조.로.운.목.소.리.로.진.행.하.는.강.의.를.
가.장.힘.들.어.합.니.다.

목소리의 **크고** 작음
높고
음의   낮음
속도의 **빠르고** 느~~림~~에
적절한 **변화**를 주어야 **합니다.**

출처: 조벽(2001; 234)

적절한 유머

적절한 유머는 학생들의 긴장을 풀어주고 친근감을 갖게 할 뿐만 아니라 주의집중 효과도 있다. 특히 가르치는 내용과 관련될 때는 기억에도 많은 도움이 된다. 그러나 주제와 너무 거리가 먼 내용은 오히려 주의를 산만하게 하는 경우도 있으니 유의해야 한다.

질문하기

질문은 강조, 검토 또는 복습, 연습, 확인, 기분전환 등의 기능을 수행할 수 있다. 따라서 교수자는 적절한 때에 질문을 활용할 필요가 있다. 특히 교수자가 강의 중 질문을 하면 학습자는 이에 답하기 위해 긴장하고 주의집중하게 된다. 질문의 종류에 대해서는 다음 표를 참고하도록 하자.

표 11-2   질문의 종류들

유형	특징	예
폐쇄형	답이 정해져 있다.	대한민국의 수도는?
개방형	답이 정해져 있지 않다.	미래 대한민국의 수도를 어디로 정하는 게 좋을까?
수렴적	비교적 짧은 시간 내에 자신의 인식이나 교재 내용에 바탕을 두고 답할 수 있다.	흥부전에서 제비가 박씨를 물고 온 이유는?
발산적	다양한 답이나 대안적인 시나리오 등을 유도하며 창의적인 사고를 자극할 수 있다.	흥부는 박에서 나온 금은보화를 어떻게 사용했을까?
사실적	기본적인 사실이나 인식을 묻는다.	백설공주를 도와 준 난장이는 모두 몇 명인가?
평가적	상당한 인지적 능력과 감정적 판단 수준을 모두 요구하는 질문이다.	햄릿에서 오펠리아의 죽음과 로미오와 줄리엣에서 줄리엣의 죽음은 어떻게 다른가 혹은 같은가?
혼합적	위의 질문 유형이 섞여 있는 질문이다. 많은 경우 질문의 유형이 하나로 구분되지 않을 때도 있다.	

출처: 신나민 외(2019; 196)

비언어적 커뮤니케이션

교사의 비언어적 커뮤니케이션은 언어적 커뮤니케이션 못지 않게 수업이나 교사-학생 관계에 있어 중요한 역할을 한다. 비언어적 커뮤니케이션이 어떤 역할을 할 수 있는지 살펴보자.

가. 기능

정서적 유대감 형성

교사의 표정, 제스처, 시선(eye contact) 등은 교실 안팎에서 학생들과의 정서적 유대감을 형성하는데 매우 중요한 역할을 한다. 교사의 미소, 긍정적인 표정 등은 수업 분위기를 긍정적으로 형성할 뿐만 아니라 학생들이 존중받는다는 느낌을 갖게 한다 (Mehrabian, 1971).

학습 동기와 참여도 향상

교사의 시선과 관심을 유도하는 몸짓은 학생들의 주의를 끌 수 있으며 수업 참여도를 향상시킬 수 있다. 또한 교사가 한 자리에서만 서서 수업을 진행하는 것보다 교실 내에서 이동하면서 공간을 활용할 필요가 있다. 학생들에게 다가가면서 설명하면 주의를 더욱 집중하게 하는 효과가 있다.

신뢰와 존중의 관계 구축

학생들의 이야기에 진지하게 경청하는 태도는 학생들이 교사의 진정성과 공감 능력을 느끼게 해주므로 학생과의 신뢰 관계를 구축하는 데 도움을 준다. 경청은 말하지 않고도 상대를 존중한다고 느끼게 해 줄 수 있는 강력한 비언어적 커뮤니케이션이다(코르넬리아 토프, 2024).

행동 조율

언어적 지시 없이도 교사는 표정이나 동작 등의 비언어적 신호를 통해 학생의 행동을 조율하고 규율을 전달할 수 있다(Epstein, 2011).

나. 고려사항들

눈맞춤

교사는 칠판이나 자료만 보고 설명하는 것보다 시선을 모든 학생에게 골고루 주면서 수업을 진행하는 것이 바람직하다. 그리고 긍정적인 얼굴 표정도 학생들과 유대감을 형성하는 데 도움이 될 수 있다.

적절한 움직임

교수자가 한 곳에 서서 부동 자세로 강의하는 것보다는 중심에서 약간 변화를 주며 움직이는 것이 더 효과적이다. 학습자는 오랜 시간 한 군데에만 시선을 맞추고 집중하다 보면 쉽게 피로와 졸음을 느끼기도 한다. 그러므로 강의하는 동안 자리를 가끔 옮기거나 학습자들 사이를 지나다니면 이들의 시선을 집중시키는 데 도움이 된다.

판서와 필기

교수자가 중요한 내용을 요약해서 칠판(전자칠판, 화이트보드 도함)에 정리하면 학습자는 자연히 주의집중을 하게 된다. 판서는 시각적 효과, 악센트 효과, 브레이크 효과 등을 갖고 있으므로 강의를 진행하면서 칠판을 사용하는 것은 의사전달의 효과를 높일 수 있다. 강의가 청각적이라면 판서는 시각적이므로 청각적 효과에서 시각적 효과로의 전환을 통해 좀 더 강조하는 악센트 효과를 가진다. 또한 판서를 하는 동안 강의를 잠시 쉬는 브레이크 효과를 가질 수도 있다.

유인물 배포

강의 중에 그리기 어려운 도표나 별도의 학습자료 등을 나누어 주면 학습자는 교수자의 설명에 집중하면서 이를 보게 된다.

교수자의 열정

교수자가 열정적으로 가르치면 학습자도 강의 내용에 몰두하기 쉽다. 그러나 그 반대의 경우에는 학습자의 주의 집중력이 떨어져 학업성취에도 부정적인 영향을 줄 수 있다.

3절. 교수역량 강화를 위한 노력

잘 가르치고 싶은 것은 모든 교수자의 바람일 것이다. 교수역량을 키우기 위해서는 다양한 노력이 필요하다. 여기서는 그 가운데 마이크로티칭과 티칭 포트폴리오에 대해서 살펴보고자 한다.

마이크로티칭

마이크로티칭(Micro-teaching)이란 글자 그대로 '작게 가르쳐 본다'는 것이다. 교육공학이나 교사교육에서 마이크로티칭은 교수법을 연습하는 방법으로 사용된다. 즉, 가르치는 사람이 소규모 수업 환경에서 실제 교수행위를 실행해 보고 전문가나 동료들로부터 피드백을 받아 자신의 교수 역량을 향상시키는 것을 목적으로 한다. 마이크로티칭의 특징을 정리하면 다음과 같다.

축소된 수업 시간

보통 5~10분, 길어도 15분을 넘지 않는 시간으로 이루어진다. 따라서 특정 교수법이나 수업 전략을 집중적으로 연습하고 수행을 개선하는 데 목적을 두는 것이 좋다(Allen & Ryan, 1969).

소규모 학습 그룹

실제 수업을 듣는 학생들보다 적은 규모의 학생이 참여하거나 동료 교사로 구성된 소규모 그룹 내에서 이루어질 수 있다. 그러나 수업 환경과 유사한 맥락을 설정하는 것이 좋다(Borich, 2016).

즉각적인 피드백과 수정

수업은 관찰, 녹화되며 수업 후에는 즉각적인 피드백과 수정이 일어난다. 피드백에는 동료 교사나 교수법 전문가들이 참여할 수 있다. 피드백을 받은 교수자는 자신의 교수실행을 보완하고 수정하여 다시 연습할 수 있다.

일반적으로 마이크로티칭은 <표 11-3>과 같은 절차로 이루어진다.

 마이크로티칭의 절차

단계	과제
수업 계획	• 개발할 기술이나 능력 결정 • 시간과 장소, 대상, 규모, 장비의 사용 여부 등 계획 수립
수업	• 실제 수업 실시 • 비디오테이프 녹화 혹은 체크리스트나 오디오 장치 활용
피드백과 평가	• 자기 평가, 체크리스트를 통한 평가, 오디오나 비디오에 의한 평가 • 동료 평가, 지도교사나 전문가의 관찰과 지도 조언 등
재수업	• 수업계획을 수정하거나 교수 기법을 보완하여 재수업 • 수업과 재수업의 간격은 가능한 짧은 것이 바람직함

출처: 서윤경(2009; 277)

일반적으로 마이크로티칭의 피드백은 타인에 의해 이루어졌으나 최근에는 비디오 녹화를 활용하여 교사들이 자신의 수업을 스스로 분석하고 개선하는 방식도 등장하고 있다(이은택, 심규진, 유영만, 2017). 이런 방식은 '수업행동'뿐만 아니라 자신의 수업에 대한 '반성적 성찰'을 가능하게 한다는 점에서 교직을 준비하는 예비교사를 위한 교육과정으로써 마이크로티칭 경험을 고려해 볼 수 있다. <표 11-4>는 마이크로티칭에 사용할 수 있는 진단표이다.

마이크로티칭 진단표

요소	문항	개선필요함		보통		잘함
목소리	1. 목소리 크기가 적절한가?	1	2	3	4	5
	2. 말하는 속도가 적절한가?	1	2	3	4	5
	3. 발음이 명확한가?	1	2	3	4	5
	4. 목소리에 변화가 있는가?	1	2	3	4	5
	5. 목소리에 생동감(자신감)이 있는가?	1	2	3	4	5
몸동작	1. 몸동작이 의도적이고 적절한가?	1	2	3	4	5
	2. 서 있는 자리를 옮겨 주는가?	1	2	3	4	5
	3. 학생들에게 시선을 주고 있는가?	1	2	3	4	5
	4. 모든 학생들을 살펴보는가?	1	2	3	4	5
수업매체	1. 판서나 PPT는 잘 보이는가?	1	2	3	4	5
	2. 의도한 효과대로 사용되었는가?	1	2	3	4	5
	3. 수업 목표 달성에 적절한 매체가 사용되었는가?	1	2	3	4	5
	4. 말하는 내용과 중복되지 않고 보완하는가?	1	2	3	4	5
수업진행	1. 수업 속도가 적절한가?	1	2	3	4	5
	2. 수업 지도안에 준해서 진행되는가?	1	2	3	4	5
	3. 학습 동기를 부여하는가?	1	2	3	4	5
	4. 학생들의 참여를 유도하는가?	1	2	3	4	5
	5. 학생들과의 상호작용이 원활한가?	1	2	3	4	5
수업구성	1. 수업 목표가 확실히 전달되는가?	1	2	3	4	5
	2. 수업 방법이 목표 달성에 효과적인가?	1	2	3	4	5
	3. 지난 수업 내용과의 연관성이 보이는가?	1	2	3	4	5
	4. 가장 중요한 내용이 부각되었는가?	1	2	3	4	5
질문/대답/반응	1. 학생들에게 효과적인 질문을 하는가?	1	2	3	4	5
	2. 학생들이 참여(대답)할 기회를 주는가?	1	2	3	4	5
	3. 학생들이 대답했을 때 긍정적 반응을 보이는가?	1	2	3	4	5
	4. 학생들이 못했을 때 격려하는가?	1	2	3	4	5
	5. 학생들이 질문하도록 유도하는가?	1	2	3	4	5

참고: 조벽(2012; 204-205) 수정

티칭 포트폴리오

교수역량을 키우는 데 도움이 되는 또 하나의 방법은 티칭 포트폴리오를 활용하는 것이다. 일반적으로 포트폴리오(portfolio)란 특정 목적에 따라 정리된 자료나 성과물을 의미한다. 티칭 포트폴리오(teaching portfolio)란 교수자의 교수활동을 체계적으로 기록하고 정리한 문서 모음집으로 볼 수 있다. 티칭 포트폴리오의 목적은 다음과 같다(Seldin, Miller, & Seldin, 2010).

• 교수자의 교육철학과 방법을 명확히 표현하는 데 유용하다.
• 교수자가 교수 효과성에 대해 자기 성찰하고 개선할 수 있는 기회를 제공한다.
• 승진, 평가, 임용 등에서 교수자의 교육역량을 입증할 수 있다.

티칭 포트폴리오는 수업이 어떻게 기획되고, 진행되었으며, 어떤 결과를 가져왔는지를 한 눈에 보여줄 수 있는 자료집과 같다. 따라서 수업과 관련된 다양한 자료들이 포함되어야 한다. 티칭 포트폴리오의 구성은 그 목적에 따라 달라질 수 있다. 그러나 일반적으로 티칭 포트폴리오에 포함되는 자료들은 다음과 같다.

• 수업목표 진술: 수업에 대한 기대, 방향성 설정

• 교수 방법 설명: 토론, 실험, 프로젝트 기반 학습 등 수업에 사용된 방법들

• 수업 계획서 및 자료 설명: 수업 시간에 사용된 자료 및 과제물 포함

• 평가 방법 및 결과: 시험지, 채점 기준, 학생 결과물 등 포함

• 학생 피드백: 학생의 수업 평가 결과, 수업 후기 등 포함

• 자기 성찰: 자기 수업 되돌아 보기 및 향후 개선 방안 기술

• 기타 자료: 연구 자료 등 수업과 관련된 자료들

좀 더 구체적으로, 티칭 포트폴리오 작성 시 다음 사항을 참고하도록 한다.

- 타이틀 페이지와 목차를 제공한다.
- 제목과 소제목: 제시하는 자료들에 모두 제목을 붙인다.
- 자신의 교수활동에 대한 진술을 지지할 수 있는 자료들을 제시한다.
- 참고문헌, 필요하면 부록까지 첨부한다.

참고문헌

- 서윤경(2009). 예비 교사를 대상으로 한 마이크로티칭의 효과와 운영 전략 탐색. **한국교원교육연구**, 26(4), 271-297.
- 신나민, 하오선, 장연주, 박종향(2019). **이판사판 교육방법 및 교육공학 제2판**. 박영스토리.
- 이은택, 심규진, 유영만(2017). 반성적 성찰을 위한 마이크로티칭 운영 사례: 자기수업컨설팅 모형을 중심으로. **교육공학연구**, 33(2), 483-515.
- 조벽(2001). **조벽 교수의 명강의 노하우 & 노와이**. 해냄.
- 조벽(2012). **조벽 교수의 수업컨설팅**. 해냄.
- 최현종, 이태욱(2015). TPACK 모형에 기반한 예비 교사의 테크놀로지 지식 교육 프로그램 적용과 분석. **한국컴퓨터정보학회**, 20(2), 231-239.
- 코르넬리아 토프(2024). **침묵을 배우는 시간**. 장혜경(역), 서교책방.
- Allen, D., & Ryan, K. (1968). *Micro Teaching*. New York: Addison Wesley.
- Bain, K. (2004). *What the best college teachers do*, Harvard University Press. Cambridge: MA. 안진환, 허영은(역). 2005. **미국 최고의 교수들은 어떻게 가르치는가**. 뜨인돌.
- Bloom, B. S. (1956). *Taxonomy of Educational Objectives: The Classification of Educational Goals*. McKay.
- Borich, G. D. (2016). *Effective Teaching Methods: Research-Based Practice* (9th ed.). Pearson Education.
- Brophy, J. (1981). Teacher Praise: A Functional Analysis. *Review of Educational Research*, 51(1), 5-32.
- Epstein, J. L. (2011). *School, Family, and Community Partnerships: Preparing Educators and Improving Schools*. Routledge.
- Hattie, J. (2009). *Visible Learning: A Synthesis of Over 800 Meta-Analyses Relating to Achievement*. Routledge.
- Marzano, R. J. (2003). *Classroom Management That Works: Research-Based Strategies for Every Teacher*. ASCD.
- Mehrabian, A. (1971). *Silent Messages: Implicit Communication of Emotions and Attitudes*. Wadsworth.

- Mishra, P., & Koehler, M. J. (2006). Technological pedagogical content knowledge: A framework for teacher knowledge. *Teachers College Record*, 108(6), 1017-1054.
- Seldin, P., Miller, E., & Seldin, C. (2010). *The Teaching Portfolio: A Practical Guide to Improved Performance and Promotion/Tenure Decisions (4th ed.)*. Jossey-Bass.
- Shulman, L. S. (1986). Those who underdstand: Knowledge growth in teaching. *Educational Researcher*, 15(2). 4-14.

챗하듯이 질문하기

Q. 수업 내용은 잘 가르칠 자신 있어요. 그런데 학생들이 집중을 안 하면 어떡하죠?

A. 와우! 이 질문 정말 공감합니다. 사실 교사의 경우, 교과목에 대한 전문 지식은 누구 못지않은데요. 수업 시간에 학생들을 동기화시키고 참여시키는 게 정말 힘들지요. 이 부분을 열심히 하는 선생님도 있고 그냥 내용 전달에 집중해서 수업하시는 분들도 계시죠. 후자의 경우는 선생님도 힘들고 학생들도 소외받는 느낌이 들것 같아요. 교사로서 이 부분을 지혜롭게 대처하기 위해서는 많은 전략과 노력이 필요합니다. 뉴턴의 법칙 가운데 세 번째 '작용—반작용의 법칙'을 기억해 보세요. 쉽게 말해 모든 물리적 법칙은 한 만큼 돌려받는다는 겁니다. 사람 간의 관계도 그렇지요. 학생들이 잘 표현을 안 해도 어떤 선생님이 노력하는 선생님이라는 것은 다 알고 있습니다. 그러니 선생님이 이런 상황에서 포기하면 안 되겠지요. 끝까지 학생들에게 애정을 가지고 여러 가지 노력을 하다 보면 학생들이 마음을 열고 고개를 들지 않을까요? 어려운 일이지만 그래서 또 보람 있는 일이기도 한 것 같아요. 누군가를 가르친다는 것은…

AI 디지털 교육

1절. AI의 교육적 활용
2절. AI 적용 실제: AI 디지털 교과서
3절. AI와 윤리

AI 디지털 교육

학습목표
1. AI 기술이 교사 역할에 미치는 영향을 설명할 수 있다.
2. AI 디지털 교과서와 전통 교과서의 학습 효과와 한계를 비교할 수 있다.
3. AI 도구 사용 시 발생할 수 있는 윤리적 문제의 사례를 찾아 분석할 수 있다.

일단 해보자 아래 QR 코드의 영상을 보고 장단점에 대해 옆 사람과 서로 의견을 나누어 봅시다.

1절. AI의 교육적 활용

AI의 수업 적용 및 활용

생성형 AI 기술은 교수자와 학습자 모두에게 유용하게 활용될 수 있다. 교육 분야에서 챗지피티와 같은 AI 기술은 학습 자료를 생성하고 상호작용적인 학습 경험을 제공함으로써 새로운 교수–학습 기회를 창출하고 있다(Baidoo & Ansah, 2023).

가. 수업 계획 비서로 활용

생성형 AI 기술은 수업 계획 및 운영 과정의 세부적 일정을 생성하고 계획하는 데 효과적인 보조 역할을 수행할 수 있다(Hartley et al., 2024). 구글의 바드를 AI

튜터로 활용하여 교사의 수업을 보조하고 수업 계획 단계에서 다양한 아이디어 도출 및 자료 조사가 가능하다. 또한 뉴튼(Knewton), 듀오링고(Duolingo), 소크라티브(Socrative), 퀴즈렛(Quizlet) 등의 AI 기술도 학습자의 수준이나 특성을 고려한 질의응답, 학습자의 선수지식 수준에 따른 맞춤형 학습과 평가하기, 토론·상담, 학습자의 응답이나 과제에 대한 분석과 평가, 자동화된 피드백 적용 등에 활용할 수 있다.

나. 멀티모달 수업 자료 제작

학습 내용을 제시할 때는 멀티모달 정보 자원을 활용하는 것이 유용하다. 이미지, 영상, 음성 등을 포함하는 멀티모달 자원을 통합하여 설명을 제공함으로써 학생들의 수업 만족도를 높일 수 있다. 예를 들어, 빙(bing), 뤼튼(wrtn), 감마(gamma), 캔바(canva) 등의 앱을 활용하여 간단한 키워드나 내용을 바탕으로 슬라이드, 이미지, 삽화, 영상 등의 다양한 형태의 자료를 제작할 수 있다. 학습 자원의 다양성은 학습자의 교육 경험을 강화하는 기능을 한다. 특히 이런 자료들은 느린 학습자에게는 추가적인 학습 동기를 부여하며, 학습 시간을 증가시키는 유인책으로 작용한다(Pesovski et al., 2024).

다. 언어적 지원 및 학습환경 개선

AI 기술은 번역 및 교정 도우미로서 다문화 가정 및 이주배경 학생들을 위한 자료 제작이나 공식 문서 작성 시 필요한 언어적 지원을 제공할 수 있다. 이 기능은 학교에서 요구하는 적절한 단어 선택과 문장 구성을 검토하는 데 도움을 주며, 다양한 언어로 번역이 가능함으로써 다국적인 학습 환경에서의 접근성을 향상시킨다(Baidoo & Ansah, 2023). 한국어가 서투른 다문화 배경 학생을 위해 수업 중에 활용하는 웹자료로는 크롬(Chrome)의 언어 선택을 통한 번역 서비스를 그 예로 들 수 있다. 또한 파파고(Papago)와 같은 서비스를 활용하여 외국인 학생의 출신국 언어로 학습자료를 번역하여 제공할 수도 있다. 외국인 학부모와의 소통에서도 AI 번역 앱을 활용한다면 실시간 소통도 가능하다.

라. 학생 진로탐색 지원 및 상담

교사는 AI를 통해 학생들이 진로를 탐색하고 창의적인 프로젝트를 계획할 수 있도록 지원할 수 있다. 예를 들어, 학생들은 교과수업에서 가상현실과 증강현실을 활용하여 진로를 직접 탐색하고 설계할 수 있으며 이를 통해 개인적 흥미와 전문적 역량을 발전시키는 데 도움을 받을 수 있다. <표 12-1>은 생성형 AI에게 "진로탐색에 대해 도와줘."라는 명령어를 주었을 때 생성된 답변으로 이러한 질문과 응답을 진로와 직업 교육 시간에 활용할 수 있다. 즉, 교사는 AI 기술을 활용하여 학생들에게 더 넓은 시야를 제공하고, 진로 결정에 있어서 중요한 정보와 지원을 제공할 수 있다.

 진로탐색에 대한 생성형 AI 답변 사례

질문	응답
Copilot: 진로탐색에 대해 도와줘.	진로탐색에 대해 도와드릴게요! 진로탐색은 자신이 어떤 일을 하고 싶은지, 자신의 적성과 관심사를 파악하는 과정입니다. 몇 가지 도움이 될 만한 방법을 알려드릴게요. 1. 자기분석(자신의 강점, 약점, 적성, 관심사 분석) 2. 상담(전문가나 멘토와의 상담) 3. 연구(다양한 진로와 관련된 정보와 진로) 4. 실습 및 경험(인턴십, 인턴, 프로젝트 등) 5. 말씀 나눔(친구, 가족 경험과 조언 듣기)
Gemini: 진로탐색에 대해 도와줘.	진로탐색에 대해 도움을 드릴 수 있어서 기쁩니다. 진로탐색은 자신을 이해하고 미래를 설계하는 중요한 과정입니다. 막막하게 느껴질 수도 있지만, 체계적으로 접근하면 충분히 자신에게 맞는 길을 찾을 수 있습니다. 제가 다음과 같은 방법들을 통해 진로탐색 여정을 도와드릴 수 있습니다. 1. 자기이해(가치관 탐색, 흥미 적성 파악, 강점 및 약점 분석, 진로 심리 검사 활용_커리어넷 사이트) 2. 직업 세계 탐색(직업 체험 및 인터뷰, 직업 체험 및 인터뷰, 미디어 활용) 3. 진로 상담 활용(진로 상담 전문가와의 상담) 4. 경험의 확장(다양한 활동 참여, 독서 및 학습), 추가적인 도움을 받을 수 있는 곳 추천

또한 교사는 학생들의 사회적, 정서적 변화를 관찰하고 진단하여 멘토링을 강화할 수 있다. 예를 들어, 챗봇의 대화 기능을 활용하면 교사는 학생들과 지속적으로 상호작용을 하면서 상담 과정의 효율성과 접근성을 향상시킬 수 있다(조헌국, 2023).

그리고 [그림 12-1]과 같이 생성형 AI를 활용하여 매 학기 학생 상담을 위한 설문자료를 작성하거나 상담을 위한 보조자료도 제작할 수 있다.

그림 12-1 **챗지피티를 활용한 학생 상담용 자료 제작 사례**

🗨 너는 30년 동안 학생상담을 진행한 상담교사야. 중학교 학생들을 대상으로 상담을 진행할 예정이야. 상담을 진행하기 전에 사전 상담 설문지를 작성하려고 해. 10문항으로 구성된 사전 상담 설문지를 작성해 줘. 객관식 5문항, 서술형 5문항으로 작성해 줘. 학생의 인적사항을 묻는 문제는 제외시켜 줘.

💬 사전 상담 설문지를 작성해 드리겠습니다. 아래는 10문항으로 구성된 사전 상담 설문지입니다.

객관식 문항
1. 학교에서의 교육생활에 얼마나 만족하고 있습니까?
 – 매우 만족한다
 – 만족한다
 – 보통이다
 – 불만족한다
 – 매우 불만족한다
2. 현재 학업에 대해 어떻게 생각하시나요?

– 중략 –

🗨 너는 상담을 30년간 해 온 상담 전문가야. 친구들에게 따돌림을 당하는 학생과 상담을 할 예정이야. 다음 내용을 정리해서 각각 4가지씩 작성해 줘.
1. 관련 상담 이론
2. 문제를 해결하기 위한 방법
3. 학생에게 해줄 수 있는 교사의 말(예시)

💬 1. 관련 상담 이론
 – 인지행동 이론: 문제 행동과 그에 대한 생각과 감정 간의 상호작용에 초점을 둔 이론입니다. 학생의 부정적인 생각과 행동을 인식하고 수정함으로써 문제를 해결할 수 있습니다.
 – 인간성장 이론: 개인이 성장하고 발전하는 과정에서 겪는 고난과 문제를 이해하고, 자아개념 형성, 자기존중감 향상, 독립성 확보 등의 요인에 초점을 둔 이론입니다.
 – 솔루션 중심 접근법: 문제 해결에 초점을 맞추고, 학생이 이미 가지고 있는 자원과 잠재력을 인식하고 활용하여 해결책을 찾아가는 방법입니다.
2. 문제를 해결하기 위한 방법
 – 학생과의 신뢰 관계 구축: 상담 시작 전에 학생과의 신뢰 관계를 형성하는 것이 중요합니다.

출처: 한민철(2023; 380-381)

AI를 활용한 교수-학습 시스템

가. 지능형 튜터링 시스템

지능형 튜터링 시스템(Intelligent Tutoring System: ITS)은 인간 교사의 개입 없이 학습자에게 즉각적이고 개인화된 교육이나 피드백을 제공하는 컴퓨터 기반 교육 시스템이다(Saudi et al., 2023). ITS는 학습자의 특성과 학습 데이터를 바탕으로 수준에 맞는 콘텐츠와 개별 피드백을 제공하여 학습 효율성을 극대화한다. 즉, 실시간 피드백을 통해 학습자는 자신이 취약한 부분을 인식하고 보완할 수 있으며, 이를 통해 학습 효과를 향상 시킬 수 있다.

지능형 튜터링 시스템은 다음과 같은 세 가지 요소를 반드시 갖추어야 한다 (Hartley & Sleeman, 1973). 첫째, 학습자의 현재 상태, 이해도, 학습 스타일 등에 관한 정보를 포함하는 학습자에 대한 지식이다. 학습자에 대한 지식은 시스템이 학습자의 필요에 맞는 학습을 지원할 수 있도록 하는 요소이다. 둘째, 가르치려는 특정 주제나 분야에 대한 전문적 지식이다. 이러한 전문 지식은 학습 내용의 정확성과 깊이를 보장하기 위해 필요하다. 셋째, 효과적인 학습을 위해 사용할 수 있는 교수 전략에 대한 지식이다. 교수 전략에 대한 지식은 학습자가 학습 목표에 도달할 수 있도록 돕는 역할을 한다.

[그림 12-2]는 다양한 자원을 활용한 일렉트로닉스 튜터에 적용된 운영 모델 사례로, 학습자의 지식숙달 측정, 학습자의 최근 주제와 교육과정 일정 등이 포함되어 있다. 이 세 가지 요소는 지능형 시스템이 효과적으로 작동하기 위한 필수적인 구성요소들이다.

그림 12-2 **지능형 튜터링 시스템 운영모델**

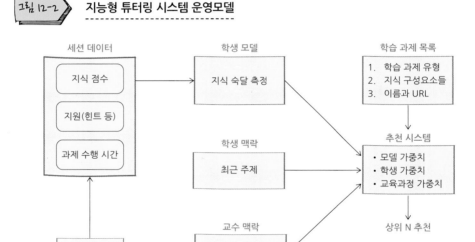

출처: Graesser, et al.(2018; 8)

나. 적응형 학습 시스템

지능형 튜터링 시스템은 대규모 학생 대비 교사 비율이 낮거나 자격을 갖춘 교사가 부족한 지역, 또는 독립적인 학습을 촉진하기 위한 경우에 활용될 수 있다(Ma et al., 2014). 반면 적응형 학습 시스템(Adaptive Learning System)은 학습자의 특성에 따

교육방법 및 교육공학: 기초부터 AI 활용까지

라 학습 콘텐츠와 학습 경로를 개인화하는 데 중점을 둔다. ITS도 수학과 과학에서 많이 사용되고 있다. 즉, 적응형 학습 시스템은 학습자들의 고유한 학습 특성과 학습 성과 데이터를 기반으로 학습 콘텐츠의 난이도를 조정하거나 학습 자료를 재구성하여 운영된다. 문제 해결 단계별로 힌트와 피드백을 제공하며 문제 해결 중에도 지속적으로 학습자에게 지침을 제공한다(Kulik & Flecther, 2016). 학습 속도가 빠른 학습자에게는 더 높은 수준의 문제를 제시하고, 느린 학습자에게는 기초 개념을 강화할 수 있는 자료를 추가로 제공하여 맞춤형 학습을 구현할 수 있는 것이다. 이와 같은 맞춤형 교육은 학습자의 특성과 성취도를 반영하여 학습 경로를 개인화함으로, 학습 효율성과 성취감을 높일 수 있다는 장점이 있다. 또한 적응형 학습 시스템은 학습동기와 자기주도적 학습태도를 촉진하고 학업성취에 긍정적인 영향을 미친다. 대표적인 적응형 학습 시스템으로는 알렉스(ALEKS)와 뉴튼(Knewton), 국내의 아이스크림(i-Scream), 클래스팅(Classing) 등이 있다.

AI와 교수자 역할

인공지능의 교육적 활용은 교수자 역할의 축소와 확대를 동시에 가져올 것으로 보인다(Ghamrawi et al., 2023). 현재까지는 AI 기술이 교사의 역할을 보완하는 방향으로 사용되고 있다(Su & Yang, 2023). 그러나 장기적인 관점에서 AI가 교사의 전통적인 역할에 상당한 변화를 가져올 것으로 전망된다.

가. 정보전달자에서 촉진자로의 전환

전통적인 교육 모델에서 교수자는 주로 지식을 전달하는 역할을 담당하였다. 그러나 현대의 기술 통합 학습 환경에서 교수자의 역할은 학생들이 스스로 학습할 수 있도록 촉진하는 방향으로 확장되었다. 이는 교수자가 단순한 정보의 전달자에서 벗어나 학생들이 자신의 학습 경로를 스스로 설계하고 추진할 수 있도록 돕는 멘토 및 가이드로서의 기능이 강화되었다는 것을 의미한다. 이러한 변화는 AI, 메타버스, 클라우드 컴퓨팅, 소셜 네트워크 서비스(SNS)와 같은 다양한 기술이 학습 환경에 도입되면서 더욱 뚜렷해졌다.

나. 개별화된 학습 지원 강화

AI와 같은 기술을 활용함으로써 교수자는 각 학생의 개별 학습 요구와 선호를 더 잘 이해하고 대응할 수 있게 되었다. 지능형 튜터링 시스템인 알렉스(Assessment and LEarning in Knowledge Spaces: ALEKS)와 뉴튼(Knewton)의 경우 수학과 과학 과목에서 AI를 활용하여 초·중·고 학습자 수준 진단 및 최적화된 교육 내용을 추천한다(박성익 외, 2021). 즉, AI 기술은 학생 개개인의 학습 진도와 수준을 파악하여 맞춤형 학습 경험을 제공하는 데 중요한 역할을 하며, 교수자는 이러한 정보를 활용하여 개별 학생에게 적합한 지도 계획을 수립하는 것이 가능하다(Hartley, Hayak, & Ko, 2024).

다. 데이터 기반 의사결정과 교육 설계자로서의 역할 강화

AI의 도입은 교수자가 학습 과정과 결과를 실시간으로 분석하고 평가할 수 있게 해 준다. 이러한 도구들은 교수자가 학생들의 학습 반응과 성과를 지속적으로 모니터링하면서 데이터에 기반을 둔 의사결정을 내릴 수 있도록 지원하므로 교육 효과를 극대화하고 교수 방법을 지속적으로 개선하는 데 실질적인 도움을 줄 수 있다. AI 기술들이 개인화된 맞춤형 학습이나 실제적인 학습을 지원하기 위해서는 교수자가 학습환경을 어떻게 설계하는지가 더욱 중요하게 되었다(이은상, 2023). AI, 메타버스 등의 기술을 활용함으로써 교수자는 학습자에게 더 풍부하고 다양한 학습 경험을 제공하여 학생들이 창의적이고 비판적인 사고를 발전시킬 수 있는 학습환경을 조성할 수 있다.

2절. AI 적용 실제: AI 디지털 교과서

AI 디지털 교과서의 개념 및 특징

AI 디지털 교과서(Artificial Intelligence Digital Textbook, 이하 AIDT)는 '학생 개인의 능력과 수준에 맞는 맞춤형 학습 기회를 지원하고자 인공지능을 포함한 지능정보기술을 활용하여 다양한 학습자료 및 학습 지원 기능 등을 탑재한 소프트웨어'로 정의된다(한국교육학술정보원, 2023). AI 디지털 교과서는 2025학년도부터 전국 초·중·고의 영어, 수학, 정보교과에서 시범적으로 적용될 예정이다(교육부, 2024; 최효성, 이경화, 2024).

AI 디지털 교과서에 적용되는 지능 정보기술은 인공지능 기술을 포함하며, 학습 진단과 분석을 통해 학습자의 학습 수준과 속도에 맞춰 학습을 맞춤화하는 기술적 요소를 의미한다(교육부, 2023). 교육부는 '모두를 위한 맞춤 교육'의 비전 아래 AI 디지털 교과서의 추진 방향을 적응형 학습(Adaptive Learning), 흥미와 몰입(Interesting & Immersion), 다양성과 데이터 기반(Diversity & Data−driven), 첨단 기술 적용(High Technology)으로 내세우고 있다.

AI 디지털 교과서의 특징으로는 개별성, 가변성, 상호작용성, 확장성을 들 수 있다(정혜승 외, 2024). 개별성이란 학생 개개인의 학습 수준과 속도에 맞춘 맞춤형 학습이 가능하며, 이를 통해 개인화된 학습 경험을 제공하는 것을 말한다. 가변성은 학습 콘텐츠가 유연하게 업데이트되고 변화할 수 있어, 최신 정보를 빠르게 반영할 수 있다는 점이다. 상호작용성은 학생과 교사, 혹은 학생 간의 상호작용을 가능하게 하여 학습 과정에서의 소통과 협업을 촉진하는 것을 가리킨다. 마지막으로 확장성은 필요에 따라 학습 자료를 지속적으로 추가하거나 변경할 수 있으며, 교과서의 경계를 넘어 다양한 외부 자료와 연계가 가능한 것을 말한다.

AI 디지털 교과서의 기대효과

가. 맞춤형 학습 지원을 통한 학습 격차 해소

AI 디지털 교과서는 학생 개개인의 학습 수준과 속도를 진단하고 분석하여 학생 맞춤형 학습 경로를 제공함으로써, 학생 간의 문해력과 학업 성취 수준의 격차를 줄일 수 있다고 한다. 학습자 각자가 자신의 능력에 맞추어 최적화된 학습 콘텐츠를 활용할 수 있으며, 학습 부진이 발생한 경우에는 AI 기반 분석을 통해 문제점을 파악하고 적절한 학습 활동을 제공하여 보완할 수 있다(최효성, 이경화, 2024).

나. 학부모, 교사에게 맞춤형 지원 제공

학부모에게도 자녀의 학업 성취와 교과 흥미 등을 포함한 객관적 정보를 제공하여, 학부모가 자녀의 학습 진행 상황을 명확히 이해하고 적절한 지도를 할 수 있다. 한편, 교사는 AI 디지털 교과서를 활용하여 학생별 학업 참여도와 학급별 학습 상황 등 데이터 기반의 정보를 제공받을 수 있다. 이를 통해 교사는 학습자의 학습 이력을 기반으로 더 정교하고 개인화된 학습 지원을 제공할 수 있게 된다(교육부, 2023).

다. 접근성 및 형평성 강화

AI 디지털 교과서는 보편적 학습 설계를 통해 특수교육대상 학생 및 장애 교원 등 다양한 학습자와 교육자에게 접근성을 보장한다. 다문화 학생을 위한 목표 언어 번역 및 다국어 기능을 지원하여 다양한 배경을 가진 학생들에게 교육 기회를 공평하게 제공할 수 있다. 이를 통해 교육의 형평성을 높이고 다양한 학습자의 요구를 충족시킬 수 있다.

라. 학습 동기 강화

AI 디지털 교과서는 학습 부진 지점을 진단하고, 그에 맞춰 학습자가 이전 단계의 학습을 반복하거나 게임을 활용하여 학습할 수 있도록 학습 동기를 부여할 수 있다. 이는 학습자가 학습 과정에서 좌절하지 않도록 돕고, 학습 자체에 대한 흥미를 유지함으로써 학습의 지속성을 높이는 데 기여할 수 있다(최효성, 이경화, 2024).

AI 디지털 교과서에 대한 우려

가. 학습 능력 및 성취도 저하

디지털 교과서 사용으로 인해 학생의 문해력과 사고력 저하를 초래할 수 있다는 우려가 있다. 우리보다 앞서 디지털 교과서를 도입한 핀란드의 경우 교과서가 인쇄본과 디지털 버전으로 제공되었으나, 지방교육자치단체에서는 대부분 디지털 형식의 교과서를 제작하였다. 그러나 디지털 기기 사용에 따른 부작용이 학생들의 부진한 학습 결과로 이어졌고 전통적 학습 방식의 중요성이 강조되며 2024년 가을학기부터는 종이책을 다시 사용하기로 하였다(송지원, 2024). 이는 디지털 기반 교육이 학생들의 문해력과 학습 능력 저하를 초래했다는 분석에 따른 조치이다.

또한 디지털 기기 사용을 의무화했던 스웨덴의 경우에도 초등 4학년의 읽기 능력 점수가 2016~2021년 사이에 하락하여 2023년 3월 스웨덴 교육부는 6세 미만 아동에 대한 디지털 학습 완전 중단 계획을 발표하였다. 디지털 기기 사용으로 인한 학업성취도 하락(교육부, 2022)과 문해력 논란은 꾸준히 제기되고 있다. 실제로 스페인 학자들의 메타연구에서도 인쇄물을 읽은 그룹의 내용 이해력이 전자 디바이스 이용 그룹보다 높은 것을 확인하였다(Salmeron et al., 2023).

나. 디지털 기기 과의존

AI 디지털 교과서의 도입으로 인한 또 다른 우려 중 하나는 스마트 기기의 과도한 사용으로 인한 부작용을 들 수 있다. AI 디지털 교과서의 사용은 스마트 기기에 대한 학생의 과의존을 부추길 수 있다. 따라서 이렇게 과도한 스마트 기기 사용으로 인해 청소년기 학생들의 신체적·정신적 건강 악화가 우려되기도 한다. 과학기술정보통신부의 2023년 스마트폰 과의존 실태조사에서 과의존 위험군 비율은 청소년이 가장 높은 40.1%, 유아동이 25.0%로 국내 청소년 10명 중 4명이 스마트폰 과의존 위험군에 속하는 것으로 나타났다(과학기술정보통신부, 한국지능정보사회진흥원, 2023). 국외의 비교지표인 PISA 2022 분석 결과에서도 한국은 특히 교내에서 학습 및 여가용으로 디지털 기기를 활용하는 시간이 OECD 평균 3.1시간보다 다소 높은 3.4시간으로 보고되었다(OECD, 2023). 이러한 결과는 AI 디지털 교과서 도입과 함께 스마트 기기 사용에 대한 신중한 관리와 학생들의 건강한 학습 환경 조성을 위한 보완책 마련이 필요함을 시사한다.

다. 기술의 불안정성

AI 디지털 교과서 시스템의 안정적인 운영을 위해서는 보안 및 기술적 신뢰성이 중요하다. 교육부가 제공하는 AI 디지털 교과서 시스템은 공공 포털과 민간의 교과별 AI 서비스를 결합한 형태로 구성되므로 해킹과 같은 사이버 보안의 위협에 직면할 수 있다. 또한 학습활동 데이터 수집 및 전송 처리, 정보보호 및 보안체계 등과 관련한 데이터 윤리 또한 간과할 수 없는 부분이다. 더불어 AI 디지털 교과서의 가장 특징적인 기능으로 맞춤형 학습 처방을 내세우고 있으나 그 기능의 실현이 과연 계획대로 진행될지도 보장할 수 없다. 따라서 AI 디지털 교과서 시스템의 성공적인 도입과 운영을 위해서는 보안 및 데이터 윤리 강화, 맞춤형 학습의 실효성 확보, 그리고 학습자 개별 필요를 충족할 수 있는 체계적인 지원 방안 마련이 필수적이다.

3절. AI와 윤리

AI 윤리의 원칙

가. 투명성과 설명가능성

AI 시스템의 신뢰성을 확보하려면 투명성과 설명가능성이 필수적이다. 사용자가 AI의 의사결정 과정을 이해하고 그 결과를 신뢰할 수 있도록 개발사는 알고리즘의 작동 원리와 데이터 처리 방식을 명확히 공개하고 설명해야 한다. 즉, 생성된 결과의 도출 근거와 그 과정의 타당성이 확보되어야 한다는 것이다. 기술의 투명성이 부족할 경우, 편향이나 오류를 발견하고 효과적으로 해결하는 데 어려움이 생길 수 있기 때문이다(전우천, 2024).

나. 공정성과 편향 방지

AI 시스템이 공정하게 작동하려면 개발사는 데이터 편향과 알고리즘의 불공정성을 방지해야 한다. 편향된 데이터로 학습된 AI는 특정 집단에 대한 차별이나 불평등을 초래할 수 있기 때문이다. 따라서 인공지능의 공정성을 확보하기 위해서는 데이터 수집 단계에서부터 알고리즘 설계 및 적용에 이르기까지 전 과정에서 편향성을 최소화하는 노력이 필요하다(박도현, 2022).

다. 사회적 영향과 책임

AI 기술은 사회 전반에 걸쳐 다양한 영향을 미친다. 따라서 개발자와 정책 입안자들은 AI의 사회적 영향에 대한 책임을 인식하고, 부정적 결과를 최소화하기 위한 윤리적 기준을 마련해야 한다. 유네스코한국위원회는 '인공지능(AI) 윤리와 법' 보고서에서 인공지능 기술이 사회적 불평등, 개인의 권리 침해, 그리고 지속 가능한 발전에 미치는 영향을 분석하며, 기술 개발과 활용 과정에서 사회적 책임과 공공선의 우선성을 강조하였다(한국법제연구원, 2021).

교육에서의 AI 윤리

가. 유네스코의 AI 윤리 권고

유네스코는 2021년 AI 윤리 권고문을 발표하여 교육 및 연구 분야에서 준수해야 할 사항들을 권고하였다(https://unesdoc.unesco.org/ark:/48223/pf0000379920.page=14). 이 권고문은 2019년 인공지능과 교육에 대한 베이징 합의에서 채택한 합의안을 바탕으로 작성되었다. 디지털 사회에서의 삶은 새로운 교육적 실행, 윤리적 성찰, 비판적 사고, 책임 있는 AI 기술 설계 관행, 시민참여에 영향을 주는 책임 있는 디자인 실천과 새로운 기술이 요구된다. 교육영역에서는 AI 기술을 효과적이고 윤리적으로 활용하기 위한 전반적인 전략과 정책 수립, 교육 관리와 실행을 위한 AI, 교수과정과 교사를 지원하는 AI, 학습과 학습평가를 위한 AI, AI 시대 삶과 일을 위한 가치, 기술개발, 모든 이를 위한 평생학습기회에 AI 활용, 교육에서의 공정하고 포괄적인 AI 사용, 성별에 상관없이 공정한 AI와 성 평등성을 위한 AI, 교육 데이터 사용 및 알고리즘에서 윤리, 투명성, 감사 확보, 모니터링과 평가 및 연구, 국제 조직을 위한 권장 사항 등이 포함되었다.

나. 교육부의 AI 윤리 원칙

교육부의 AI 윤리 대원칙은 '사람의 성장을 지원하는 인공지능'이다(교육부, 2022). 교육부의 AI 윤리 원칙은 헌법에 제시된 교육기본법, 유네스코 AI 윤리 권고와 국내외 주요 AI 윤리 원칙의 내용을 반영한 범정부 AI 윤리 기준을 참고하여 작성되었다. 세부 원칙의 주요 키워드는 사람, 공동체, 기술이고, 열 가지 세부 원칙은 다음과 같다.

- 인간성장의 잠재성을 이끌어낸다.
- 학습자의 주도성과 다양성을 보장한다.
- 교수자의 전문성을 존중한다.
- 교육당사자 간의 관계를 공고히 유지한다.
- 교육의 기회균등과 공정성을 보장한다.
- 교육공동체의 연대와 협력을 강화한다.
- 사회 공공성 증진에 기여한다.
- 교육당사자의 안전을 보장한다.
- 데이터 처리의 투명성을 보장하고 설명 가능해야 한다.
- 데이터를 합목적적으로 활용하고 프라이버시를 보호한다.

다. 생성형 AI 활용 윤리

교수-학습의 관점에서 볼 때 생성형 AI 기술은 아이디어 생성과 과제 완성을 위한 자료와 정보 조사를 위한 능률적인 도구라고 할 수 있다. 그러나 사용자의 기술에 대한 과도한 의존이 창의성 부족과 비판적으로 사고할 수 있는 능력의 저하를 초래할 수 있다는 우려도 있다(Nguyen, Lai, & Nguyen, 2024). 생성형 AI를 사용할 때는 그 한계를 인식하고 윤리적, 사회적 측면을 고려하여 교수-학습에 활용해야 한다 (Baidoo & Ansah, 2023).

할루시네이션

챗지피티와 같은 대화형 AI는 질문에 반드시 답하도록 설정되어 있어, 대화가 자연스럽게 이어지더라도 잘못된 답변이 생성될 수 있다. 이것을 '할루시네이션 (hallucination)'이라고 한다. 이 현상은 AI가 사실이 아닌 내용도 그럴듯하게 꾸며내어 답하는 것을 가리킨다. 생성형 AI 활용 시 교수자와 학생은 적절한 출처와 인용 방법에 대한 기본적인 지식을 갖추고, 제공된 정보의 진위를 판단할 수 있는 능력을 필요로 한다.

개인정보 유출

2023년 3월, 챗지피티에서 발생한 대화 내용 유출 사고로 인해 한국 이용자를 포함한 전 세계 이용자의 이름과 신용카드 번호 등이 다른 사용자에게 노출되는 일이 발생하여 개인정보 보호에 대한 심각한 우려를 불러일으켰다(개인정보보호위원회, 2023). 인공지능 모델 시스템의 기술적 위험 및 데이터 유출 가능성에 대한 문제가 발생할 수 있고, 생성형 AI를 운영하고 있는 기업이 개인 정보를 무단으로 수집하고 사용할 수 있는 위험이 있다(박길자 외, 2024). 이러한 문제를 인식하여 사용자는 AI 기술의 윤리적 사용 및 개인정보 보호 법규 준수의 중요성에 대해 다시 한번 주의를 기울일 필요가 있다.

표절 및 오용

학생들의 생성형 AI 기술 사용에 있어 표절 및 비도덕적인 사용 문제에 대한 우려가 있다(Nguyen et al., 2024). 대표적으로 표절에 대한 문제가 대두되고 있는데 학생들이 학기 과제나 시험을 위해 챗지피티를 사용하고, 생성된 자료를 거의 그대로 제출하는 경우이다. 이로 인해 표절을 감지하는 서비스인 지피티제로(GPT zero), 지피티킬러 등이 등장하였으나, 사람이 생성물을 일부 수정하면 표절 여부를 판별하기 어렵다는 문제가 있다고 한다(구본권, 2023). 이러한 문제로 인해 챗지피티 사용 금지를 선포하거나(Cindy, 2023) 챗지피티 사용 규정을 명시하고, 학생들이 챗지피티를 올바르게 활용할 수 있는 방법 등에 관한 가이드를 제공하는 대학도 등장하고 있다(동국대학교, 2023; 성균관대학교, 2023; AIEDAP, 2023).

참고문헌

- 개인정보보호위원회(2023). **개인정보위, 오픈AI에 과태료 부과 및 개선권고**. 2023.7.27. 보도자료
- 과학기술정보통신부, 한국지능정보사회진흥원(2023). 2023 스마트폰 과의존 실태조사.
- 교육부(2022). **사람의 성장을 지원하는 「교육분야 인공지능 윤리원칙」**. 2022.8. 발표.
- 교육부(2023). **AI 디지털교과서 개발 가이드라인**. 한국교육 학술정보원.
- 교육부(2024). **「2025년, 교실에서 마주할 인공지능(AI) 디지털교과서, 모두를 위한 맞춤 교육을 실현」**. 2024.11.29. 발표.
- 구본권(2023). **"'챗GPT 활용' 적발기술도 잇따라⋯ 변형 사용 땐 무용지물"**, 한겨레신문, 2023.02.20., https://www.hani.co.kr/arti/economy/it/1080362.html
- 동국대학교(2023). https://ctl.dongguk.edu/article/CARD_NEWS_PR/detail/5011
- 박길자, 정보배, 심은희, 김재우, 송혜진, 박해원, 이분여, 장영주(2024). **생성형 AI 기반 cbl 수업의 이해와 실제**. 서울: 학지사.
- 박도현(2022). 인간 편향성과 인공지능의 교차. **서울대학교 법학**, 63(1), 139-175.
- 박성익, 임철일, 이재경, 최정임, 조영환(2021). **교육공학과 수업 제6판**. 서울: 교육과학사.
- 성균관대학교(2023). https://chatgpt.skku.edu/chatgpt/chatGPT_edu.do
- 송지원(2024). **종이교과서로 회귀하는 북유럽**, 경향신문, https://www.khan.co.kr/article/202411262057005
- 이은상(2023). **디지털 교육 트렌드 리포트 2024**. 서울: 테크빌교육
- 전우천 외(2024). **디지털 교육의 이해**. 박영스토리.
- 정혜승, 옥현진, 서수현, 박치범, 노들(2024). 미래형 국어과 온라인 교과서 모형 개발 방향. **교과서연구**, 116, 60-76.
- 조헌국(2023). 텍스트 기반 생성형 인공지능의 이해와 과학교육에서의 활용에 대한 논의. **한국과학교육학회지**, 43(3), 307-319.
- 최효성, 이경화 (2024). 미국의 자국어 AI 디지털 교과서 분석을 통한 국어과 개발에의 시사점. **학습자중심교과교육연구**, 24(18), 1061-1075.
- 한국교육학술정보원(2023). **AI 디지털교과서 개발 가이드라인**. GM 2023-11.
- 한국법제연구원(2021). **인공지능(AI) 윤리와 법(I) AI 윤리의 쟁점과 거버넌스 연구**. 유네스코한국위원회 한국법제연구원 공동연구.

• 한민철(2023). **챗GPT교사 마스터 플랜**. 강원: 책바세.

• AIEDAP (2023.4.25.). https://aiedap.or.kr/?page_id=112&mod=document&uid=285

• Baidoo-Anu, D & Ansah, L. (2023). Education in the Era of Generative Artificial Intelligence (AI): Understanding the Potential Benefits of ChatGPT in Promoting Teaching and Learning. *Journal of AI*. 7(1), 52-62.

• Ghamrawi, N., Shal, T. & Ghamrawi, N. (2023). Exploring the impact of AI on teacher leadership: regressing or expanding?. *Education and Information Technologies*. 29. 1-19.

• Hartley, K, Hayak, M, Ko, U. (2024). Artificial Intelligence Supporting Independent Student Learning: An Evaluative Case Study of ChatGPT and Learning to Code. *Education Sciences*. 14(2):120.

• Hartley, J. R., & Sleeman, D. H. (1973). Towards more intelligent teaching systems. *International Journal of Man-Machine Studies*, 5(2), 215-236. https://doi.org/10.10 16/S0020-7373(73)80033-1

• Kulik, J & Fletcher, J. (2016). Effectiveness of Intelligent Tutoring Systems: A Meta-Analytic Review. *Review of Educational Research*, 86(1).

• Ma, W., Adesope, O., Nesbit, J., & Liu, Q. (2014) Intelligent tutoring systems and learning outcomes: A meta-analysis. *Journal of Educational Psychology*, 106(4), 901-918.

• Nguyen T., Nguyen, L., & Nguyen, Q. (2024). The Influence of Financial Indicators on Vietnamese Enterprise's Sustainability Reports Disclosing Process. *Journal of Risk and Financial Management*, 17(4), 1-21.

• OECD(2023). *The State of Learning and Equity in Education*. https://www.oecd.org/ en/publications/pisa-2022-results-volume-i_53f23881-en.html

• Pesovski, I., Santos, R., Henriques, R., & Trajkovik, V. (2024). Generative AI for Customizable Learning Experiences. *Sustainability*. 16. 3034.

• Salmerón, L., Altamura, L., Delgado, P., Karagiorgi, A., & Vargas, C. (2024). Reading comprehension on handheld devices versus on paper: A narrative review and meta-analysis of the medium effect and its moderators. *Journal of Educational Psychology*, 116(2), 153-172.

• Soudi M., Ali E., Mabrouk, N., & Bali, M. (2023). Generative AI-based Tutoring System for Upper Egypt Community Schools. *Proceedings of the 2023 Conference on*

Human Centered Artificial Intelligence: Education and Practice, New york, NY, USA, 16-21. https://doi.org/10.1145/3633083.3633085

· Su, J. & Yang, W. (2023). Unlocking the Power of ChatGPT: A Framework for Applying Generative AI in Education. *ECNU Review of Education*. 6. 1-12.

· https://unesdoc.unesco.org/ark:/48223/pf0000379920.page=14

Q. 교육공학을 하려면 컴퓨터 잘 해야 하지 않아요?

A. 어머, 누가 그런 말 했어요? (하하) 근데 사실 저도 그렇게 생각했었어요. 대학생 때 교육공학 수업 듣기 전에 은근히 이런 것 때문에 걱정도 좀 하고요. 그런데 교육공학 = 컴퓨터나 테크놀로지는 절대 아닙니다. 이건 1장을 공부했으면 지금쯤 다 아실 거예요. 교육공학을 하려면 사람을 디자인하고 바꾸는 데 관심이 있으면 좋을 것 같아요. 섬세한 디자이너 같은 감성, 이런 게 있으면 좋구요. 사람에 대한 애정과 변화 가능성에 대한 믿음, 이런 것도 필요하구요. 「재능은 어떻게 단련되는가」, 「탤런트 코드」이 두 책을 보면 평범과 비범을 가르는 몇 가지 원칙이 나오는데요. 그중 하나는 바로 '마스터 코치'에게 지도받는 것이 얼마나 중요한가에 대한 내용입니다. 좋은 스승을 만나 지도를 받는 것은 아주 큰 행운이지요. 그 지도는 일반적인 지도와 어떻게 다를까요? 이런 걸 더 깊이 공부하고 싶으면 교육방법이나 교육공학을 공부해 보세요. 교육공학의 문제는 테크놀로지가 아니라 사람인 거죠.

찾아보기

교육방법 및 교육공학: 기초부터 AI 활용까지

교육방법 및 교육공학: 기초부터 AI 활용까지

저자 소개

신나민
서울대학교 교육학과 졸업
미국 펜실베니아 주립대학교 교육학박사
현재: 동국대학교 교육학과 교수
저서: 원격교육입문(서현사)
공저: 열린교육혁신을 위한 공개교육자료 OER(박영스토리)
　　　사이버불링의 이해와 대책(교육과학사)
　　　이판사판 교육방법 및 교육공학(박영스토리)
　　　교육학개론(박영스토리)
　　　교사와 예비교사를 위한 원격교육론(박영스토리)
이메일: naminshin@dgu.edu

박종향
서울여자대학교 사회사업학과 졸업
동국대학교 일반대학원 교육학박사(교육공학 전공)
현재: 한성대학교 스마트교육센터 교육연구교수
공저: 열린교육혁신을 위한 공개교육자료OER(박영스토리)
　　　이판사판 교육방법 및 교육공학(박영스토리)
이메일: jonghyangpark8@gmail.com

안화실
한국방송통신대학교 영어영문학과 졸업
동국대학교 일반대학원 교육학박사(교육공학 전공)
현재: 동국대학교 이주다문화통합연구소 연구초빙교수
논문: 초등학생의 정서적 지원을 위한 AI 기술 수용가능성 탐색. 한국콘텐츠학회논문지, 24(1), 416-427, 2024.
　　　인공지능기술 학습열망에 영향을 미치는 변인 탐색_초등학교 5, 6학년 중심으로. 학습자중심교과교육연구, 23(14), 1-13, 2023.
이메일: blossomvol7@gmail.com

하오선
동국대학교 가정교육과 졸업
동국대학교 일반대학원 이학박사
동국대학교 일반대학원 교육학박사(교육공학 전공)
현재: 동국대학교 교무처 교수법연구초빙교수
공저: 톡톡(TALK TALK) 찾아가는 교수법(박영스토리)
　　　이판사판 교육방법 및 교육공학(박영스토리)
　　　FASHION(양서원)
이메일: wffwff@nate.com

교육방법 및 교육공학: 기초부터 AI 활용까지

초판발행   2025년 2월 28일

지은이   신나민·박종향·안화실·하오선
펴낸이   노   현

편 집   이혜미
기획/마케팅   허승훈
표지디자인   권아린
제 작   고철민·김원표

펴낸곳   (주)피와이메이트
             서울특별시 금천구 가산디지털2로 53, 210호(가산동, 한라시그마밸리)
             등록 2014. 2. 12. 제2018-000080호
전 화   02)733-6771
f a x   02)736-4818
e-mail   pys@pybook.co.kr
homepage   www.pybook.co.kr
ISBN   979-11-7279-098-1   93370

정 가   25,000원

박영스토리는 박영사와 함께하는 브랜드입니다.